GERHARD SAILER

Gefahrübergang, Eigentumsübergang, Verfolgungs- und Zurückbehaltungsrecht beim Kauf beweglicher Sachen im internationalen Privatrecht

NEUE KÖLNER RECHTSWISSENSCHAFTLICHE ABHANDLUNGEN

HERAUSGEGEBEN VON

DER RECHTSWISSENSCHAFTLICHEN FAKULTÄT DER UNIVERSITÄT ZU KÖLN

HEFT 45

Berlin 1966

WALTER DE GRUYTER & CO.

vormals G. J. Göschen'sche Verlagshandlung · J. Guttentag, Verlagsbuchhandlung
Georg Reimer · Karl J. Trübner · Veit & Comp.

Gefahrübergang, Eigentumsübergang, Verfolgungs- und Zurückbehaltungsrecht beim Kauf beweglicher Sachen im internationalen Privatrecht

Von

Dr. Gerhard Sailer

Berlin 1966

WALTER DE GRUYTER & CO.

vormals G. J. Göschen'sche Verlagshandlung · J. Guttentag, Verlagsbuchhandlung
Georg Reimer · Karl J. Trübner · Veit & Comp.

Gedruckt mit Unterstützung der Stiftung Volkswagenwerk

Archiv-Nr. 27 08 66 6

Satz und Druck: Saladruck Steinkopf & Sohn, Berlin 36

INHALTSVERZEICHNIS

III. TEIL: DAS VERFOLGUNGSRECHT UND DAS ZURÜCKBEHALTUNGSRECHT DES UNBEZAHLTEN VERKÄUFERS

LITERATUR-VERZEICHNIS

Abraham	Das Seerecht, 2. Aufl., Berlin 1960.
—	Die unterschiedliche Bedeutung der Traditionswirkung des Konnossements im französischen und deutschen Recht, ZHR 116 (1954), 1—21.
Almén — Neubecker	Das skandinavische Kaufrecht, Heidelberg 1922.
Arminjon	Précis de droit international privé, 3. Aufl., Bd. 1 (1947), Bd. 2 (1958), Paris.
—	Précis de droit international privé commercial, Paris 1948.
Asser — Scholten	Zakenrecht (Algemeen Deel), 9. Aufl. Haarlem 1957.
Atiyah	The Sale of Goods, London 1957.
Aubry — Rau — Esmain	Droit civil français, Bd. 2, 7. Aufl. (1961); Bd. 5, 6. Aufl (1947), Paris.
Baeumer	Der Eigentumsübergang im französischen Recht unter besonderer Berücksichtigung der Ausnahmen vom Vertragsprinzip, Diss. Köln 1954.
Bagge	Les conflits de lois en matière de contrats de vente de biens meubles corporels, Recueil des Cours 1928 Bd. 5, S. 129—232.
von Bar	Theorie und Praxis des internationalen Privatrechts, 2. Aufl., 2 Bände, Hannover 1889.
Barbey	Le conflit de lois en matière de contrats dans le droit des Etats Unis et le droit anglais comparés au droit français, Paris 1939.
Bartin	Principes de droit international privé selon la loi et la jurisprudence, Bd. 3, Paris 1935.
Batiffol	Traité élémentaire de droit international privé, 3. Aufl., Paris 1959.
—	Les Conflits de Lois en matière de Contrats, Paris 1938.

Baur	Lehrbuch des Sachenrechts, 2. Aufl., München — Berlin 1963.
Beale	The Conflicts of Laws, 3 Bände, New York 1935.
—	Jurisdiction over title of absent owner in a chattel, 40 Harvard Law Review, S. 805—812.
—	The Situs of Things, Yale Law Journal Bd. 28 (1919), S. 525—541.
Benjamin	A Treatise on the Law of Sale of Personal Property, 8. Aufl., London 1950.
Boetticher	Die dingliche Wirkung der Traditionspapiere, eine rechtsvergleichende Untersuchung unter besonderer Berücksichtigung Englands, Frankreichs und der Schweiz, Diss. Freiburg i. Br. 1957.
Bolla	Grundriß des österreichischen internationalen Privatrechts, Wien 1952.
Boullenois	Traité de la personnalité et de la réalité des loix, Paris 1766.
Bovay	Acte translatif de propriété et condition, Diss. Lausanne 1938.
Brändl	Der Parteiwille in der Rechtsprechung des Reichsgerichts, Leipziger Zeitschrift 1925, 816—834.
Brakel	Grondslagen en Beginselen van Nederlands Internationaal Privaatrecht, 3. Aufl., Zwolle 1953.
Brandt	Eigentumserwerb und Austauschgeschäft, Leipzig 1940.
von Caemmerer	Rechtsvergleichung und Reform der Fahrnisübereignung, RabelsZ 12 (1938/39), 675—713.
Campbell-Salmon	Hire-purchase and Credit Sales Law and Practice, London 1962.
Cheshire	Private International Law, 6. Aufl., Oxford 1961.
Colin — Capitant — de la Morandière	Traité de droit civil, Bd. 2, Paris 1959.
Colomo	Derecho internacional privado, parte especial Barcelona 1954.
Commentario de codice civile	3. Buch, 3. Aufl., bearbeitet von Branca und Martino, Bologna — Rom 1958.

D'Argentré	Commentarii in patrias britonum leges, 6. Aufl., Paris 1646.
Dekkers	Précis de droit civil belge, Bd. 1, Brüssel 1954.
Deloukas	Die dingliche Wirkung des Konnossements und der Art. 978 des griechischen Bürgerlichen Gesetzbuches, ZHR 114 (1951), 205—224.
Demogue — Fuzier — Herman	siehe Fuzier — Herman.
Denninger	Die Traditionsfunktion des Seekonnossements im internationalen Privatrecht, Frankfurt/M — Berlin 1959.
Desbois	Des conflits de lois en matière de transfert de propriété, Clunet 1931, 281—321.
Despagnet	Précis de droit international privé, 2. Aufl., Paris 1891.
Dicey	Conflict of Laws, 7. Aufl., bearbeitet von Morris, London 1958.
Diena	Trattato di diritto commerciale internazionale, Bd. 3, Florenz 1905.
Dölle	Die 7. Haager Konferenz, RabelsZ 17 (1952), S. 161—211.
Donnedieu de Vabres	L'évolution de la jurisprudence française en matière de conflit des lois depuis le début du XXe siècle, Paris 1938.
Duden	Der Rechtserwerb vom Nichtberechtigten an beweglichen Sachen und Inhaberpapieren im deutschen internationalen Privatrecht, Berlin und Leipzig 1934.
Dumoulin	Coutumes générales du haut et bas pays d'Auvergne, Paris 1567.
Eckhardt	Fahrniserwerb vom Nichtberechtigten, Schlegelbergers Rvgl. HWB Bd. 3, S. 307—312, Berlin 1931.
Eckstein	Das englische Konkursrecht, Berlin und Leipzig 1935.
Ehrenzweig	System des österreichischen allgemeinen Privatrechts, Bd. 1 (2. Hälfte), Sachenrecht, 2. Aufl., Wien 1957.
Eichler	Institutionen des Sachenrechts Bd. 1, Berlin 1954.

Eichler	Wandlungen des Eigentumsbegriffs in der deutschen Rechtsauffassung und Gesetzgebung, Weimar 1938.
Eisser	Die Gefahrtragung beim Kaufvertrag in rechtsvergleichender Darstellung, Berlin 1927.
Erman	Handkommentar zum BGB, 3. Aufl., Münster 1962.
Falconbridge	Essays on the Conflict of Laws, 2. Aufl., Toronto 1954.
Favre	Schuldbetreibungs- und Konkursrecht, Freiburg Schweiz 1956.
Féblot und Mezger	Eigentumsvorbehalt und Rücktrittsklausel bei Lieferungen nach Frankreich, RabelsZ 20 (1955), S. 662 bis 679.
Felgentraeger	Friedrich Carl von Savignys Einfluß auf die Übereignungslehre, Leipzig 1927.
Ferid	Haager Konferenz für internationales Privatrecht, RabelsZ 27 (1962), 542—552.
Ficker	Internationales Obligationenrecht, Schlegelbergers Rvgl. HWB. Bd. 4, S. 371—390, Berlin 1930.
Fleck	Der Eigentumsvorbehalt im europäischen Kaufrecht unter Berücksichtigung der Konsignation, Schriften zur Außenhandelsförderung der Bundesstelle für Außenhandelsinformationen Heft 3, 2. Aufl., Köln 1954.
Foelix	Traité du droit international privé, 2. Aufl., Paris 1847.
Frankenstein	Internationales Privatrecht, Bd. 2, Berlin-Grunewald 1929.
—	Das internationale Privatrecht der beweglichen Sachen, Mitteilungen der Deutschen Gesellschaft für Völkerrecht, Heft 9 (1929), S. 3—21.
Frese	Fragen des Internationalen Privatrechts der Luftfahrt, Diss. Köln 1940.
Friedrich	Übereignung, Schlegelbergers Rvgl. HWB. Bd. 6, S. 606—633, Berlin 1938.
Fuzier-Herman	Code civil annoté, Bd. 3 (1936) bearbeitet unter Anleitung von Demogue, Bd. 7 (1949), Paris.
Gamillscheg	Rechtswahl, Schwerpunkt und mutmaßlicher Parteiwille im internationalen Vertragsrecht, AcP 157 (1958), S. 303—341.

Gauly	Die Gefahrtragung im internationalen Privatrecht, Diss. Mainz 1954.
Goodrich	Handbook of the Confict of Laws, 4. Aufl., St. Paul, Minn., 1964.
Gottheiner	Zum Eigentumsübergang beim Kauf beweglicher Sachen. Eine rechtsvergleichende und kollisionsrechtliche Betrachtung unter besonderer Berücksichtigung der nordischen Rechte. RabelsZ 18 (1953), 356—375.
Graue (VDMA)	Der Eigentumsvorbehalt im ausländischen Recht, Frankfurt/M. 1953.
Graveson	The Conflict of Laws, 4. Aufl., London 1960.
Griese	Grenzen der Sicherheit von Mobiliarkrediten im Recht der USA, Karlsruhe 1962.
Grimm	Internationales Einkaufsrecht, RIW 2 (1956), 1 f.
Großmann-Doerth	Das Recht des Überseekaufs, Mannheim — Berlin — Leipzig 1930.
Grotius	De jure belli ac pacis, Paris 1625.
Gutzwiller	Die achte Haager Konferenz für internationales Privatrecht, Schweiz. Jahrbuch für int. Recht XIII (1956), S. 9—40.
—	Internationalprivatrecht, Berlin 1930.
Haab — Simonius — Scherrer	Siehe Kommentar zum schweizerischen ZGB.
Habicht	Zur Lehre vom internationalen Privatrecht beweglicher Sachen, Heinitz-Festschrift, Berlin 1926, S. 463—480.
Hanau	Die Prognose der Schweinepreise, Berlin 1930.
van Hasselt	Droit international privé des Pays-Bas, Répertoire de droit international, Bd. 6 (1930), S. 592—647.
Haudek	Die Bedeutung des Parteiwillens im internationalen Privatrecht, Berlin 1931.
Heck	Das abstrakte dingliche Rechtsgeschäft, Tübingen 1937.
—	Grundriß des Sachenrechts, Tübingen 1930, Neudruck: Aalen 1960.
Hedemann	Sachenrecht des BGB, 3. Aufl., Berlin 1960.

Heenen	Vente et commerce maritime, Brüssel 1952.
Hegetschweiler	La vente à distance, Thèse Bienne 1960.
Heini	Das Durchkonnossement, Freiburg/Schweiz 1957.
Hellendall	The res in transitu and similar problems in the conflict of laws, Canadian Bar Review 17 (1939), S. 7—36, 105—125.
Herzfeld	Kauf und Darlehen im internationalen Privatrecht, Basel 1933.
Homberger	Die obligatorischen Verträge im internationalen Privatrecht nach der Praxis des schweizerischen Bundesgerichts. Abhandlungen zum schweizerischen Recht, NF 5. Heft, Bern 1925.
—	Das Sachenrecht, 2. Aufl., Zürich 1938.
Jacobi	Die Wertpapiere, Ehrenbergs Handbuch des gesamten Handelsrechts, Bd. 4, 1. Abt., S. 125—562, Leipzig 1917.
Jacobson	International Sale of Goods, Int. and comp. L. Q. 3 (1954), S. 659—673.
Jaeger	Kommentar zur Konkursordnung mit Einführungsgesetzen, Bd. 1, 8. Aufl 1958, Bd. 2, 7. Aufl. 1936, Berlin — Leipzig.
Josserand	Cours de droit civil positif français, 2. Aufl. Bd. 1, Paris 1932.
Kaden	Der Eigentumsbegriff in rechtsvergleichender Betrachtung, (öst.) Zeitschrift für Rechtsvergleichung, Bd. 2, S. 193—208.
—	Zum Problem der Fahrnisübereignung im schweizerischen Recht, Festschrift für Hedemann, Jena 1938
Kahn	La vente commerciale internationale, Paris 1961.
Kegel	Begriffs- und Interessenjurisprudenz im internationalen Privatrecht, Lewald-Festschrift, Basel 1953, S. 259—288.
—	Internationales Privatrecht, 2. Aufl. München und Berlin 1964.
—	Kommentar zu Art. 7 — 31 EGBGB, Soergel-Siebert Bd. 5, 9. Aufl., Stuttgart 1961.
Kipp	Über Doppelwirkungen im Recht, Festschrift für Martitz, Berlin 1911, S. 211—233.

Klang	Kommentar zum ABGB, 2. Aufl., Bd. 2, Wien 1950.
Klippert	Die Veräußerung und Verpfändung von Waren, die mit der Eisenbahn durch mehrere Länder transportiert werden, Diss. Erlangen 1933.
Knapp	La division des effets du contrat dans le droit international privé de la Suisse, Zeitschr. f. schweiz. Recht 60 (1941), S. 302 a—354 a.
Köhler	Internationales Privatrecht auf Grundlage der Judikatur, 2. Aufl., Wien 1961.
Kommentar zum schweizerischen Zivilgesetzbuch	2. Aufl., 4. Band — 1. Teil (Sachenrecht), bearbeitet von Haab — Simonius — Scherrer, Lieferung 7—11, Zürich 1948—1958.
Kosters	Het internationaal burgerlijk Recht in Nederland, Haarlem 1917.
Krause	Das Einigungsprinzip und die Neugestaltung des Sachenrechts, A. c. P. 145 (1939), 312—326.
Kreuzer	Das internationale Privatrecht des Warenkaufs in der deutschen Rechtsprechung, Frankfurt/M. — Berlin 1964.
Kronstein	Das Kaufrecht im Entwurf eines internationalen Abkommens zur Vereinheitlichung verschiedener Regeln des internationalen Privatrechts (Vienna Rules 1926), Blätter für IPR Bd. 2 (1927), S. 126 bis 138.
Kruse	Das Eigentumsrecht, 3 Bde., aus dem dänischen übersetzt von Larsen, Berlin — Leipzig 1931—1936.
Lainé	La rédaction du code civil et le sens des ses dispositions en matière de droit international privé, Revue de droit international privé, Bd. 1 (1905), S. 21—60, 443—479.
Lagergren	Delivery of the goods and transfer of property and risk in the law on sale, A comparative study, Stockholm 1954.
Lalive	The Transfer of Chattels in the Conflict of Laws, Oxford 1955.
Lando	Scandinavian Conflict of Law Rules Respecting Contracts, Am. Journ. of comp. Law 1957, S. 1—26.
Leflar	The Law of Conflict of Laws, Indianapolis — New York 1959.

Lerebours — Pigeonnière	Précis de droit international privé, 8. Aufl. (bearbeitet von Loussouarn), Paris 1962.
Lewald	Das deutsche internationale Privatrecht, Leipzig 1931.
Lorenzen	Droit international privé des Etats-Unis d'Amérique, in Répertoire de droit international, Bd. 6, Paris 1930.
—	Validity and effects of contracts in the conflict of laws, Yale Law Journal 30 (1920/21), S. 565—580, 655—673 und Yale Law Journal 31 (1921/22), S. 53 bis 72.
Lüderitz	Kumulation und Grundsatz des schwächeren Rechts im IPR, Diss. Köln 1957.
Lyon — Caen et Renault	Traité de droit commercial, Bd. 5, 2. Aufl., Paris 1894.
Makarov	Quellen des internationalen Privatrechts, Bd. 2 (Staatsverträge), 2. Aufl., Berlin — Tübingen 1960.
Mann	Die internationalprivatrechtliche Parteiautonomie in der Rechtsprechung des Bundesgerichtshofs, JZ 1962, 6—14.
Manresa y Navarro-Bloch	Comentarios al codigo civil español, Bd. 10, 5. Aufl., Madrid 1950.
Markianos	Die res in transitu im deutschen internationalen Privatrecht, RabelsZ 23 (1958), S. 21—43.
Martino	Siehe Commentario del codice civile.
Melchior	Die Grundlagen des deutschen internationalen Privatrechts, Berlin — Leipzig 1932.
Mertens	Eigentumsvorbehalt und sonstige Sicherungsmittel des Verkäufers im ausländischen Recht, Berlin — Bielefeld 1964.
de la Morandière	Rapport des travaux de la première commission (transfert de propriété), Conférence de la Haye de droit international privé, Actes de la huitième session, S. 294—301.
Müller	Gedanken zum Schutz des Guten Glaubens in rechtsvergleichender Sicht, (öst.) Zeitschrift für Rechtsvergleichung 1963, S. 2—17.

Mulder	Inleiding tot het Nederlandsch Internationaal Privaatrecht, 2. Aufl., Arnhem 1947.
Neuner	Abstrakte und kausale Übereignung beweglicher Sachen, Rheinische Zeitschr. für Zivil- und Prozeßrecht, Bd. 14 (1926), S. 9—59.
—	Die Beurteilung gegenseitiger Verträge nach dem Rechte des Schuldners, RabelsZ 2 (1928), S. 108 bis 133.
Niboyet	Des conflits de lois relatifs à l'acquisition de la propriété et des droits sur les meubles corporels à titre particulier, Thèse Paris 1912.
—	Cours de droit international privé français, 2. Aufl., Paris 1949.
—	Droit de rétention, Répertoire de droit international Bd. 10, S. 441—443, Paris 1931.
—	Manuel de droit international privé, 2. Aufl., Paris 1928.
—	Meubles corporels, Répertoire de droit international Bd. 9, S. 223—237.
—	Traité de droit international privé français Bd. 4, Paris 1947.
Niederer	Einführung in die allgemeinen Lehren des internationalen Privatrechts, 3. Aufl., Zürich 1961.
—	Die Spaltung des Vertrages bezüglich seiner Wirkungen im schweizerischen internationalen O. R., Zeitschr. für schweiz. Recht NF 60 (1941), S. 221 a bis 301 a.
Niemeyer	Zur Vorgeschichte des internationalen Privatrechts im deutschen Bürgerlichen Gesetzbuch („Die Gebhardschen Materialien"), München und Leipzig 1915.
Nolde	Rapport sur la détermination de la loi qui doit régir les obligations contractuelles à titre de droit impératif, Annuaire 32 (1925), S. 50—70.
note	Chattel mortgage and conditional sale recording acts in the conflict of laws, 41 Harvard Law Review, 779—782.
Nußbaum	Deutsches Internationales Privatrecht, Tübingen 1932.
Oechßler	in Soergel-Siebert, Kommentar zum BGB Bd. 3 (Sachenrecht), 9. Aufl., Stuttgart 1960.

Pappenheim	Handbuch des Seerechts, Bd. 3, München und Leipzig 1918.
Petersen	Die 8. Haager Konferenz, RabelsZ 24 (1959), S. 1 bis 53.
Pillet	Principes de droit international privé, Paris — Grenoble 1903.
—	Traité pratique de droit international privé, Bd. 1, Grenoble — Paris 1923.
Pitlo	Het zakenrecht naar het nederlands burgerlijk wetboek, 4. Aufl., Haarlem 1958.
Planiol-Ripert	Traité pratique de droit civil français, 2. Aufl., Bd. 3 bearbeitet von Picard (1952), Bd. 6 und 7 bearbeitet von Esmein (1952 und 1954), Paris.
Poullet	Manuel de droit international privé belge, 3. Aufl., Brüssel 1947.
Privat	Der Einfluß der Rechtswahl auf die Rechtsgeschäftliche Mobiliarübereignung im internationalen Privatrecht, Bonn 1964.
Pufendorf	De jure naturae et gentium, lib. IV (1672).
Raape	Internationales Privatrecht, 5. Aufl. Berlin — Frankfurt 1961.
Rabel	The Conflict of Laws, Bd. 2 (1947), Bd. 3 (1950), Bd. 4 (1958), Chicago.
—	Conflict Rules on Contracts, Lectures on the Conflict of Laws and International Contracts, S. 127 bis 141, Michigan 1951.
—	Das Recht des Warenkaufs, Bd. 1, Berlin — Leipzig 1936, Bd. 2, Berlin —Tübingen 1958.
Rabel-Raiser	Eine Entscheidung des Deutsch-Englischen Gemischten Schiedsgerichts über den Versendungskauf, RabelsZ 3 (1929), S. 62—81.
Raupach	Res in transitu im deutschen internationalen Privatrecht, Diss. Würzburg 1936.
Regelsberger	Pandekten, Bd. 1, Leipzig 1893.
Restatement	of the Law of Conflict of Laws, St. Paul 1934, Tentative Draft Nr. 5 (Property), 24. 4. 1959, Tentative Draft Nr. 6 (Contracts), 22. 4. 1960, Philadelphia.

Rieman	Die Schuldverträge im IPR, Diss. Leipzig 1939.
Ripert	Droit maritime, 4. Aufl., Bd. 2, Paris 1952.
Ripert-Boulanger	Traité de droit civil, 4 Bände, Paris 1956—1959.
Rolin	Principes du droit international privé, Bd. 2, Paris 1897.
Savatier	Cours de droit international privé, 2. Aufl., Paris 1953.
von Savigny	System des heutigen Römischen Rechts, Bd. 8, Berlin 1849.
Schaps-Abraham	Das deutsche Seerecht, 3. Aufl., Bd. 2, Berlin 1962.
Schenk	Zur Frage der Sicherung des Verkäufers bei Export- und Importgeschäften (insbesondere der Eigentumsvorbehalt), NJW 1950, S. 248—250.
Schlegelberger-Hefermehl	Kommentar zum Handelsgesetzbuch, 4. Aufl., Bd. 3, Berlin und Frankfurt/M. 1965.
Schlegelberger-Liesecke	Seehandelsrecht, 2. Aufl., Berlin und Frankfurt/M 1964.
Schmitthoff	The Export Trade, 4. Aufl., London 1962. 1954.
—	The Export Trade, 4. Aufl., London 1962.
—	The Sale of Goods, London 1951.
Schnitzer	Handbuch des Internationalen Handels-, Wechsel- und Checkrechts, Zürich — Leipzig 1938.
—	Handbuch des Internationalen Privatrechts, 2 Bände, 4. Aufl., Basel 1957/58.
Schultsz	Eigendomsverkrijging bij koop van roerende goederen in het westeuropees internationaal privaatrecht, 's Gravenhage 1955.
Schulze	Anmerkung zu der Entscheidung des Tribunal civil de Strasbourg vom 19. 6. 1957, Revue crit. dr. i. p. 1959, S. 98—108.
Schwesinger	Eigentumsverschaffung und Pfandbestellung durch Traditionspapiere im englischen Recht, Diss. Hamburg 1951.
Siebert	Die besitzrechtliche Grundlage der dinglichen Wirkung der Traditionspapiere, ZHR 93, 1—47.

Smeesters et Winkelmolen — Droit maritime et droit fluvial, 2. Aufl., Bd. 1, Brüssel 1929.

Sovilla — Eigentumsübergang an beweglichen körperlichen Gegenständen bei internationalen Käufen, Freiburg (Schweiz) 1954.

Sprecher — Der internationale Kauf (Abkommen und Abkommensentwürfe zur Vereinheitlichung der Kollisionsnormen des Kaufvertrages), Zürich 1956.

Staudinger-Berg — Kommentar zu §§ 929—1011 BGB, 11. Aufl., Berlin 1956.

— Stellungnahme des deutschen Rates für internationales Privatrecht zu dem Entwurf von 1951 über internationales Kaufrecht vom 29. 2. 1956, RabelsZ 24 (1959), 151—158 (franz. Übersetzung: Conférence de la Haye de droit international privé, Documents de la huitième session, S. 234—242).

Story — Commentaries on the Conflict of Laws, 1. Aufl. (1834), 8. Aufl. bearbeitet von Bigelow (1883), Boston.

Strebel und Ziegler — Rechtsprechung des schweizerischen Bundesgerichts 1929 (Sachenrecht), RabelsZ 4 (1930), 841—848.

Stulz — Der Eigentumsvorbehalt im in- und ausländischen Recht, Berlin 1932.

Stumberg — Principles of Conflict of Laws, 3. Aufl., Brooklyn 1963.

Süß — Das Traditionsprinzip — ein Atavismus des Sachenrechts, Festschrift für Martin Wolff, S. 141—165.

Surville — Cours élémentaire de droit international privé, 7. Aufl., Paris 1925.

Szaszy — Der Übergang der Schadensgefahr, der Nutzungen und der Lasten der Ware bei Kaufverträgen internationaler Beziehungen, ZIR 43 (1930/31), 189 bis 203.

Tallon — Le transfert de la propriété en dehors de la convention des parties, in Hamel, La vente commerciale de marchandise, S. 93—116, Paris 1951.

Thaller-Percerou — Traité élémentaire de droit commercial, 7. Aufl., Paris 1925.

Tobler — Der hypothetische Parteiwille im internationalen Vertragsrecht, Zürich 1949.

Travers — Le droit commercial international, Bd. 7, Paris 1935.

Tuor — Das schweizerische Zivilgesetzbuch, 5. Aufl., Zürich 1948.

Undén — Svensk Sakrätt Bd. 1 (Lös Egendom), 3. Aufl., Lund-Malmö 1955.

Ussing — Le transfert de la propriété ent droit danois, Revue internationale de droit comparé 4 (1952), 5—12.

Vareilles-Sommières — La synthèse du droit international privé, Bd. 1, Paris.

Verplaetse — Derecho internacional privado, Madrid 1954.

Vischer — Internationales Vertragsrecht, Bern 1962.

Vold — Handbook of the Law of Sales, 1. Aufl. 1931, 2. Aufl. 1959, St. Paul/Minn.

de Vos — Le problème des conflits de lois, 2 Bände, Brüssel 1946.

Waechter — Über die Collision der Privatrechtsgesetze verschiedener Staaten, AcP Bd. 24 (1841), S. 230—311, Bd. 25 (1842), S. 361—419.

Walker — Internationales Privatrecht, 5. Aufl., Wien 1934.

Weil — Die kollisionsrechtliche Beurteilung von Tatbeständen des Sachenrechts in Beziehung auf „res in transitu", Diss. Berlin 1933.

Weisflog — Der Schutz des Erwerbes beweglicher Sachen vom Nichteigentümer im internationalen Privatrecht, Diss. Zürich 1930.

Weiss — Manuel de droit international privé, 9. Aufl., Paris 1925.

— — Traité théorique et pratique de droit international privé, Bd. 6, 2. Aufl., Paris 1913.

Westermann — Lehrbuch des Sachenrechts, 4. Aufl., Karlsruhe 1960.

Westlake — A Treatise on Private International Law, 3. Aufl. (1890), 6. Aufl. (1922, bearbeitet von Bentwich), London.

Wharton — A Treatise on the Conflict of Law or Private International Law, 3. Aufl., Philadelphia 1905.

Wieacker	Besprechung des Buches „Eigentumserwerb und Austauschgeschäft" von Brandt, Deutsche Rechtswissenschaft Bd. 6 (1941), S. 159—168.
Wieland	Das Sachenrecht des schweizerischen Zivilgesetzbuchs, Zürich 1909.
Wiethölter	Kauf unter Eigentumsvorbehalt und Gewährleistung für Rechtsmängel, JZ 1961, 693—695.
Williams	Law and Practice in Bankruptcy, 17. Aufl., London 1958.
Williston	The Law Governing Sales of Goods, Bd. 2, New York 1948.
Wolff	Das internationale Privatrecht Deutschlands, 3. Auflage, Berlin — Göttingen — Heidelberg 1954.
—	Internationales Sachenrecht, Schlegelbergers Rvgl. HWB. Bd. 4, S. 390—397, Berlin 1933.
—	Private International Law, 2. Aufl., Oxford 1950.
Wolff-Raiser	Sachenrecht, 10. Aufl., Tübingen 1957.
Wüstendörfer	Neuzeitliches Seehandelsrecht, 2. Aufl., Tübingen 1950.
Yanguas Messía	Derecho internacional privado, parte general, 2. Aufl., Madrid 1958.
Yung	La théorie de l'obligation abstraite et la reconnaissance de dette non causée en droit suisse, Diss. Genf 1930.
Zaphiriou	The Transfer of Chattels in Private International Law, London 1956.
Zitelmann	Internationales Privatrecht, Bd. 2, München und Leipzig 1912.
Zweigert	Besprechung der Festschrift für Martin Wolff, RabelsZ 18 (1953), 708—712.
—	Rechtsvergleichend — Kritisches zum gutgläubigen Mobiliarerwerb, RabelsZ 23 (1958), S. 1—20.

Vergleiche auch die Literaturhinweise bei den einzelnen Kapiteln.

BESONDERE ABKÜRZUNGEN

A. oder Atl.	Atlantic Reporter
ABGB	Allgemeines bürgerliches Gesetzbuch für Österreich
A.C.	Law Reports, Appeal Cases, ab 1891
AcP	Archiv für die civilistische Praxis
All E.R.	All England Law Reports
Am. D.	American Decisions
Am. Journ. of comp. Law	American Journal of Comparative Law
Annuaire	Annuaire de l'Institut de Droit International
App. Cas	Law Reports, Appeal Cases, 1876—1890.
AWD	Außenwirtschaftsdienst des Betriebsberaters
BayZ	Zeitschrift für Rechtspflege in Bayern
B. & C.	Barnewall and Cresswell's Reports, King's Bench
BGE	Entscheidungen des schweizerischen Bundesgerichts, Amtliche Sammlung
B. W.	(Niederländisches) Burgerlijk Wetboek
B. Y. B. I. L.	British Year Book of International Law
C. B. R.	Canadian Bar Review
Ch.	Law Reports, Chancery Division, ab 1891
Ch. D.	Law Reports, Chancery Division, 1876—1890
Civ.	Chambre Civile, Cour de Cassation
Clunet	Journal du Droit International
Colo.	Colorado
Conn.	Connecticut
Dalloz	Recueil Dalloz
D. H.	Dalloz hebdomadaire
D. I. P.	Droit international privé
D. P.	Dalloz périodique
East	East's King's Bench Reports
Eden	Eden's Chancery Reports
E. R.	The English Reports, Full Reprint
F.	Federal Reporter
Gaz. Trib.	Recueil de la Gazette des Tribunaux
HansGZ	Hanseatische Gerichtszeitung
H. & N.	Hurlstone and Norman's Reports
H. R.	Hoge Raad
Ill.	Illinois
Int. and comp. L. Q.	International and Comparative Law Quaterly
K. B.	Law Reports, King's Bench
La.	Louisiana

LeipzZ	Leipziger Zeitschrift für Deutsches Recht
L. J. Ex.	Law Journal Reports, New Series, Exchequer Divi-
L. R.	Law Reports
L. T.	Law Times Reports
MDR	Monatsschrift für Deutsches Recht
N. E.	Northeastern Reporter
N. H.	New Hampshire
N. J.	Nederlandse Jurisprudentie
N. J.	New Jersey (nach amerikanischen Entscheidungen)
N. J. L.	New Jersey Law Reports
N. Y.	New York Reports
OGH	Oberster Gerichtshof (Österreich)
OGHBrZ	Oberster Gerichtshof für die Britische Zone
OGHZ	Entscheidungen des Obersten Gerichtshofs für die britische Zone in Zivilsachen
OLGE	Die Rechtsprechug der Oberlandesgerichte auf dem Gebiete des Zivilrechts
OR	Obligationenrecht
Pa.	Pennsylvania
Pac.	Pacific Reporter
P. I. L.	Private International Law
PucheltsZ	Zeitschrift für französisches Zivilrecht
Q. B.	Law Reports, Queen's Bench
RabelsZ	Zeitschrift für ausländisches und internationales Privatrecht, begründet von Ernst Rabel
Rec. T. A. M.	Recueil des décisions des Tribunaux Arbitraux Mixtes
Req.	Chambre des Requêtes, Cour de Cassation
Rev. crit. dr. i. p.	Revue critique de droit international privé
RIW	Recht der internationalen Wirtschaft
Rvgl. HWB.	Rechtsvergleichendes Handwörterbuch für das Zivil- und Handelsrecht
Schl. Holst. Anz.	Schleswig-Holsteinsche Anzeigen
SchwJZ	Schweizerische Juristen-Zeitung
Seuff. Arch.	Seufferts Archiv für Entscheidungen der obersten Gerichte in den deutschen Staaten
South.	Southern Reporter
T. A. M.	Tribunaux Arbitraux Mixtes
Times L. R.	Times Law Reports
U. L. A.	Uniform Laws Annotated
W.	(niederländisches) Weekblad voor Privaatrecht
ZHR	Zeitschrift für das Gesamte Handelsrecht und Konkursrecht
ZIR	Zeitschrift für internationales Recht
ZRvgl.	(österreichische) Zeitschrift für Rechtsvergleichung

EINLEITUNG

Die kollisionsrechtlichen Probleme des Gefahrübergangs, des Eigentumsübergangs und der Sicherung des unbezahlten Verkäufers beim internationalen Kauf sind alt. Des ehrwürdigen Alters spottet die Uneinigkeit in der Behandlung dieser Probleme. Neueres Schrifttum in den letzten zwölf Jahren[1] bringt eine Reihe neuer Lösungsvorschläge, die zum Teil bereits gewonnen geglaubten Boden der Flut der Uneinigkeit wieder preisgibt. Die Uneinigkeit spiegelt sich wider in dem trägen Fortgang der Unifikationsbestrebungen auf dem Gebiet des internationalen Kaufrechts. Den Haager Entwürfen und Abkommen über das IPR auf dem Gebiet des Kaufrechts beweglicher Sachen von 1951 und 1956, die in jahrzehntelanger Arbeit entwickelt worden sind, ist bisher das Glück praktischer Bedeutsamkeit nicht beschieden worden[2]. Die Chance der allgemeinen Anerkennung dieser Regeln wird vermindert durch die umfangreiche Kritik, die diese Regeln erfahren

[1] Gedacht ist insbesondere an die Schriften von SOVILLA, Eigentumsübergang an beweglichen körperlichen Gegenständen bei internationalen Käufen (1954); SCHULTSZ, Eigendomsverkrijging bij koop van roerende goederen in het westeuropees internationaal privaatrecht (1955); LALIVE, The Transfer of Chattels in the Conflict of Laws (1955); ZAPHIRIOU, The Transfer of Chattels in Private International Law (1956); DENNINGER, Die Traditionsfunktion des Seekonnossements im internationalen Privatrecht (1959); Privat, Der Einfluß der Rechtswahl auf die Rechtsgeschäftliche Mobiliarveräußerung im internationalen Privatrecht (1964).

[2] Der Kaufrechtsentwurf der 7. Haager Konferenz von 1951 (Projet de Convention sur la loi applicable aux ventes à caractère international d'objets mobiliers corporels), der seit 15. 6. 1955 zur Unterzeichnung bereitsteht (amtlicher Text in Tractatenblad van het Koninkrijk der Nederlanden 1955, Nr. 83 — französisch und niederländisch) wurde bisher von Belgien, Dänemark, Bundesrepublik Deutschland, Finnland, Frankreich, Italien, Luxemburg, den Niederlanden, Norwegen, Schweden und Spanien unterzeichnet, jedoch erst von Italien ratifiziert (MAKAROV II S. 530). Der Entwurf der 8. Haager Konferenz über den Eigentumsübergang bei internationalen Käufen (Projet de Convention sur la loi applicable au transfert de la propriété en cas de vente à caractère international d'objets mobiliers corporels), der seit 15. 4. 1958 zur Unterzeichnung bereitsteht, ist bisher erst von Griechenland unterzeichnet und von Italien ratifiziert worden (siehe FERID, RabelsZ 27, 551; Stand vom 29. 10. 1962).

haben[3]. Bis zu einem ius gentium auf dem Gebiet des Kaufrechts ist es jedenfalls noch weit. Auch die Klauseln des internationalen Handelsrechts vermögen keine umfassende Vereinheitlichung zu bringen. Der sachenrechtliche Teil des Kaufrechts ist der freien Parteidisposition entzogen. Insbesondere die Eigentumsregeln sind durch handelsrechtliche Klauseln unbeeinflußbar. Gerade das Gebiet des Eigentumsübergangs enthält aber einige den alltäglichen Handel brennend interessierende Fragen. Erwähnt sei nur der für die Warenkreditsicherung so wichtige Eigentumsvorbehalt, der nicht in allen Rechtsordnungen in gleichem Umfang anerkannt wird. Wegen der Unbiegsamkeit der Eigentumsregeln sei daher das Hauptgewicht der Untersuchung auf die Behandlung des Eigentumsübergangs gelegt. Die Darstellung, daß insoweit die Geltung der lex rei sitae allgemein anerkannt ist, hat hierbei allenfalls noch historischen Wert. Es geht heute nicht mehr so sehr darum, ob die lex rei sitae auf den Eigentumsübergang Anwendung finden soll, als vielmehr darum, welche lex rei sitae im Einzelfalle gilt. Die Schwierigkeiten ranken sich heute um die Fragen des Statutenwechsels, des gutgläubigen Erwerbs vom Nichtberechtigten und insbesondere um die Probleme des Eigentumsvorbehalts und die Übereignung mittels Dokumenten.

In engem Zusammenhang mit dem Eigentumsübergang steht der Gefahrübergang, denn viele Rechtsordnungen lassen Gefahr und Eigentum bewußt zusammen übergehen. Zum Teil wird daraus eine kollisionsrechtliche Gleichbehandlung der beiden abgeleitet. Richtig ist dagegen — wie zu zeigen sein wird — die Beurteilung des Gefahrübergangs nach dem Schuldstatut. Diese Anknüpfung bringt die große Zahl der Zweifelsfragen mit sich, die sich um die kollisionsrechtliche Beurteilung gegenseitiger Verträge spinnen. Eine Behandlung all dieser Fragen würde ins Uferlose führen und soll daher unterbleiben. Unumgänglich ist allerdings eine Stellungnahme zu der in Deutschland bei gegenseitigen Verträgen vertretenen Theorie der Vertragsspaltung, die beim Kaufvertrag zu einer unterschiedlichen Anknüpfung von Verkäufer- und Käuferpflichten führt. Diese Vertragsspaltung hat insbesondere im Hinblick auf den Gefahrübergang seit einigen Jahrzehnten viel Kritik erfahren. Die kritischen Stimmen blieben bisher unwidersprochen. Sie bedürfen jedoch dringend einer kritischen Durchleuchtung.

---

[3] Kritisch zu dem Kaufrechtsentwurf der 7. Haager Konferenz von 1951: Stellungnahme des Deutschen Rates für IPR, RabelsZ 24 (1959), 151—158 und GRIMM, RIW 2, 1 f. Vgl. auch die zum Teil kritischen Ausführungen von JACOBSON, International Sale of Goods, Int. and comp. L. Q. 3 (1954), S. 659—673. Kritisch zu dem Entwurf der 8. Haager Konferenz von 1956: KEGEL, IPR S. 255, GUTZWILLER, Schw. Jahrbuch für int. Recht XIII (1956), 27 f. und DE LA MORANDIÈRE, Actes 1956, S. 294—301. Der Letztere spricht S. 301 davon, daß der Entwurf „parfois un certain manque de logique, parfois certaines lacunes ou certaines imprécisions“ aufweist.

In einem intermediären Bereich zwischen Schuld- und Sachenrecht[4] befinden sich das Verfolgungsrecht und das Zurückbehaltungsrecht des unbezahlten Verkäufers. Diese Rechte sind besonders gut geeignet, den Grenzfaden zwischen Schuld- und Sachstatut aufzuzeigen. Ob diese Rechte der biegsamen Parteidisposition oder den starren Regeln der lex rei sitae unterliegen, ist ein bis heute ungelöstes Problem geblieben. Verblüffend ist insoweit das Schweigen der deutschen IPR-Literatur.

Zur Erklärung und zum Verständnis der entwickelten IPR-Regeln werden den einzelnen internationalprivatrechtlichen Untersuchungen rechtsvergleichende Übersichten über materielle Rechte vorangestellt. Sie sollen gleichzeitig in praktischen Fällen der ersten Instruktion bei der Auffindung ausländischer Regeln dienen. Soweit zu einzelnen Themen neuere rechtsvergleichende Darstellungen erschienen sind, konnte auf diese verwiesen werden.

Ziel der Arbeit ist, für die kollisionsrechtliche Anknüpfung des Gefahr- und Eigentumsübergangs und des Verfolgungs- und Retentionsrechts *allgemeine Regeln* zu finden. Es wäre verfehlt, mit Lalive[5] und Denninger[6] für jeden praktischen Fall die passende Rechtsordnung gesondert finden zu wollen. Die Rechtssicherheit wäre bei dieser Methode allzusehr gefährdet, da nie voraussehbar wäre, welche Rechtsordnung der Richter später in einem Streit für die richtige halten wird. Der Verkehr verlangt feste Regeln. Bei der Ermittlung und der praktischen Anwendung der allgemeinen Regeln geben die Interessen den Ausschlag, die in dem weiten Feld des Schuld- und Sachenrechts im Spiel sind. Dabei sind die denkbaren Konstellationen des Einzelfalls in Betracht zu ziehen. Methodisches Programm bei der Auffindung der allgemeinen Regeln soll daher das „Aufspüren und Bewerten der Interessen im Einzelfall[7]“ sein.

---

[4] Falconbridge, Conflict of Laws, S. 451, spricht insoweit von „borderland between contract and conveyance“.

[5] S. 142 („... each case must be decided on its own merits“).

[6] S. 61.

[7] Siehe Kegel, Lewald-Festschrift, S. 279.

I. Teil

DER GEFAHRÜBERGANG

Allgemeines

Der Begriff „Gefahr" ist mehrdeutig. In der deutschen Lehre wird üblicherweise unterschieden zwischen Preisgefahr und Leistungsgefahr. Der Übergang der Preisgefahr betrifft die Frage: Bleibt der Käufer trotz zufälligen Untergangs der gekauften Sache zur Zahlung des Kaufpreises verpflichtet? Auch die ausländische Lehre versteht dies unter dem Begriff Gefahrübergang (transfer of risk, transfer de risques). Übergang der Leistungsgefahr bedeutet: Hat der Verkäufer trotz zufälligen Untergangs der verkauften Sache nochmals zu liefern? Im folgenden wird der Begriff „Gefahr" nur im Sinne der Preisgefahr gebraucht. Ist von Leistungsgefahr die Rede, so wird besonders darauf hingewiesen.

Ein rechtsvergleichender Blick auf die unterschiedliche Regelung des Gefahrübergangs in den verschiedenen Ländern zeigt, welche Bedeutung der internationalprivatrechtlichen Anknüpfung des Gefahrübergangs zukommt. Deutschland[8], Österreich[9], Griechenland[10], Argentinien[11], Brasilien[12] u. a. lassen in der Regel die Gefahr erst mit der Übergabe übergehen, Frankreich[13], Belgien[14], die Niederlande[15], Italien[16], Spanien[17], die Schweiz[18] u. a. dagegen im Anschluß an den römischrechtlichen Grundsatz „periculum est emptoris" bereits bei Vertragsabschluß. England[19] und die Vereinigten Staaten[20] lassen in der Regel

[8] § 446 BGB.

[9] §§ 1051 in Verb. mit § 1064 ABGB.

[10] Art. 522 ZGB.

[11] Suprema Corte de Justicia de la Provincia de Buenos Aires, 21/7/939, Revista Juridica Argentina La Ley 15—803.

[12] Art. 1127 codigo civil.

[13] Art. 1138 code civil.

[14] Art. 1138 code civil.

[15] Art. 1496 BW.

[16] Art. 1465 codice civile.

[17] Art. 1182, 1452 codigo civil.

[18] Art. 185 OR.

[19] Sect. 20 Sale of Goods Act.

[20] Sect. 22 Uniform Sales Act.

die Gefahr mit dem Eigentum übergehen, soweit nichts anderes vereinbart ist. Da in den beiden letztgenannten Rechtsgebieten Eigentum grundsätzlich bei Vertragsschluß übergeht, geht praktisch auch dort die Gefahr bei Vertragsschluß über[21].

Eine Annäherung der einzelnen Rechtskreise ergibt sich beim Distanzkauf von Gattungssachen. Die Regel, daß die Gefahr mit Kaufabschluß übergeht, läßt sich bei noch nicht konkretisierten Gattungssachen nicht durchführen. Die meisten Staaten, die sonst die Gefahr mit Vertragsschluß übergehen lassen, knüpfen in diesem Fall den Gefahrübergang an die Konkretisierung, die vielfach mit der Übergabe an die Transportperson zusammenfällt[22]. Staaten mit Gefahrübergang bei Übergabe lassen bei Distanzkäufen in der Regel ebenfalls Übergabe an die Transportperson ausreichen[23]. Aus dieser Annäherung wie Eisser[24] den Schluß zu ziehen, daß die Möglichkeit von Widersprüchen zwischen den einzelnen Rechtsordnungen nicht sehr groß sei, ist für den internationalen Handel allerdings eine gefährliche Vereinfachung.

Das Problem der internationalprivatrechtlichen Anknüpfung verliert seine Bedeutung entgegen Rabel[25] nicht durch die bereits bei internationalen Käufen zur Gewohnheit gewordene Transportversicherung. Zwar wird das Schadensrisiko für den Gefahrtragenden hierdurch erheblich vermindert oder gar ausgeschlossen. Jedoch bleibt die Frage unberührt, ob der Käufer trotz des zufälligen Untergangs den Kaufpreis zahlen muß und ob sich der Käufer oder der Verkäufer an die Versicherung zur Deckung seines Schadens halten muß. Auch bei schuldhaften Eingriffen Dritter (z. B. Transporteur) auf die versandte Ware, die eine Ersatzpflicht des Dritten begründen, spielt der Gefahrübergang eine Rolle. Denn er entscheidet darüber, ob der Verkäufer oder der Käufer sich an den Dritten halten muß und wer im Falle der Insolvenz des Dritten das Nachsehen hat. Hierbei können Probleme der Schadensliquidation im Drittinteresse auftauchen.

Eingeschränkt wird die Bedeutung der internationalprivatrechtlichen Anknüpfung des Gefahrübergangs lediglich durch die vielfach gebrauchten Klauseln und die allgemeinen Geschäftsbedingungen des internationalen Großhandels. Da die Gefahrtragungsregeln allgemein dispositiver Natur sind, können die Parteien unabhängig von dem Recht, das den Kaufvertrag beherrscht, den Gefahrübergang nach eigenem Gutdünken oder durch Vereinbarung einer gebräuchlichen

---

[21] Dieser kurze Überblick über die einzelnen Rechtsordnungen genüge hier. Für Einzelheiten sei auf die ausführliche rechtsvergleichende Darstellung bei Rabel, Warenkauf Bd. 2, S. 291—350, verwiesen.

[22] Z. B. Sect. 20 in Verb. mit 18 rule 5 Sale of Goods Act.

[23] Siehe z. B. § 447 BGB.

[24] S. 6; ähnlich Rabel, Warenkauf Bd. 2, S. 291.

[25] Warenkauf Bd. 2, S. 292.

Klausel regeln. Einen Fortschritt bei der Auslegung der internationalen Handelsklauseln bedeutete die genaue Umschreibung der häufigsten Klauseln in Form der Incoterms 1953, die eine Verbesserung der heute bereits weniger häufig angewandten Warschau-Oxford-Rules von 1932 bedeuten. Diese Regeln enthalten keine Kollisionsnormen. Das internationale Privatrecht hat auf sie keinen unmittelbaren Einfluß, da sie auf Grund allerorts dispositiven Rechts vereinbart werden. Es seien hier deshalb hinsichtlich des Gefahrübergangs lediglich die häufigen Klauseln cif und fob erwähnt. Nach den Incoterms 1953 geht sowohl beim cif-Geschäft als auch beim fob-Geschäft die Gefahr auf den Käufer über, wenn die Waren im vereinbarten Verschiffungshafen die Reling des Schiffes überschreiten[26]. Nur soweit manche Rechtsordnungen die Geltung allgemeiner Geschäftsbedingungen und die Möglichkeit der freien Klauselvereinbarung einschränken oder an bestimmte Voraussetzungen knüpfen, hat das internationale Privatrecht mitzureden, indem es bestimmt, welche Rechtsordnung über die Zulässigkeit der Vereinbarung entscheidet.

Trotz der Großhandelsklauseln und der allgemeinen Geschäftsbedingungen bleibt noch ein weites Feld für die allgemeinen Gefahrtragungsregeln und damit auch für die internationalprivatrechtliche Anknüpfung des Gefahrübergangs; denn die wohl noch überwiegende Zahl der internationalen Kaufverträge wird ohne Vereinbarung einer Handelsklausel und ohne Heranziehung von allgemeinen Geschäftsbedingungen geschlossen.

1. Kapitel

Gefahrübergang und Eigentumsübergang

Daß Gefahrübergang und Eigentumsübergang bei der Anknüpfung streng zu unterscheiden seien und der Gefahrübergang dem Schuldstatut, der Eigentumsübergang dagegen dem Sachstatut (lex rei sitae) zu unterstellen seien, ist in der Rechtslehre des In- und Auslandes schon öfters erwähnt[27] und bisweilen auch kurz begründet worden[28]. Die getrennte Anknüpfung ist selbstverständlich für die Länder, in denen für Gefahr- und Eigentumsübergang verschiedene Voraussetzungen verlangt werden. Nach spanischem[29], niederländi-

[26] Im übrigen genüge ein Hinweis auf die umfangreichen Ausführungen von GROSSMANN-DOERTH, Das Recht des Überseekaufs, S. 157 ff., 252 ff.; RABEL, Warenkauf Bd. 2, S. 326 ff.; EISSER S. 22—45; HEENEN, Vente et commerce maritime, S. 187—198.

[27] Schultsz S. 108; ZAPHIRIOU S. 97; RABEL, Conflict of Laws Bd. 3, S. 88; vgl. auch EISSER S. 6. Siehe auch Art. 5 Ziff. 3 der Haager Kaufrechtskonvention von 1955 und Art. 2 Ziff. 2 der Haager Konvention von 1958.

[28] RABEL, Warenkauf Bd. 2, S. 296; SZASZY, ZIR 43 (1930/1931), S. 200 f.

[29] Art. 1182, 1452, 609 Abs. 2, 1095 Satz 2 codigo civil.

schem[30] und schweizerischem[31] Recht geht z. B. die Gefahr mit Kaufabschluß über, das Eigentum dagegen erst mit Übergabe. Umgekehrt geht nach § 17 des skandinavischen Kaufgesetzes die Gefahr erst mit Lieferung der Ware über, Eigentum dagegen zum Teil bereits mit Kaufabschluß[32]. Da in diesen Staaten kein Zusammenhang zwischen Gefahr- und Eigentumsübergang besteht, ist für das IPR dieser Staaten auch kein Anlaß gegeben, den Gefahrübergang wie den Eigentumswechsel an die lex rei sitae anzuknüpfen.

Nicht so eindeutig ist die Lage in den Staaten, die Gefahr- und Eigentumsübergang an dieselben Voraussetzungen knüpfen. So verlangt z. B. das deutsche Recht für beide Übergabe an den Käufer[33]. Das französische und anglo-amerikanische Recht läßt bei Speziessachen Eigentum und Gefahr mit dem Kaufabschluß, bei Gattungssachen mit der Konkretisierung übergehen[34]. Betrachtet man im Hinblick auf diese Rechtsordnungen den Gefahrübergang als eng mit dem Eigentumsübergang verflochten, so liegt der Schluß nahe, den Gefahrübergang wie den Eigentumsübergang[35] der lex rei sitae zu unterwerfen. Dieser Schluß ist in der französischen Rechtslehre gezogen worden[36]. Batiffol[37] vertritt noch heute für das französische Recht die Ansicht, daß der Gefahrübergang ein sachenrechtlicher Vorgang sei und deshalb nach der lex rei sitae beurteilt werden müsse. Er gesteht dabei zu, daß andere Rechtssysteme den Gefahrübergang anders anknüpfen können.

Die französische Rechtslehre zeigt, daß die Beurteilung des Gefahrübergangs nach dem Schuldstatut kein international anerkannter Rechtssatz ist. Sie gibt zu der Frage Anlaß, wie weit die enge Verknüpfung von Gefahr- und Eigentumsübergang in den genannten Ländern die kollisionsrechtliche Beurteilung der Gefahrtragung beeinflußt.

Zwei Lösungsmöglichkeiten bieten sich an. Infolge der engen Verbindung von Gefahr- und Eigentumsübergang kann man den Gefahrübergang sachenrechtlich qualifizieren. Man kann aber auch im Rahmen

---

[30] Art. 1496, 639 BW.

[31] Art. 185 OR, 714 ZGB.

[32] Siehe unten S. 45.

[33] §§ 446, 929 BGB; ebenso das österreichische (§§ 1064, 1051, 425 ABGB), argentinische (Art. 1416, 577, 2524 Nr. 4 codigo civil und oben S. 4 Fußnote 11) und brasilianische Recht (Art. 1127, 620 codigo civil).

[34] Art. 1138 code civil; sect. 20 in Verb. mit 17—19 Sale of Goods Act und sect. 22 in Verb. mit 18, 19 Uniform Sales Act; ebenso das italienische (Art. 1465, 922, 1376—1378 codice civile) und portugiesische Recht (Art. 717, 1550 codigo civil).

[35] Hierzu unten Teil II.

[36] Desbois, Clunet 1931, S. 295 f.; Batiffol, Contrats S. 399 (Nr. 479) und S. 410 (Nr. 496); derselbe Traité S. 572 (Nr. 525); siehe auch Schulze, Revue crit. dr. i. p. 1959, S. 101 und 106.

[37] Traité S. 572 (Nr. 525).

einer schuldrechtlichen Qualifikation des Gefahrübergangs die Gefahr, wenn es das Schuldstatut so verlangt, mit dem Eigentum übergehen lassen. Der Eigentumsübergang ist hierbei als selbständig anzuknüpfende Vorfrage nach der lex rei sitae zu beurteilen[38]. Beispiel für die zweite Lösung: V in Deutschland verkauft Waren an K in England. Sie unterstellen den Vertrag englischem Recht. Läßt man über den Gefahrübergang das vom Parteiwillen bestimmte Schuldstatut, also englisches Recht entscheiden, dann geht nach sect. 22 Sale of Goods Act die Gefahr mit dem Eigentum über. Der Eigentumsübergang, der selbständig an die lex rei sitae anzuknüpfen ist, erfolgt zwischen Deutschland und England durch Grenzüberschreitung der verkauften Ware[39], d. h. auch die Gefahr geht erst mit Grenzüberschreitung über und nicht schon mit Kaufabschluß, wie es sonst bei innerenglischen Käufen nach sect. 20 in Verb. mit sect. 17, 18 Sale of Goods Act der Fall wäre.

In Deutschland bildet die Qualifikation des Gefahrübergangs keine Schwierigkeiten. Wie schon die Einordnung des Gefahrübergangs bei den Kaufvertragsvorschriften und die des Eigentumswechsels bei den sachenrechtlichen Vorschriften zeigt, sind beide voneinander unabhängig. Dies ergibt sich auch daraus, daß schon nach dem BGB (vgl. § 447) häufig beide zu verschiedenen Zeitpunkten übergehen. Darüber hinaus können die Parteien nach Belieben den Gefahrübergang vom Eigentumsübergang lösen. In der deutschen Lehre wird deshalb einmütig ohne besondere Begründung von der schuldrechtlichen Beurteilung des Gefahrübergangs ausgegangen[40]. Dem ist auch zu folgen, wenn die Parteien den Gefahrübergang ausdrücklich an den Eigentumsübergang knüpfen. Ausschlaggebend für die schuldrechtliche Qualifikation des Gefahrübergangs ist, daß dieser der freien Parteidisposition unterliegt.

Weniger eindeutig ist die Trennung zwischen Gefahr- und Eigentumsübergang im anglo-amerikanischen Recht. Nach sect. 20 Sale of Goods Act in England und sect. 22 Uniform Sales Act in den Vereinigten Staaten fallen beide zusammen. Der nach diesen Bestimmungen geltende Grundsatz „res perit domino" bildet jedoch im Handelsverkehr bereits die Ausnahme[41]. Auf Grund des Nachsatzes in beiden

---

[38] So Dölle, RabelsZ 17 (1952), S. 180; Niboyet, Traité Bd. 5, S. 129 (Nr. 1420); Dicey-Morris, Rule 157 Fußnote 33, S. 820; vgl. auch Schnitzer, Handbuch des internationalen Handels-, Wechsel- und Scheckrechts, S. 249.

[39] Siehe unten S. 70.

[40] Rabel-Raiser, RabelsZ 3 (1929), S. 77 ff.; Kegel in Soergel-Siebert, Bd. 5, Bem. 234 vor Art. 7 EGBGB, S. 572; Wolff, IPR S. 149; Raape IPR S. 521; ebenso OLG Kiel Schl. Holst. Anz. 1919, 27.

[41] Zaphiriou S. 98.

Bestimmungen[42] wird gerade bei internationalen Käufen häufig eine abweichende Vereinbarung getroffen[43]. Aus der Möglichkeit der Trennung des Gefahrübergangs vom Eigentumsübergang durch Parteidisposition ist wie im deutschen Recht abzuleiten, daß beide verschieden anzuknüpfen sind. Soweit ersichtlich, wird nirgends in der anglo-amerikanischen Rechtsprechung oder Literatur die Beurteilung des Gefahrübergangs nach der lex rei sitae vertreten. Auch nach anglo-amerikanischem Recht ist deshalb der Gefahrübergang schuldrechtlich zu qualifizieren[44].

Im Hinblick auf Batiffol und Desbois[45], die den Gefahrübergang nach der lex rei sitae beurteilen, ist die kollisionsrechtliche Einordnung des Gefahrübergangs am unklarsten im französischen Recht. Entgegen Batiffol und Desbois knüpft Niboyet[46] — ohne die Gegenansicht zu erwähnen — den Gefahrwechsel auch für das französische Recht an das Schuldstatut. Er führt aus, Art. 1138 code civil, der Gefahr und Eigentum mit Kaufabschluß übergehen läßt, besitze Doppelcharakter. Er sei hinsichtlich des Eigentumsübergangs „une règle de transmission de la propriété du ressort de la lex rei sitae“ und daneben hinsichtlich des Gefahrübergangs „tout à fait indépendamment ... une règle d'obligation au sujet des risques, qui relève de la loi du contrat“. Die französische Rechtsprechung hat sich bisher — soweit ersichtlich — über die kollisionsrechtliche Einordnung der Gefahrtragung noch nicht ausgesprochen. Es ist anzunehmen, daß sie im Zweifelsfalle der Ansicht Niboyets folgen würde. Die Gegenansicht übersieht, daß der Gefahrübergang in Art. 1138 code civil nicht vom Eigentumswechsel abhängt, sondern vielmehr — Gefahr- und Eigentumsübergang — an die gemeinsame Voraussetzung des Kaufabschlusses geknüpft werden.

Die Ansicht von Batiffol und Desbois ließe sich allenfalls auf Art. 100 code de commerce stützen, der für den Bereich des Handelsverkehrs die versandte Ware auf Gefahr des Eigentümers reisen läßt[47] und damit die Gefahrtragung für diese Fälle an das Eigentum bindet. Nach einhelliger Auffassung sind auch im französischen Recht Gefahr- und Eigentumsübergang trennbar[48] und werden häufig insbesondere durch Vereinbarung von Handelsklauseln getrennt. Dadurch verliert das Argument, daß wegen der engen Verknüpfung dieser beiden die

---

[42] „... unless otherwise agreed.“

[43] Schmitthoff, Export Trade, S. 61.

[44] Rabel, Conflict of Laws Bd. 3, S. 88; Zaphiriou S. 98.

[45] Siehe oben S. 7.

[46] Traité Bd. 5, S. 128 f. (Nr. 1420).

[47] „La marchandise ... voyage ... aux risques et périls de celui auquel elle appartient.“

[48] Siehe Wortlaut des Art. 100 code de commerce und Bagge, Recueil des Cours 1928 Bd. 5, S. 206.

den Eigentumswechsel beherrschende lex rei sitae auf den Gefahrübergang auszudehnen sei, auch im Bereich des Art. 100 code de commerce seine Bedeutung. Die freie Veränderbarkeit des Gefahrübergangs durch den Parteiwillen zeigt, daß auch im französischen Recht der Gefahrübergang eine typisch schuldrechtliche Institution ist.

Gegen die Anknüpfung des Gefahrübergangs an die lex rei sitae spricht darüber hinaus, daß die Gefahrübertragung die rein schuldrechtliche Frage betrifft, ob der Käufer zur Kaufpreiszahlung trotz Untergangs der Ware verpflichtet bleibt. Auch entfallen hinsichtlich des Gefahrübergangs die Argumente, die zugunsten der Beurteilung des Eigentumsübergangs nach der lex rei sitae[49] angeführt werden. Beim Gefahrübergang besteht nicht das Bedürfnis, durch Anknüpfung an die lex rei sitae für die Gläubiger der Parteien klare und leicht feststellbare Verhältnisse zu schaffen[50]. Die Gläubiger der Parteien machen sich in der Regel keine Vorstellungen darüber, auf wessen Gefahr die verkaufte Sache reist.

Neben den theoretischen Bedenken stehen praktische. Welches Recht ist anzuwenden, wenn die Ware durch mehrere Transitländer reist? Man wird jedenfalls, wenn man ernsthaft den Gefahrübergang der lex rei sitae unterwerfen will, nicht die Rechtsordnungen von der Anknüpfung ausscheiden können, in deren Bereich die verkaufte Sache beschlagnahmt wird oder zufällig untergeht. Welches Recht ist aber anzuwenden, wenn der Ort des Untergangs der Sache unbekannt ist oder wenn z. B. ein undichter Getreidewaggon versandt wird, der unter Hinterlassung einer Getreidespur durch mehrere Länder leer am Bestimmungsort ankommt? Niboyet folgend ist deshalb auch für das französische Recht der Gefahrübergang schuldrechtlich zu qualifizieren.

Ist französisches Recht Schuldstatut, dann geht demnach nach Art. 1138 code civil die Gefahr bei Kaufabschluß über. Ob Eigentum im gleichen Augenblick übergeht, ist gleichgültig. Anders verläuft der Gefahrübergang nur, wenn es sich um einen Handelskauf handelt, und Art. 100 code de commerce zur Anwendung gelangt, der die Gefahr mit dem Eigentum übergehen läßt. Der Eigentumsübergang untersteht hier als selbständig anzuknüpfende Vorfrage der lex rei sitae. Beim Versendungskauf aus Deutschland nach Frankreich geht in diesem Fall bei konsequenter Durchführung der vorgeschlagenen Anknüpfung die Gefahr wie beim Verkauf nach England[51] bei Grenzüberschreitung über, da in diesem Augenblick auch das Eigentum übergeht.

Schwierigkeiten treten im letztgenannten Fall auf, wenn unbekannt bleibt, ob die verkauften Waren vor oder erst nach Grenzüberschrei-

---

[49] Siehe unten S. 56—62.

[50] Vgl. Bagge a. a. O., S. 208 f.

[51] Siehe das oben S. 8 genannte Beispiel.

tung untergegangen sind. Z. B. wird sich bei der Versendung des undichten Getreidewaggons schwer feststellen lassen, wieviel des verkauften Getreides vor und wieviel nach der Grenzüberschreitung aus dem Waggon gerieselt ist. Der Verkäufer, der gegen den Käufer den Kaufpreis einklagt, wird sich regelmäßig in einem Beweisnotstand befinden. Diese Schwierigkeiten lassen sich durch eine *Angleichung* im materiellen Recht vermeiden[52]. Art. 100 code de commerce und sect. 20 Sale of Goods Act stellen auf einen Eigentumsübergang ab, der nach französischem bzw. englischem Recht bei Vertragsschluß (Speziessachen) oder bei „appropriation“ bzw. „individualisation“ (Gattungssachen) erfolgt. Sie wollen die Gefahr zu diesem Zeitpunkt übergehen lassen. Lediglich durch das Spiel der Kollisionsnormen, insbesondere durch die selbständige Anknüpfung des Eigentumsübergangs an die lex rei sitae, wird der Gefahrübergang auf den Zeitpunkt der Grenzüberschreitung verschoben. Dieses Ergebnis, das die genannten Beweisschwierigkeiten mit sich bringt, wird vermieden, wenn man Art. 100 code de commerce und sect. 20 Sale of Goods Act dahin erweiternd auslegt, daß sie den Gefahrübergang bei Speziessachen auf den Zeitpunkt des Vertragsabschlusses und bei Gattungssachen auf den Zeitpunkt der „appropriation“ bzw. „individualisation“ festlegen, auch wenn das Eigentum infolge der internationalen Natur des Kaufs zu diesem Zeitpunkt nicht übergeht.

Die scharfe Trennung zwischen Gefahr- und Eigentumsübergang ist bisweilen verkannt worden. So will z. B. Raape[53] bei einem Kauf zwischen einem französischen Verkäufer und einem deutschen Käufer bei Geltung *deutschen* Rechts die Gefahr mit Kaufabschluß übergehen lassen; denn der Käufer erlange mit Kaufabschluß nach Art. 1138 code civil Eigentum an der in Frankreich belegenen Sache und das stehe „wohl der Übergabe im Sinne des § 446 gleich“. Im Anschluß an Raape läßt Zaphiriou[54] die „appropriation to the contract“ des englischen Rechts und „individualisation“ des französischen Rechts, die beide bei Gattungssachen Eigentumsübergang bewirken, nach deutschem Recht an Stelle der Übergabe ausreichen. Der von Raape und Zaphiriou vertretenen Auffassung liegt offenbar die Auffassung zugrunde, daß Eigentumsübergang nach § 446 BGB erst recht für den Gefahrübergang ausreichen muß, wenn schon die Übergabe dafür genügt. Der Eigentumsübergang, der nach ausländischem Recht ohne Übergabe erfolgen kann, und die nach deutschem Recht für den Gefahrübergang er-

[52] Auch RABEL-RAISER, RabelsZ 3 (1929), 78 ff. neigen in diesem Fall zu einer Angleichung, ohne jedoch zu einem konkreten Ergebnis zu gelangen.

[53] IPR, S. 521.

[54] S. 100.

forderliche Übergabe sind jedoch grundverschiedene Begriffe, die einen derartigen „erst recht"-Schluß nicht zulassen[55].

Infolge der Trennung zwischen Gefahr- und Eigentumsübergang hat auch der Eigentumsvorbehalt keinen Einfluß auf den Gefahrübergang, außer wenn das Schuldstatut — wie z. B. Art. 100 code de commerce und sect. 20 Sale of Goods Act — die Gefahr ausdrücklich erst mit dem Eigentum übergehen lassen. In Deuschland geht nach der h. M. trotz Eigentumsvorbehalts die Gefahr bei Übergabe auf den Käufer über[56]. Ebenso läßt das schweizerische Recht die Gefahr ohne Rücksicht auf einen Eigentumsvorbehalt bei Vertragsabschluß übergehen[57]. Der italienische codice civile von 1942 bestimmt für diesen Fall in Art. 1523 sogar ausdrücklich, daß die Gefahr unabhängig vom Eigentum mit der Übergabe übergeht[58]. In Frankreich nimmt dagegen die h. M.[59] an, daß bei Verkäufen unter Eigentumsvorbehalt die Gefahr nicht vor Eigentumsübertragung übergeht, soweit die Parteien nichts anderes vereinbaren[60].

2. Kapitel
Die Ermittlung des für den Gefahrübergang geltenden Schuldstatuts

1. Der Parteiwille

Die schuldrechtliche Anknüpfung bringt für den Gefahrübergang alle die Probleme mit sich, die mit der Ermittlung des für einen internationalen Kauf geltenden Schuldstatuts verbunden sind. Wie die Bestimmung des Schuldstatuts erfolgen soll, wird in den verschiedenen Rechtsordnungen zum Teil sehr unterschiedlich beantwortet.

---

[55] Gegen RAAPE auch HAUDEK S. 84 und GAULY S. 56. Unberechtigt ist jedoch die Kritik HAUDEKS und GAULYS a. a. O. an RABEL-RAISER, RabelsZ 3 (1929), 80, denen derselbe Fehler wie RAAPE zur Last gelegt wird, die an der fraglichen Stelle jedoch wohl — wie sich aus dem weiteren Zusammenhang ergibt — einen anderen Fall meinen, nämlich Kauf zwischen französischem Verkäufer und deutschem Käufer bei Geltung französischen (nicht deutschen!) Rechts.

[56] RGZ 85, 320; OLG Celle OLGE 24, 322; vgl. auch RG JW 1937, 1628.

[57] Komm. zum Schweiz. ZGB, Bd. 4, 1. Teil, Bem. 73 a zu Art. 716 ZGB, S. 744.

[58] Ebenso für die Vereinigten Staaten sect. 22 a Uniform Sales Act.

[59] PLANIOL — RIPERT — ESMEIN Bd. 6, S. 565 (Nr. 414); COLIN — CAPITANT — DE LA MORANDIÈRE, Bd. 2, S. 490 (Nr. 880); RIPERT — BOULANGER, Traité de droit civil, Bd. 2, S. 197 f. (Nr. 511); DEMOGUE — FUZIER — HERMAN, Code civil annoté Bd. 3, Bem. 61—63 zu Art. 1138 code civil, S. 208 f.

[60] Siehe im übrigen rechtsvergleichend RABEL, Warenkauf Bd. 2, S. 348 f.

Zunächst wird allgemein der ausdrücklich oder stillschweigend erklärte *Parteiwille* der Vertragsschließenden als ausschlaggebendes Anknüpfungsmoment zur Bestimmung des Schuldstatuts angesehen[61], d. h. die Parteien können für ihren Vertrag die geltende Rechtsordnung bestimmen. Man spricht von *kollisionsrechtlicher Parteiverweisung*[62]. Die Besonderheit dieser Verweisung besteht darin, daß zwingende Rechtssätze der Rechtsordnung des Orts, an dem der „objektive Schwerpunkt" des Vertrages liegt, der gewählten Rechtsordnung nicht entgegenstehen[63]. Im Gegensatz dazu bleibt die sog. *materiellrechtliche Parteiverweisung* ohne Einfluß auf die Bestimmung des Schuldstatuts. Sie bedeutet die Möglichkeit, im Rahmen des anderweitig gefundenen Schuldstatuts auf ausländische Rechtssätze zu verweisen, soweit nicht zwingende Vorschriften des Schuldstatuts entgegenstehen.

Die freie Bestimmung des Schuldstatuts durch den Parteiwillen wird mit Recht zugelassen. Ob ein Vertrag gültig abgeschlossen ist und welche obligatorischen Wirkungen er erzeugt, betrifft nur die Parteiinteressen. Was diesen Interessen am meisten entspricht, können die Parteien am besten entscheiden. Trotzdem ist die Zulässigkeit der kollisionsrechtlichen Verweisung bestritten. Gutzwiller[64] und Brändl[65] lassen z. B. nur die materiellrechtliche Parteiverweisung zu. In den Vereinigten

---

[61] Siehe hierzu das umfangreiche Schrifttum zur Parteiautonomie im Vertragsrecht, insbesondere HAUDEK, Die Bedeutung des Parteiwillens im IPR (1931); MAYER, Zur Parteiautonomie als Kollisionsnorm, ZIR 44 (1931), S. 103—139; VISCHER, Zum Problem der kollisionsrechtlichen Parteiautonomie bei internationalen Verträgen, SchwJZ 1956, 117—122; LORENZ, Vertragsschluß und Parteiwille im internationalen Obligationenrecht Englands 1957; BRIGGS, The jurisdictional choice-of-law relation in conflict rules, Harvard Law Review 1948, S. 1165—1206; YNTEMA, „Autonomy" in Choice of Law, Am. Journ. of comp. law Bd. 1 (1952), S. 341—358; KAYSER, L'autonomie de la volonté en droit international privé dans la jurisprudence française, Clunet 58 (1931), S. 32—57; HÖGTUN, Die Parteiautonomie und die universelle Vereinheitlichung des IPR, Oslo 1955. Umfangreiche Hinweise auf die deutsche Rechtsprechung bei KEGEL in SOERGEL-SIEBERT, S. 556 Fußnote 3; ausführlich über das ausländische Recht: RABEL, Conflict of Laws Bd. 2, S. 368—387.

[62] HAUDEK S. 4; KEGEL in SOERGEL-SIEBERT, Bem. 168 vor Art. 7 EGBGB, S. 556.

[63] So auch schon die ältere deutsche Rechtsprechung (Nachweise bei LEWALD, IPR S. 203); a. A. allerdings RG 74, 171 ff. (173); 95, 41 ff. (42); vgl. auch RG 44, 300; für die kollisionsrechtliche Verweisung heute BGHZ 17, 89; BGH Betrieb 1958, 162.

[64] Internationalprivatrecht, S. 1605.

[65] Leipziger Zeitschrift 1925, S. 821 f.; ebenso das überwiegende ältere Schrifttum (Hinweise bei MELCHIOR, IPR S. 500 Fußnote 1).

Staaten wies Beale[66] darauf hin, daß bei umfassender Herrschaft der Parteien über das Schuldstatut den Parteien die Kraft gegeben werde „to do a legislative act", was nicht gestattet werden könne. Auch die h. M., die die kollisionsrechtliche Verweisung generell zuläßt, hält eine solche Verweisung dann für unstatthaft, wenn durch sie eine Rechtsordnung berufen wird, die mit dem Kauf in keinerlei Beziehung steht[67]. Die Zulässigkeit der materiellrechtlichen Verweisung ist dagegen unstreitig.

Für die Gefahrtragung kann letztlich dahinstehen, ob und in welchem Umfang eine kollisionsrechtliche Verweisung zuzulassen ist. Eine unwirksame Kollisionsverweisung läßt sich im Rahmen der dispositiven Vorschriften fast immer in eine zulässige materiellrechtliche Verweisung umdeuten. In der Regel werden die Parteien den Unterschied zwischen den beiden Arten der Verweisung nicht kennen. Zwar werden sie meist den Vertrag in vollem Umfang der gekürten Rechtsordnung unterstellen wollen und deshalb in der Regel eine kollisionsrechtliche Verweisung beabsichtigen. Es ist jedoch anzunehmen, daß sie bei Kenntnis der Unwirksamkeit einer solchen Verweisung wenigstens materiellrechtlich auf die gewünschte Rechtsordnung verwiesen hätten, soweit eine solche Verweisung im Rahmen der dispositiven Vorschriften des Schuldstatuts zulässig gewesen wäre. Da die Gefahrtragungsregeln, wie überhaupt die meisten Vorschriften, die die Rechte und Pflichten der Parteien eines wirksam geschlossenen Schuldvertrags regeln, allgemein dispositiver Natur sind, ist die Umdeutung in eine materiellrechtliche Verweisung in der Regel zulässig.

Wohl in der Mehrzahl der internationalen Kaufverträge wird eine ausdrückliche oder stillschweigende Vereinbarung des geltenden Rechts fehlen. Die Praxis zeigt, daß das Bestehen einer Vertragspartei auf der Anwendung eines der anderen Partei fremden Rechts oft das

---

[66] Conflict of Laws Bd. 2, S. 1079 f.; ihm folgte das Restatement (§ 232 ff.). Im neuen Restatement soll zwar demgegenüber die Herrschaft des Parteiwillens bejaht werden, das gewählte Recht soll aber dann für unanwendbar gehalten werden, wenn „the chosen law would be contrary to a fundamental policy of the state which would be the state of the governing law in the absence of an effective choice of the parties" (so der „Tentative Draft Nr. 6" vom 22. 4. 1960, § 332 a, S. 14).

[67] Kegel in Soergel-Siebert, Vorbem. 173 vor Art. 7 EGBGB; Cheshire, P. I. L. S. 222—224; Barbey, Le conflit de lois en matière de contrats dans le droit des Etats Unis et le droit anglais comparés au droit français, S. 315 („rapport sérieux"); Green v. Northwestern Trust Co. (1914), 150 NW 229 (Minn., „vital connection"); § 9 des tschechischen Zivilgesetzbuchs, vgl. zu dem Streit, wann keine Beziehung besteht, auch Gamillscheg AcP 157 (1958), 313; Raape, IPR S. 461 („intérêt légitime" im Anschluß an den französischen Entwurf eines IPR) und Wolff, IPR S. 139 („ungehörige Wahl"); für uneingeschränkte Herrschaft des Parteiwillens Art. 2 des Haager Kaufrechtsabkommens von 1955.

Zustandekommen des Vertrages gefährdet. In vielen Entwicklungsländern Afrikas und Asiens gilt es als eine Prestigefrage, sich nicht einem fremden Recht zu unterwerfen[68]. In diesen Fällen der fehlenden Parteivereinbarung wird das Schuldstatut allgemein auf Grund des sog. *hypothetischen Parteiwillens* ermittelt[69]. Es soll das Recht gelten, das die Parteien vernünftigerweise vereinbart hätten, wenn sie eine Vereinbarung getroffen hätten. Entscheidend sind *objektive* Gesichtspunkte[70], d. h. was die Parteien vereinbart hätten, muß aus der Natur des Vertrags und den im Vertrag getroffenen Bestimmungen unter Berücksichtigung aller Umstände erforscht werden.

Wegen der Anknüpfung an objektive Merkmale ist die Bezeichnung „hypothetischer Parteiwille" bisweilen angegriffen worden, da objektive Kriterien und Parteiwille sich widersprächen[71]. Mag diese Bezeichnung logisch bedenklich erscheinen, so ist sie doch sachlich gerechtfertigt; denn sie weist darauf hin, daß bei der Bestimmung des Schuldstatuts allein die Parteiinteressen den Ausschlag zu geben haben. Dem deutschen Recht ist die Bestimmung des sog. hypothetischen Parteiwillens auf Grund objektiver Kriterien auch bei der Umdeutung des § 140 BGB bekannt, wogegen bisher keine Bedenken erhoben worden sind. Letztlich macht es keinen Unterschied, ob man sagt, die Anknüpfung an ein bestimmtes Recht „haben die Parteien vernünftigerweise gewollt" oder diese Anknüpfung „liegt im objektiven Interesse beider Parteien". Besser ist vielleicht trotzdem, wenn man wie das anglo-amerikanische Recht bei der Auffindung des „proper law of the contract" auf die „engste Verknüpfung"[72] mit einer bestimmten Rechtsordnung oder — wie manche andere Rechte — auf den „Schwerpunkt des Vertrages"[73] abstellt. Allerdings bringt auch die Schwer-

[68] Siehe PETERSEN RabelsZ 24 (1959), S. 6.

[69] Siehe hierzu insbesondere TOBLER, Der hypothetische Parteiwille im internationalen Vertragsrecht (1919) und MANN, Die internationalprivatrechtliche Parteiautonomie in der Rechtsprechung des Bundesgerichtshofs, JZ 1962, 6—14.

[70] BGH Betrieb 1958, 162; weitere umfangreiche Nachweise bei KEGEL in SOERGEL-SIEBERT, S. 561 Fußnote 48.

[71] Vgl. WOLFF, IPR S. 142f.; vgl. auch HOMBERGER, Die obligatorischen Verträge im IPR nach der Praxis des schweizerischen Bundesgerichts, S. 33.

[72] Lord SIMMONDS in Bonython v. Commonwealth of Australia, (1951) A. C. 201, 219 („with which the transaction has its closest and most real connection"); CHESHIRE, P. I. L., S. 216 („country with which the contract is in fact most closely connected and in which lies its natural seat or center of gravity"); DICEY, S. 719; RABEL, Conflict Rules on Contracts, S. 130; HEGETSCHWEILER, La vente à distance, S. 20 („la loi du pays qui a le contact le plus étroit avec le rapport contractuel") mit Hinweisen auf die schweiz. Rechtsprechung.

[73] LANDO, Am. Journ. of comp. Law 1957, S. 22f. („center of gravity method") mit weiteren Hinweisen auf das skandinavische Recht; siehe auch BGH 1952, 540f.; BGH JZ 1955, 702 und BGHZ 17, 89; WOLFF, IPR S. 142.

punkttheorie nichts Neues. Auch sie besagt nur, daß der Schwerpunkt des Vertrages in die Rechtsordnung fällt, deren Anwendung den objektiven Parteiinteressen entspricht.

Der Begriff des hypothetischen Parteiwillens ist im Umfang nicht überall gleich. In Deutschland wird ein hypothetischer Parteiwille nur dann angenommen, wenn besondere Indizien auf die Geltung eines bestimmten Rechts hinweisen. Solche spezielle Anknüpfungsmomente sind z. B. gleiche Staatsangehörigkeit oder gleicher Wohnsitz der Vertragsschließenden, bei Massenlieferungsverträgen der Niederlassungsort des Verkäufers, die Sprache des Vertrages, die Verwendung von Fachausdrücken, die auf eine bestimmte Rechtsordnung hinweisen, die Vereinbarung einer bestimmten Währung für die Bezahlung des Kaufpreises, wobei besonders bei den letztgenannten Beispielen die Grenze zum stillschweigend erklärten Parteiwillen flüssig ist. Fehlen besondere Anknüpfungsmomente, dann bedarf es in Deutschland nach der h. M. einer Anknüpfung, die nicht mit der „subjektiv formulierten Generalklausel"[74] des hypothetischen Parteiwillens zu erzielen ist. Es entscheidet dann das Recht des Erfüllungsorts. In den meisten übrigen Ländern werden auch die allgemeinen Anknüpfungsmomente, wie Erfüllungsort, Abschlußort etc., zur Bestimmung des hypothetischen Parteiwillens herangezogen. D. h. dort umfaßt der hypothetische Parteiwille im Gegensatz zur in Deutschland h. M. alle Fälle, soweit sie nicht schon auf Grund eines ausdrücklich oder stillschweigend erklärten Parteiwillens zu lösen sind. Diese Ausdehnung des hypothetischen Parteiwillens auf die allgemeinen Anknüpfungsmomente ist gerechtfertigt; denn auch die Bestimmung des Schuldstatuts auf Grund dieser Momente soll dem objektiv ermittelten Interesse der Parteien gerecht werden. Auch sie dienen daher der Ermittlung des hypothetischen Parteiwillens[75].

2. *Die Spaltung des Vertrags*

a) Formen der Vertragsspaltung

Ernsthafte Schwierigkeiten bei der Ermittlung des Schuldstatuts treten erst auf, wenn der Vertrag und die ihn begleitenden Umstände keine besonderen Anknüpfungsmomente erkennen lassen, oder wenn solche zwar vorhanden sind, aber auf verschiedene Rechte hindeuten. In fast ständiger Rechtsprechung hat sich das deutsche Reichsgericht in solchen Fällen für das Recht des Erfüllungsorts entschieden[76].

---

[74] KEGEL in SOERGEL-SIEBERT, Vorbem. 190 vor Art. 7 EGBGB, S. 561.

[75] Ebenso für den Erfüllungsort ausnahmsweise RGZ 107, 123 und OLG Hamburg NJW 1958, 1919.

[76] Bereits FICKER, Rvgl. HWB Bd. 4, S. 376 spricht insoweit von der Entwicklung eines Gewohnheitsrechts durch das RG.

Dieser Rechtsprechung folgt heute auch noch der Bundesgerichtshof[77]. Sie führt in Deutschland beim Kaufvertrag zur Geltung von zwei verschiedenen Rechten, je nachdem, ob eine Verkäufer- oder Käuferverpflichtung zur Debatte steht. Denn nach § 269 BGB wird der Erfüllungsort durch den Wohnsitz des Schuldners bestimmt[78], und bei internationalen Käufen liegen Verkäufer- und Käuferwohnsitz in der Regel in verschiedenen Ländern. Man spricht wegen der Aufspaltung des Vertrags vom „Zweirechtssystem“[79]. Auch das schweizerische Kollisionsrecht folgte lange Zeit dem Zweirechtssystem[80]. Dem Druck des schweizerischen Schrifttums[81] folgend hat jedoch inzwischen die schweizerische Rechtsprechung[82] diese Anknüpfung aufgegeben.

Vielfach war und ist zum Teil noch heute bei der Ermittlung des Vertragsstatuts eine andere Vertragsspaltung bekannt. Die ältere französische Lehre unterwarf die „effets“ und die „suites“ eines Vertrages verschiedenen Rechtsordnungen[83]. Der französische Kassationshof verneinte allerdings bereits im Jahre 1910 diese Spaltung[84]. Sie wird heute von der in Frankreich herrschenden Meinung abgelehnt[85]. In der Schweiz beurteilte das Bundesgericht[86] in jahrzehntelanger Rechtsprechung das Zustandekommen eines Vertrages unabhängig vom Parteiwillen nach dem Recht des Vertragsabschlußortes, die Vertragswirkungen dagegen nach dem von den Parteien gewählten Recht. Das Bundesgericht trennte sich im Jahre 1952 auch von dieser Vertrags-

---

[77] BGH NJW 1952, 540; BGHZ 17, 89 ff. (92); BGH LM § 480 BGB Nr. 2; BGH NJW 1958, 750 und NJW 1960, 1720 ff.

[78] § 269 kommt hierbei als eine das deutsche Kollisionsrecht ergänzende Norm zur Anwendung, da dieses eine eigene Norm zur Bestimmung des Erfüllungsorts nicht enthält. Kegel, IPR S. 232, erwägt, ob insoweit im IPR nicht ein eigener Begriff zu wählen sei.

[79] Melchior, IPR S. 28; Nussbaum, IPR S. 218; Riemann, Schuldverträge im IPR S. 50; Schnitzer, IPR Bd. 2, S. 627; Kreuzer, Das internationale Privatrecht des Warenkaufs in der deutschen Rechtsprechung, S. 170 ff.; Batiffol, Contrats S. 177 (Nr. 195).

[80] Übersicht bei Knapp, La division des effets du contrat dans le droit international privé de la Suisse, Zeitschr. f. schweiz. Recht 1941, S. 302 a bis 354 a.

[81] Niederer, Die Spaltung des Vertrages bezüglich seiner Wirkungen im schweizerischen internationalen OR, Zeitschr. f. schweiz. Recht 1941, S. 221 a bis 301 a; Tobler, Der hypothetische Parteiwille im internationalen Vertragsrecht, S. 88 ff.; Knapp a. a. O.

[82] Siehe BGE 78 II 74 (78).

[83] Nachweise bei Batiffol, Contrats S. 69 f. (Nr. 77).

[84] 5. 12. 1910, Sirey 1911, 1, 129: „La loi applicable aux contrats, soit en ce qui concerne leur formation, soit quant à leurs effets et conditions, est celle que les parties ont adoptée.“

[85] Siehe zum Streitstand die umfassende Übersicht bei Lerebours — Pigeonnière — Loussouarn, S. 592 ff. (Nr. 476 a—d).

[86] Grundlegend BGE 32 II 415 (418); ebenso noch BGE 76 II 33 (36).

spaltung und unterwarf Entstehung und Wirkungen eines Vertrags einheitlich dem von den Parteien bestimmten Recht[87]. Auch das deutsche Reichsgericht beurteilte in einer älteren Entscheidung[88], die ein Einzelgänger geblieben ist, die Entstehung eines Vertrages nach einem unabhängig vom Parteiwillen gefundenen Recht, während es die Vertragswirkungen dem von den Parteien gekürten Recht unterwarf.

Die Aufspaltung des Vertrags in Entstehungsgründe und Wirkungen fand insbesondere Anhänger im anglo-amerikanischen Recht. Sie ist wohl h. M. in England[89]. Die Lehre[90] spricht von „essential or intrinsic validity", „formation" bzw. „construction" einerseits und „effects", „suites" bzw. „substance of the obligation" andererseits, die verschiedenen Rechten unterworfen sein können. „The mode of performance" soll wiederum einem dritten Recht unterliegen können[91]. Nicht zu Unrecht prägt Schmitthoff[92] in diesem Zusammenhang den Ausdruck „theory of multiplicity of the proper law". In den Vereinigten Staaten unterteilt Beale[93] in Fragen betreffend „creation of contract" und Fragen betreffend „performance of contract". Ihm folgend knüpfte das amerikanische Restatement[94] die ersteren an das Recht des Vertragsabschlußortes, die letzteren an den Erfüllungsort. Rabel[95] meint demgegenüber, daß die amerikanischen Gerichte „pay no more than lip service to this theory".

b) Gefahrtragung und Spaltung des Vertrags hinsichtlich Enstehung und Wirkungen

Die Aufspaltung des Vertrags hinsichtlich seiner Entstehung und seiner Wirkungen bereitet für die Anknüpfung der Gefahrtragung keine Schwierigkeiten. Die Gefahrtragungsregelung gehört zu den Wirkungen (effects, substance) des Vertrags; denn sie bestimmt, wie weit der Verkäufer trotz des zufälligen Untergangs der verkauften Sache verpflichtet bleibt (Leistungsgefahr) und wie weit der Käufer von seiner Pflicht der Kaufpreiszahlung frei wird (Preisgefahr)[96].

---

[87] BGE 78 II 74 (85); ebenso BGE 79 II 295 (297); 82 II 550 (552).

[88] JW 1927, 693.

[89] Siehe die umfassende Übersicht bei CHESHIRE, P. I. L., S. 221 ff.

[90] CHESHIRE, a. a. O., S. 248; SCHMITTHOFF, Conflict of Laws, S. 114; RABEL, Conflict of Laws Bd. 2, S. 449.

[91] WOLFF, P. I. L. S. 454.

[92] Conflict of Laws, S. 114.

[93] Conflict of Laws Bd. 2, S. 1077—1250 und 1259—1274.

[94] § 332 und § 355; etwas anders der Entwurf zum neuen Restatement § 332 b; siehe auch noch LORENZEN, Validity and effects of the contracts in the conflict ol laws, Yale Law Journal 30 (1920/21) S. 672 f. und Yale Law Journal 31 (1921/22), S. 54 ff.

[95] Conflict of Laws Bd. 2, S. 449.

[96] Siehe LOUIS-DREYFUS v. Paterson Steamship Ltd. (1930), 43 F. (2 d) 824, 826 (betrifft Leistungsgefahr).

Die „Entstehung des Vertrags" hat auf sie nur insoweit Einfluß, als ohne einen wirksam entstandenen Vertrag kein Gefahrübergang denkbar ist. Ist der Vertrag einmal wirksam entstanden, dann geht die Gefahr nach der Rechtsordnung über, die die Wirkungen des Vertrags beherrscht. Es tritt hier nicht die häufig schwer zu entscheidende Frage auf, was zur Entstehung und was zu den Wirkungen des Vertrags zu zählen ist.

Auch die weitere Aufspaltung des Vertrags in „substance" und „mode of performance" bereitet für die Anknüpfung der Gefahrtragung keine Schwierigkeiten. Leistungs- und Preisgefahr fallen unter „substance", da sie darüber entscheiden, ob eine Leistungs- oder Zahlungspflicht besteht[97]. Sie besagen dagegen nichts darüber, wie eine bestehende Leistungs- oder Zahlungspflicht zu erfüllen ist. Leistungs- und Preisgefahr werden deshalb vom „proper law of the substance" beherrscht.

c) Gefahrtragung und Zweirechtssystem

aa) Bei Anwendung des Zweirechtssystems beurteilt sich die *Leistungsgefahr nach Verkäuferrecht,* da es hierbei darum geht, ob der Verkäufer trotz Untergangs der verkauften Sache nochmals leisten muß. Die *Preisgefahr* unterliegt dagegen dem *Käuferrecht;* denn hier handelt es sich darum, ob der Käufer trotz Untergangs der Sache zahlen muß. Dies ist in Deutschland h. M.[98]. Die Ansicht des OLG Hamburg[99], wonach die Anknüpfung an den Erfüllungsort des Schuldners für die Preisgefahr merkwürdigerweise zur Anwendung des Verkäuferrechts führen soll, ist allein geblieben.

Die Herrschaft des Käuferrechts über den Gefahrübergang[100] wird bezweifelt, wenn der Käufer vor Untergang der Sache den Kaufpreis bereits bezahlt hat. Bei der Rückforderung des Kaufpreises geht es um eine Verpflichtung des Verkäufers. In der Lehre ist daraus der Schluß gezogen worden, daß in diesem Fall nicht das Käuferrecht, sondern das Verkäuferrecht in vollem Umfang über den Rückforderungsanspruch entscheide[101], d. h. auf den Gefahrübergang wäre dann Ver-

[97] CHESHIRE, P. I. L. 5. Aufl. (1957), S. 242: „Questions affecting the rights and liabilities of the parties under a perfectly constituted contract relate to substance" (in der Formulierung anders die 6. Aufl.).

[98] OLG Kiel Schl. Holst. Anz. 1919, S. 27 (Preisgefahr); EISSER S. 6; HAUDEK S. 83 f.; KEGEL in SOERGEL-SIEBERT, Vorbem. 234 vor Art. 7 EGBGB, S. 572; RAAPE, IPR S. 521; WOLFF, IPR S. 149.

[99] ZIR 21 (1911), 68 ff. (69).

[100] Unter Gefahr wird im folgenden weiterhin die Preisgefahr verstanden. Die Leistungsgefahr wird besonders bezeichnet.

[101] v. BAR, IPR Bd. 2, S. 107; ALMÉN, Das skandinavische Kaufrecht Bd. 1, S. 55; vgl. auch LEWALD, S. 252 und NEUNER, RabelsZ 2 (1928), S. 122 mit weiteren Hinweisen in Fußnote 1.

käuferrecht anzuwenden. Demgegenüber hat der Bundesgerichtshof ausgeführt, daß „die Frage nach dem anzuwendenden Recht nicht von dem zufälligen Umstand abhängen dürfe, ob die Kaufpreisschuld bereits bezahlt ist oder nicht[102]".

Zu dem vom BGH auf Grund gefühlsmäßiger Erwägungen erzielten Ergebnis gelangt man auch mit Hilfe der Grundsätze des IPR. Die Rückforderung des Kaufpreises ist die Geltendmachung eines Bereicherungsanspruchs, der nach dem besonderen Statut der ungerechtfertigten Bereicherung zu beurteilen ist. Welches Recht im vorliegenden Fall Bereicherungsstatut ist, erscheint im Hinblick auf die deutsche Rechtsprechung zweifelhaft. Gleich ist jedoch in jedem Fall das Ergebnis.

Knüpft man an das Recht an, das das Rechtsverhältnis beherrscht, auf Grund dessen die zurückgeforderte Leistung erfolgte[103], so entscheidet das Vertragsstatut über den Rückforderungsanspruch. Vertragsstatut ist für die Käuferleistung das Käuferrecht. Dieses Recht entscheidet demnach auch über den Rückforderungsanspruch. Unterwirft man dagegen die Bereicherungsschuld dem Recht des Bereicherungsschuldners[104], so unterliegt zwar der Rückforderungsanspruch dem Verkäuferrecht, da der Verkäufer Bereicherungsschuldner ist. Jedoch ist die Frage, ob eine Pflicht zur Bezahlung des Kaufpreises bestanden hat oder ob sie wegen zufälligen Untergangs der Ware wieder weggefallen ist, als selbständig anzuknüpfende Vorfrage nach Käuferrecht zu beurteilen[105]. Dasselbe gilt, wenn man die Bereicherungsschuld nach dem Recht beurteilt, das die Vermögensverschiebung, hier die Übereignung des Kaufpreises, beherrscht (lex rei sitae)[106]. Wäre in diesem Fall — was Tatfrage des Einzelfalles ist — Bereicherungsstatut ein anderes Recht als das Käuferrecht, so wäre auch hier die Frage, ob ein indebitum bestand, als selbständige Vorfrage dem Käuferrecht zu unterwerfen. Gegen die Beurteilung der Gefahrtragung nach dem Käuferrecht im Rahmen des Zweirechtssystems bestehen demnach keine Bedenken.

bb) erheblichere Bedenken werden jedoch gegen das Zweirechtssystem selbst erhoben. Bei der Prüfung dieser Bedenken entscheiden

---

[102] BGH NJW 1958, 750 (für den entsprechenden Fall bei Wandlungs- und Minderungsansprüchen).

[103] So Kegel in Soergel-Siebert, S. 580 und die dort S. 581 Fußnote 10 angegebene Rechtsprechung.

[104] BGH NJW 1959, 1317.

[105] Vgl. BGH NJW 1959, 1317, wo ebenfalls das Bestehen eines Grundgeschäfts als selbständig anzuknüpfende Vorfrage nach eigenem Schuldstatut beurteilt wurde.

[106] BGH NJW 1960, 774 f.; weitere Hinweise bei Kegel in Soergel-Siebert, S. 580 Fußnote 6.

allein die Parteiinteressen. Sie geben bei der Bestimmung des Schuldstatuts den Ausschlag.

Als Argument gegen das Zweirechtssystem wird zunächst angeführt, daß die Parteien, hätten sie eine Bestimmung über das geltende Recht getroffen, ein einziges Recht gewählt hätten[107]. Der hypothetische Parteiwille, d. h. die auf objektiver Grundlage zu ermittelnden Parteiinteressen, werden der Vertragsspaltung entgegengestellt. Mit anderen Worten wird geltend gemacht, daß die Anknüpfung eines Vertrages an zwei verschiedene Rechte nicht den Parteiinteressen entspreche.

Bei dieser Kritik am Zweirechtssystem wird bereits im Ausgangspunkt ein wichtiges Parteiinteresse übersehen. Vereinbaren die Parteien eines internationalen Kaufvertrags nichts über das geltende Recht, so wird jede Partei in ihrer Vorstellung bewußt oder unbewußt von der Geltung ihres eigenen Rechts ausgehen, das sie in der Regel viel bequemer feststellen kann als das fremde Recht. Sie wird ihren Dispositionen die ihr bekannten Kaufvorschriften des eigenen Rechts zugrunde legen[108]. Jede Partei hat deshalb ein Interesse daran, daß der Vertrag, und zwar der ganze Vertrag nach ihrem eigenen Recht beurteilt wird. Die Anwendung eines anderen Rechts kann unter Umständen diese Partei in ihren wirtschaftlichen Dispositionen empfindlich stören. Der Käufer kann z. B. von Ansprüchen überrascht werden, mit denen er nach seinem Recht nicht rechnete. Er kann weiterhin nach seinem Recht mit der Gegenleistung des Verkäufers fest gerechnet haben, die er nach dem anderen Recht nicht erhält. Dieselbe Situation ergibt sich umgekehrt für den Verkäufer bei Anwendung des Käuferrechts. Käufer- und Verkäuferinteressen widersprechen sich. Jeder möchte sein Recht angewandt wissen. Die auseinandergehenden Parteiinteressen sprechen demnach nicht für die Anwendung eines Rechts, sondern gerade im Gegenteil für zwei Rechte. Ein hypothetischer Parteiwille, der auf *ein* Recht hinzielt, läßt sich daher nicht feststellen.

Die Anwendung von Verkäufer- und Käuferrecht in Form einer umfassenden Kumulation von Verkäufer- und Käuferrecht ist theoretisch denkbar. Die Unterwerfung eines Kaufvertrags hinsichtlich seiner Entstehung und seiner Wirkungen unter zwei Rechte würde jedoch eine Lähmung des internationalen Rechtsverkehrs bedeuten. Sie wird daher nirgends empfohlen und soll hier aus der Betrachtung ausscheiden. Bei Ermittlung des geltenden Statuts müssen daher die Interessen einer Partei oder ein Teil der Interessen beider Parteien zurückgestellt werden. Es bieten sich folgende Lösungsmöglichkeiten:

---

[107] Niederer, Zeitschr. f. schweiz. Recht 60 (1941), S. 274 a— 277 a; vgl. auch die Entscheidung des schweizerischen Bundesgerichts BGE 11, 357 (364 f.) und Kegel, IPR S. 226.

[108] Vgl. Haudek S. 74.

1. Es gilt ausschließlich entweder *Käuferrecht oder Verkäuferrecht.* Bei dieser Lösung siegen die Interessen der einen Partei vollkommen über die der anderen Partei.
2. Für die Pflichten jeder Partei gilt das *Recht des Verpflichteten* (Zweirechtssystem). Hier siegt das Interesse jeder Partei, nicht von Ansprüchen des fremden Rechts überrascht zu werden, gegenüber dem Interesse jeder Partei, nach eigenem Recht die Gegenleistung des anderen zu bekommen.
3. Für die Rechte jeder Partei gilt das *Recht des Berechtigten.* Hier gewinnt das Interesse jeder Partei, nach eigenem Recht die Gegenleistung des anderen zu bekommen, gegenüber dem Interesse jeder Partei, nicht von Ansprüchen des fremden Rechts überrascht zu werden.

Die dritte Lösung wird — soweit ersichtlich — nirgends vertreten. Viele Imponderabilien, wie zufälliger Untergang der Ware, Insolvenz des Gegners etc., können zum Wegfall der Gegenleistung führen. Jede Partei muß sich deshalb darauf einstellen, daß die Gegenleistung möglicherweise nicht erbracht wird. Die Zurückstellung des Interesses der Parteien daran, die Gegenleistung nach ihrem Recht zu erhalten, ist deshalb tragbar. Auch die Herrschaft des Käuferrechts ist nur vereinzelt vertreten worden[109]. Dieses Recht soll daher hier ebenfalls außer Betracht bleiben.

cc) Sehr häufig wird dagegen von den Gegnern des Zweirechtssystems das *Verkäuferrecht* zur Herrschaft über den ganzen Kaufvertrag berufen[110]. Zur Begründung wird darauf hingewiesen, daß bei internationalen Lieferungsverträgen der Sachleistung das ausschlaggebende Gewicht zuzumessen sei. Zur Debatte stehen daher Verkäuferrecht und Zweirechtssystem. Ob die Bevorzugung des Verkäuferrechts gegenüber dem Zweirechtssystem gerechtfertigt ist, hängt davon ab, wie weit einerseits die gegen das Zweirechtssystem vorgebrachten Bedenken begründet sind und wie weit andererseits die für das Verkäuferrecht vorgebrachten Argumente standhalten.

Das für die internationalprivatrechtliche Anknüpfung ausschlaggebende Übergewicht der Sachleistung wird verschieden begründet.

---

[109] Kronstein, Blätter für IPR Bd. 2 (1927), 133; vgl. auch Art. 3 Abs. 2 des Haager Kaufrechtsabkommens von 1955, der Käuferrecht für anwendbar erklärt, wenn der Verkäufer im Käuferland eine Niederlassung hat oder wenn ein Vertreter des Verkäufers im Käuferland die Kaufofferte entgegengenommen hat, vgl. hiergegen Kegel IPR S. 233.

[110] Art. 3 Abs. 1 des Haager Kaufrechtsabkommens von 1955; § 74 der „Allgemeinen Bedingungen für Warenlieferungen zwischen den Außenhandelsorganisationen der Teilnehmerländer des Rates für Gegenseitige Wirtschaftshilfe" (Comecon-Länder); § 46 des tschechoslowakischen Gesetzes über IPR von 1948; siehe außerdem die im folgenden genannte Literatur. Eine Übersicht über die ausländische Rechtsprechung, die das Verkäuferrecht für anwendbar erklärt, gibt Kreuzer S. 277.

Vielfach wird angeführt, daß die Sachleistung im Gegensatz zur Geldleistung, die auch bei anderen Verträgen vorkomme, dem Kaufvertrag sein typisches und charakteristisches Gepräge verleihe[111]. Warum jedoch die Geldleistung für den Kaufvertrag weniger typisch sein soll, ist nicht einzusehen. Kauf ist gemäß einer häufig gebrauchten Formel die „Einigung über Ware und Preis". Fehlt die Preisvereinbarung, so liegt ebensowenig ein wirksamer Kaufvertrag vor[112] wie im Falle des Fehlens der Warenbestimmung. Die Preisvereinbarung ist demnach für den Kauf ebenso „charakteristisch" wie die Warenbestimmung[113]. Zwar begegnet man Preisvereinbarungen auch bei andern Vertragsarten (z. B. Miete, Dienstvertrag, Werkvertrag). Aber auch die Verpflichtung zu Sachleistungen, die dem Kaufvertrag das charakteristische Gepräge verleihen soll, ist nicht auf den Kauf beschränkt. Eine solche Verpflichtung trifft man z. B. auch beim Tausch und beim Darlehen an; beim letzteren allerdings nur, soweit es sich nicht auf Geld bezieht. Insbesondere das Beispiel des Tausches zeigt, daß das Kriterium der „charakteristischen" Vertragsleistung für die internationalprivatrechtliche Anknüpfung zweiseitiger Verträge nicht brauchbar ist. Denn welche der beiden Sachleistungen ist für den Tausch charakteristischer?

Vereinzelt wird zugunsten des Verkäuferrechts vorgebracht, daß das Recht der Partei, auf der das „Schwergewicht" der Parteiverpflichtungen liege, den Ausschlag geben solle. Diese Partei sei der Verkäufer[114]. Der Hinweis, daß der Verkäufer bei der Sachleistung mehr Vorschriften zu beachten habe als der Käufer bei seiner Geldleistung[115], ist zutreffend. Jedoch erschöpft sich das, was der Käufer bei der Abwicklung eines Kaufvertrages zu beachten hat, nicht in seiner Geld-

---

[111] Rabel, Conflict of Laws Bd. 3, S. 55 f.; Ficker, Rvgl. HWB Bd. 4, S. 379; Hegetschweiler, La vente à distance, S. 21; Gauly S. 87; Herzfeld S. 96 f.; Neuhaus, Grundbegriffe des IPR, S. 124; Nolde, Annuaire 32 (1925), S. 68; Schnitzer, IPR Bd. 2, S. 687; Vischer, Internationales Vertragsrecht, S. 108 ff.; ebenso das schweizerische Bundesgericht BGE 77 II 83 ff. (84) und Cour d'appel de Paris, 27. 1. 1955, Rev. crit. dr. i. p. 1955, 330 ff. (335).

[112] Von dem Sonderfall, daß im Einverständnis der Parteien der Kaufpreis erst nach Kaufabschluß bestimmt werden soll, sei abgesehen.

[113] Ebenso im Ergebnis Kreuzer S. 95.

[114] Herzfeld S. 85—101; Kahn, La vente commerciale internationale, S. 267 („c'est le vendeur qui a le rôle principal"). Das Reichsgericht (RG 81, 273, 275) und der Bundesgerichtshof (NJW 1960, 1720 = LM Art. 7 EGBGB — Deutsches IPR — Nr. 13) haben demgegenüber im Wortlaut übereinstimmend — allerdings ohne Begründung — ausgeführt, daß das Verkäuferrecht nicht schon deshalb anzuwenden sei, „weil die Sachleistungspflicht des Verkäufers gegenüber der Geldzahlungspflicht des Käufers die verwickeltere ist und leichter Anlaß zu Rechtsstreitigkeiten bietet".

[115] So Kegel in Soergel-Siebert, Vorbem. 201 vor Art. 7, S. 565, und Kreuzer S. 97 f.

leistung. Er hat außerhalb seiner Leistung, z. B. bei der Geltendmachung von Rechts- oder Sachmängeln, eine Reihe von Vorschriften einzuhalten, deren Mißachtung ihm große Nachteile einbringen kann. Ein Blick auf die Rechtsprechung zeigt, daß gerade in diesem Bereich in der Praxis am häufigsten gestritten wird. Daraus ergibt sich, daß bei der Suche nach dem Kaufstatut die Pflichten des Käufers beim Auftreten eines Sachmangels nicht außer Betracht bleiben dürfen. Der Schluß, daß der Verkäufer bei der Abwicklung des ganzen Kaufes mehr Vorschriften zu beachten habe als der Käufer, ist daher nicht gerechtfertigt.

Häufig spielt bei der Bevorzugung des Verkäuferrechts der Gedanke mit, daß der Verkäufer als Warenlieferant in der Regel die wirtschaftlich stärkere Partei sei und deshalb die Anwendung des Verkäuferrechts gerechtfertigt sei[116]. Diese These wäre nur dann richtig, wenn einer ständigen Warenknappheit ein ständiger Geldüberschuß gegenüberstünde, so daß in allen Gütergruppen ein „Verkäufermarkt" herrschen würde. Die tägliche Erfahrung zeigt, daß dies nicht der Fall ist. Generelle Warenknappheit kommt allenfalls in Kriegszeiten und in Fällen falscher staatlicher Wirtschaftslenkung vor. In Friedenszeiten ruft das Vorherrschen eines Verkäufermarkts für ein bestimmtes Gut oft eine Überproduktion und ein Überangebot hervor, die den Verkäufermarkt rasch in einen Käufermarkt umschlagen lassen[117], so daß der Verkäufer zum Verkauf seiner Ware ins Ausland gedrängt wird. Er wird sich bei solchen Verkäufen oft Bedingungen gefallen lassen, die nicht von einer starken Position des Verkäufers zeugen. Ein generelles Prinzip, daß der Verkäufer bei einem Verkauf ins Ausland die stärkere Stellung gegenüber dem Käufer habe, läßt sich daher nicht aufstellen. Steht im Einzelfall fest, daß der Verkäufer der wirtschaftlich stärkere ist, so kann dies notfalls im Rahmen der besonderen Anknüpfungsmomente berücksichtigt werden.

Die Geltung des Verkäuferrechts läßt sich nach allem nicht auf die für dieses Recht vorgebrachten Gründe stützen. Seine Geltung kann allenfalls noch als Not- oder Gewaltlösung empfohlen werden, wenn das Zweirechtssystem gegen die vorgebrachten Bedenken nicht standhält und sich für die Anknüpfung zweiseitiger Verträge als unbrauchbar erweist.

dd) Gegen das Zweirechtssystem wird außer dem bereits oben ausgeräumten Bedenken geltend gemacht, daß die Anwendung zweier Rechte auf einen Vertrag zu sehr die Nichtigkeit begünstige, da der Vertrag nur bestehe, wenn beide anwendbaren Rechte ihn zuließen[118].

---

[116] So Rabel, Conflict of Laws Bd. 3, S. 56; Gauly S. 87; vgl. auch Batiffol, Contrats S. 181 (Nr. 198).

[117] Vgl. den in der Volkswirtschaftslehre berühmt gewordenen Schweinezyklus, den Hanau, die Prognose der Schweinepreise, festgestellt hat.

[118] Batiffol, Contrats S. 177.

Diese Kritik richtet sich gegen die bisweilen im Rahmen des Zweirechtssystems vertretene Kumulation von Verkäufer- und Käuferrecht bei der Beurteilung der Wirksamkeit eines Vertrags[119]. Jedoch entspricht diese Kumulation nicht dem Ziel des Zweirechtssystems, die Verpflichtung jeder Partei nach deren Recht zu beurteilen. Die konsequente Durchführung des Zweirechtssystems führt dazu, daß eine Partei bei der Frage, ob ihre Vertragserklärungen mangels Zugangs ihrer Offerte, wegen Täuschung oder wegen Irrtums etc. nichtig oder anfechtbar sind, sich nur auf die Normen ihrer Rechtsordnung berufen kann. Sie kann sich dagegen z. B. nicht darauf berufen, daß ihre Offerte nach dem Recht der anderen Partei nicht wirksam geworden sei, wenn sie nach ihrem Recht wirksam war, oder daß sie nach dem Recht der andern Partei wirksam anfechten könne, wenn sie nach ihrem Recht nicht anfechten kann. Nur wenn auch die Erklärungen des Gegners nach dessen Recht nichtig oder nach erfolgter Anfechtung unwirksam sind, ist infolge des genetischen Synallagmas, das jedem gegenseitig verpflichtenden Vertrag nach jeder Rechtsordnung innewohnt, der ganze Vertrag unwirksam. Dies bedeutet jedoch keine Kumulation der beiden Rechte in der Weise, daß jeder sich hinsichtlich der Nichtigkeit bzw. Anfechtbarkeit *seiner* Erklärungen auf das Recht beider Parteien berufen könne. Demnach bewirkt das Zweirechtssystem nach der hier vertretenen Auffassung nicht die von Batiffol beanstandete Ausdehnung der Nichtigkeitsgründe. Eine nur geringe Erweiterung der Unwirksamkeitsgründe, die sich vielleicht durch das Zweirechtssystem ergeben mag, berechtigt noch nicht zur Ablehnung dieses Systems.

Als größtes Bedenken gegen das Zweirechtssystem wird geltend gemacht, daß der untrennbare Zusammenhang der Verpflichtungen beider Parteien bei getrennter Anknüpfung zerrissen und die Natur des Synallagmas verkannt werde[120]. Insbesondere werde das Gleichgewicht der gegenseitigen Verpflichtungen, für das jede Rechtsordnung auf seine Weise sorge, bei Anwendung zweier Rechte gestört[121]. Als Paradebeispiel für die mangelnde Abgestimmtheit der Parteiverpflichtungen bei Anknüpfung an zwei verschiedene Rechte wird der *Gefahrübergang* beim Kauf angeführt[122]. Es wird geltend gemacht, daß z. B.

---

[119] Vgl. zu dieser Kumulation Lüderitz, Kumulation und Grundsatz des schwächeren Rechts im IPR, S. 191—193 mit Hinweisen.

[120] Rabel, Conflict of Laws Bd. 2, S. 468 („The very nature of a synallagma is ignored"); Neuner, RabelsZ 2 (1928), S. 117 f. und 123 f.; Niederer, Zeitschr. f. schweiz. Recht 60 (1941), S. 285 a—296 a (die gegenseitigen Leistungen seien wie ein „Zusammensetzspiel"); Gauly S. 82 f.; Riemann, Schuldverträge im IPR, S. 51.

[121] Niederer, a. a. O., S. 285 a; Gauly S. 82 f.

[122] Rabel, Conflict of Laws Bd. 2, S. 468; Neuner, RabelsZ 2 (1928), S. 117 f.; Niederer, a. a. O., S. 290 a—294 a; Gauly S. 84.

deutsches und französisches Recht davon ausgingen, daß Gefahr und Nutzungen gleichzeitig übergingen, indem das deutsche Recht Gefahr- und Nutzungsübergang an die Übergabe, das französische Recht an den Kaufabschluß knüpfe. Die Regelung entspreche dem berechtigten Grundsatz, daß der Gefahrtragende auch die Nutzungen der verkauften Sache erhalten solle. Gefahr- und Nutzungsübergang seien — wenn auch von jeder Rechtsordnung in verschiedener Weise — aufeinander abgestimmt. Würden die Verpflichtungen der Parteien an verschiedene Rechte angeknüpft, so würde im Falle des Distanzkaufes zwischen einem Deutschen und einem Franzosen Gefahrübergang und Übergang der Nutzungen getrennt erfolgen und daher das Gleichgewicht, das zwischen beiden nach jeder Rechtsordnung besteht, empfindlich gestört[123].

Dieses Beispiel kann nur dann gegen das Zweirechtssystem angeführt werden, wenn Gefahr- und Nutzungsübergang nach diesem System tatsächlich an verschiedene Rechte anzuknüpfen sind. Der Gefahrübergang ist nach dem Zweirechtssystem an das Käuferrecht anzuknüpfen. Demgegenüber ist zweifelhaft, welchem Recht der Nutzungsübergang unterliegt. Die stiefmütterliche Behandlung der internationalprivatrechtlichen Anknüpfung der Nutzungen macht einen kurzen Exkurs darüber erforderlich, welchem Recht der *Nutzungsübergang* zu unterwerfen ist. Hierbei ist die sachenrechtliche und schuldrechtliche Seite des Nutzungsübergangs zu unterscheiden. Wer dinglich Berechtigter der aus einer Sache entspringenden Nutzungen wird, bestimmt die lex rei sitae, die als Sachstatut Entstehung und Untergang der Sachenrechte beherrscht. Sie entscheidet darüber, wem die Nutzungen *gehören*. Wem die Nutzungen *gebühren*, bestimmt dagegen das Schuldstatut, d. h. insoweit entscheidet, sofern die Parteien kein anderes Schuldstatut vereinbart haben, das Recht des Verpflichteten. Dies ist jeweils das Recht dessen, der dinglich Berechtigter der Nutzungen (z. B. Eigentümer der Früchte) ist; denn nur dieser kann verpflichtet sein, auf Grund eines Vertragsverhältnisses dem anderen Vertragspartner die Nutzungen zu überlassen. Wer dinglich Berechtigter der Nutzungen ist, ist insoweit eine selbständig anzuknüpfende Vorfrage.

Beim Versendungskauf von einem französischen Verkäufer an einen Deutschen geht nach französischer lex rei sitae das Eigentum an der verkauften Sache mit Kaufabschluß über[124]. Die nach diesem Zeitpunkt entstehenden Nutzungen gehören nach Art. 547 code civil oder § 953 BGB dem deutschen Käufer. Ob sie dem französischen Verkäufer gebühren, bestimmt sich nach den dargelegten Grundsätzen nach deutschem Recht, d. h. Käuferrecht. Denn es geht darum, ob der deutsche

---

[123] So besonders NIEDERER, a. a. O., S. 290 a ff.

[124] Hierüber näher unten S. 65 f.

Käufer, dem die Nutzungen gehören, dem Verkäufer diese wieder herausgeben muß, weil sie diesem möglicherweise gebühren. Gefahr- und Nutzungsübergang sind in diesem Falle also einheitlich nach dem Käuferrecht zu beurteilen. Die These, daß Gefahr- und Nutzungsübergang nach dem Zweirechtssystem an verschiedene Rechte anzuknüpfen sind, läßt sich demnach jedenfalls nicht für alle Fälle aufrechterhalten.

Sie ist jedoch richtig im umgekehrten Fall des Versendungskaufs eines deutschen Verkäufers an einen französischen Käufer. Eigentum geht nach deutscher lex rei sitae noch nicht mit dem Kaufabschluß über. Solange sich die Ware auf deutschem Boden befindet, gehören aus der verkauften Sache fließende Früchte nach § 953 BGB dem deutschen Verkäufer. Ob die Nutzungen dem französischen Käufer gebühren, bestimmt sich gemäß dem Zweirechtssystem nach deutschem Verkäuferrecht, da es darum geht, ob der deutsche Verkäufer die ihm gehörenden Nutzungen herausgeben muß. Nach französischem Käuferrecht beurteilt sich dagegen, wer die Gefahr trägt. Gefahr- und Nutzungsübergang werden demnach verschieden angeknüpft und können deshalb auseinanderfallen.

Deswegen das Zweirechtssystem abzulehnen, ist jedoch nicht gerechtfertigt. Auch Gefahr- und Eigentumsübergang fallen häufig auseinander[125], ohne daß Bedenken angemeldet werden, daß das von den Gesetzgebern hergestellte Gleichgewicht zwischen Gefahr- und Eigentumsübergang gestört werde. Wenn man eine Störung dieses Gleichgewichts duldet, wird man erst recht die praktisch sehr viel seltenere und in der Intensität erheblich geringere Störung zwischen Nutzungs- und Gefahrübergang dulden können. Wenn nicht, dann kann man hier auf einfache Weise helfen. Man kann wegen der engen Verknüpfung zwischen Nutzungs- und Gefahrübergang den Nutzungsübergang, soweit er schuldrechtlicher Natur ist, nach der Rechtsordnung beurteilen, die auch den Gefahrübergang beherrscht[126]. Solange sich nicht bessere Beispiele finden lassen, kann gegen das Zweirechtssystem nicht angeführt werden, daß bei Anwendung zweier Rechte das Gleichgewicht der gegenseitigen Verpflichtungen erheblich gestört werde.

Besondere Schwierigkeiten sollen entstehen, wenn die Preisgefahr nach dem Käuferrecht früher übergeht als die Leistungsgefahr nach dem Verkäuferrecht[127]. Gauly[128] führt aus, daß dieser Fall z. B. bei

---

[125] Siehe oben Kapitel 1.

[126] Zum gleichen Ergebnis gelangt offenbar auch HAUDEK S. 80, der von der Erwägung ausgeht, der Gefahrübergang sei „präjudiziell“ für die Fruchtverteilung und die Verzinsung des Kaufpreises; siehe auch WOLFF IPR, S. 149 Fußnote 4.

[127] FRANKENSTEIN, Bd. 2, S. 300 f.; GAULY S. 58 f.

[128] S. 58.

Geltung österreichischen Rechts als Verkäuferrecht eintreten könne, da nach diesem Recht Konzentration der Gattungssache in der Regel erst mit Annahmeverzug stattfinde. Demgegenüber hat bereits Haudek[129] festgestellt, daß der Übergang der Leistungsgefahr Voraussetzung für den Übergang der Preisgefahr ist. Von einer Preisgefahr, die der Käufer trägt, kann erst die Rede sein, wenn wegen des zufälligen Untergangs der gekauften Sache der Anspruch des Käufers gegen den Verkäufer erlischt. Dies ist nur der Fall, wenn die Leistungsgefahr zur Zeit des Untergangs bereits auf den Käufer übergegangen war. Bleibt sein Anspruch bestehen (vgl. § 279 BGB), weil die Leistungsgefahr zum Zeitpunkt des Untergangs noch nicht übergegangen war, so besteht für ihn keine „Gefahr", einen Schaden zu erleiden, da er nach wie vor vom Verkäufer die versprochene Leistung verlangen kann. Ob die Leistungsgefahr bereits übergegangen war, ist bezüglich der Preisgefahr eine selbständige, nach dem Verkäuferrecht zu beurteilende Vorfrage[130].

Häufig wird gegen das Zweirechtssystem noch vorgebracht, der Grundgedanke, jede Partei solle nur nach ihrem Recht verpflichtet sein, werde nicht verwirklicht. Im konkreten Fall werde jeweils nur ein Recht angewandt[131]. Bei der Beurteilung der Gültigkeit gebe z. B. immer nur die Rechtsordnung den Ausschlag, die den Vertrag für unwirksam erkläre, auch wenn die Unwirksamkeit des Vertrags nicht dem Willen der anderen Rechtsordnung entspreche, nach der der Vertrag wirksam wäre[132]. Bei diesem Einwand wird übersehen, daß auf Grund des genetischen Synallagmas gerade die andere Rechtsordnung die Verpflichtung ihrer Partei für unwirksam erklärt, wenn die Verpflichtung der einen Partei nach deren Rechtsordnung unwirksam ist[133]. D. h. die Unwirksamkeit des ganzen Vertrags beruht doch auf beiden Rechtsordnungen.

Bezüglich des funktionellen Synallagmas ist zwar richtig, daß in der Regel in einem Rechtsstreit nur eine Rechtsordnung zur Anwendung gelangt. Der Grund hierfür liegt jedoch nicht in einer Untreue gegenüber dem Zweirechtssystem, sondern vielmehr darin, daß meist nur die Verpflichtung einer Partei in Streit steht. Solange es um die Verpflichtung nur einer Partei geht, kann bei getreuer Anknüpfung

---

129 S. 84.

130 Haudek, S. 84, spricht insoweit von einer möglichen „Modifikation der nationalen Sachnormen" des für den Übergang der Preisgefahr maßgeblichen Käuferrechts durch das den Übergang der Leistungsgefahr beherrschenden Verkäuferrechts.

131 Neuner, RabelsZ 2 (1928), S. 129 mit Beispielen S. 119ff.; Lewald, S. 247f. und Niederer, Zeitschr. f. schweiz. Recht 60 (1941), S. 261a; Riemann, Die Schuldverträge im IPR, S. 51.

132 Neuner, a. a. O., S. 119.

133 Siehe oben S. 25.

nach den Grundsätzen des Zweirechtssystems nur ein Recht berufen werden. Sobald aber die verklagte Partei Widerklage erhebt, sind zwei Rechtsordnungen anzuwenden. Das schweizerische Bundesgericht[134] hat dementsprechend in einem Widerklagefall, der einen Tauschvertrag betraf, auf die Verpflichtung der einen Vertragspartei deutsches Recht, auf die Verpflichtung der anderen dagegen schweizerisches Recht für anwendbar erklärt[135].

Der Widerklagefall ist Ausnahme. In der Regel wird in einem Rechtsstreit nur um die Pflicht einer Partei gestritten. Kommt deshalb nur eine Rechtsordnung zur Anwendung, so kann nicht ernsthaft behauptet werden, das Zweirechtssystem werde praktisch nicht befolgt. Der Umstand, daß in der Regel nur eine Rechtsordnung im Rechtsstreit anzuwenden ist, läßt sich im Gegenteil zugunsten des Zweirechtssystems anführen. Denn selbst die wenigen theoretisch denkbaren Störungen der inneren Harmonie der einzelnen Rechtsordnungen infolge Anknüpfung gemäß dem Zweirechtssystem wirken sich wegen der Anwendung nur einer Rechtsordnung praktisch nicht aus.

Die gegen das Zweirechtssystem erhobenen Bedenken rechtfertigen nach allem nicht die Ablehnung dieses Systems. Es besteht kein Grund, unter Verurteilung dieses Systems die Herrschaft des Verkäuferrechts über den Kaufvertrag als Not- oder Gewaltlösung zu empfehlen. Das Interesse jeder Partei, nicht von Ansprüchen des fremden Rechts überrascht zu werden, ist deshalb durch Anknüpfung an das Recht des jeweils Verpflichteten zu schützen. Für den *Übergang der Preisgefahr* gilt daher *Käuferrecht,* wenn die Parteien kein anderes Recht ausdrücklich oder stillschweigend vereinbart haben und wenn sich ein Schwerpunkt des Vertragsverhältnisses nicht ermitteln läßt.

d) Bestimmung des Käuferrechts

Als Anknüpfungsmomente bei der Bestimmung des Käuferrechts kommen Staatsangehörigkeit, Erfüllungsort, Wohnsitz und gewöhnlicher Aufenthalt in Betracht. Mit dem Recht des Staates, dem der Käufer angehört, wird er häufig eng verbunden sein. Dennoch ist die Anknüpfung an die Staatsangehörigkeit[136] nicht zu empfehlen, da sie für den Vertragspartner sehr häufig nicht zu erkennen ist. Es ist ein Anknüpfungsmoment zu wählen, das für beide Vertragspartner erkennbar ist. Der Wohnsitz[137] des Käufers ist für den Vertragspartner

---

[134] BGE 41 II 591 (594 f.).

[135] Inzwischen ist das schweizerische BG vom Prinzip des Zweirechtssystems abgegangen; dazu oben S. 17.

[136] Darauf stellt z. B. Zitelmann, IPR Bd. 2, S. 372 f. ab. Ausdrücklich ablehnend dagegen bereits RG 95, 164.

[137] Die Anknüpfung an diesen Begriff empfehlen Lewald, IPR S. 230 und Raape, IPR S. 486 f.

oft ebenfalls nicht leicht festzustellen, wie die Staatsangehörigkeit des Käufers. Insbesondere bringt die Anwendung des Wohnsitzrechts die reiche Problematik mit sich, die mit dem Wohnsitzbegriff verbunden ist. Der Erfüllungsort[138] ist ebenso schwer erkennbar, wenn er sich — was häufig der Fall ist — nach dem Wohnsitz des Käufers richtet[139]. Er wird auch nicht in allen Rechtsordnungen auf gleiche Weise ermittelt, so daß — je nachdem, wo zufällig geklagt wird — verschiedene Ergebnisse möglich sind. Oft wird der Erfüllungsort auch in eine Rechtsordnung fallen, von der der Käufer bei der Beurteilung seiner Pflichten nicht ausgeht. Soweit der Erfüllungsort im Vertrag bestimmt ist, wird man in der Regel bereits auf Grund des hypothetischen Parteiwillens zur Anwendung des dort geltenden Rechts gelangen, wenn nicht andere Momente auf eine andere Rechtsordnung hindeuten.

Der gewöhnliche Aufenthaltsort des Käufers ist für den Verkäufer meist am leichtesten feststellbar. Auch wird der Käufer das Recht an seinem gewöhnlichen Aufenthaltsort am ehesten als „sein Recht" betrachten, denn er wird sich in seinem Geschäftsgebaren nach dem dort geltenden Recht richten. Außerdem kann er sich dort am schnellsten und sichersten erkundigen, was das dort geltende Recht bestimmt. Daher ist für das Käuferrecht an den gewöhnlichen Aufenthalt des Käufers anzuknüpfen. Dieser wird beim Kaufmann durch den Ort der Geschäftsniederlassung ersetzt. Entsprechendes gilt bei der Leistungsgefahr für die Ermittlung des Verkäuferrechts.

---

[138] Dem Erfüllungsortsprinzip folgt seit Savigny, System Bd. 8 § 370 S. 210, die in Deutschland h. M. (ausführliche Rechtsprechungsnachweise bei Kegel in Soergel-Siebert, S. 566 Fußnote 76). Auch im Ausland wird vielfach an den Erfüllungsort angeknüpft (Nachweise bei Rabel, Conflict of Laws Bd. 2, S. 463).

[139] Vgl. § 269 BGB.

II. Teil

DER EIGENTUMSÜBERGANG

1. Kapitel

Eigentumserwerb vom Berechtigten

1. Rechtsvergleichender Überblick

In der Hauptsache sind es zwei Unterschiedsmerkmale, die beim Eigentumsübergang die Unterschiede zwischen den einzelnen Rechtsordnungen ausmachen. Das erste Unterscheidungsmerkmal wird umschrieben durch die Begriffe „Traditionsprinzip" und „Konsensprinzip", das zweite durch die Begriffe „Kausalitätsprinzip" und „Abstraktionsprinzip". Auch wenn in der Literatur[140] bisweilen darauf hingewiesen worden ist, daß sich die einzelnen Rechtsordnungen infolge der Durchbrechungen des Prinzips, dem sie huldigen, einander stark nähern, so bleiben in der Praxis doch zahlreiche Fälle übrig, in denen nach der einen Rechtsordnung Eigentum auf den Käufer übergeht, während nach der anderen das Eigentum beim Verkäufer verbleibt. Entsprechend den genannten Gegensatzpaaren lassen sich unter den einzelnen Rechtsordnungen vier Gruppen bilden, je nachdem ob eine Rechtsordnung das Konsens- oder Traditionsprinzip mit einer kausalen oder abstrakten Ausgestaltung der Eigentumsübertragung kombiniert[141].

a) Traditionsprinzip in Verbindung mit Abstraktionsprinzip

Hauptbeispiel dieser Gruppe ist das deutsche Recht. Nach § 929 Satz 1 BGB ist zunächst die Übergabe Voraussetzung der Eigentumsübertragung. Die Übergabe kann hierbei durch die sog. Übergabesurrogate (Vereinbarung eines konkreten Besitzmittlungsverhältnisses — § 930 BGB — und Abtretung eines Herausgabeanspruchs — § 931 BGB) ersetzt werden. Bloße Einigung genügt, wenn der Käufer bereits

---

[140] v. CAEMMERER, Rechtsvergleichung und Reform der Fahrnisübereignung, RabelsZ 12 (1938/39), 682 ff.; FRIEDRICH, „Übereignung" in Schlegelbergers Rvgl. HWB Bd. 6, 630 f.

[141] Dieser Einteilung folgt auch BAUR, S. 407 f.

im Besitz der Waren ist (§ 929 Satz 2 BGB: „brevi manu traditio"). Wegen der häufigen Durchbrechung des Übergabeverlangens durch die Übergabesurrogate ist vereinzelt in der deutschen Literatur vertreten worden, daß auch das deutsche Recht entgegen dem Wortlaut des § 929 BGB vom Konsensprinzip beherrscht werde[142]. In der übrigen Literatur[143] wird das Übergabeerfordernis bisweilen de lege ferenda angegriffen. Süß[144] spricht insoweit von einem „Atavismus". De lege lata ist jedenfalls daran festzuhalten, daß das deutsche Recht dem Traditionsprinzip folgt.

Im Anschluß an Savigny[145] verlangt die deutsche Rechtsordnung für die Eigentumsübertragung weiterhin einen abstrakten dinglichen Vertrag (Einigung). Die Unabhängigkeit dieser Einigung von der zugrunde liegenden causa wird von der h. M. auf das Verlangen nach Rechtssicherheit und Rechtsklarheit gestützt[146].

Auch das Abstraktionsprinzip ist in Deutschland nicht ohne Widerspruch geblieben[147]. Wieacker[148] nennt dieses Prinzip eine „hypertrophe Begriffsbildung". Weitergehend als diese kritischen Stimmen, die nur de lege ferenda das Abstraktionsprinzip angreifen, meint Neuner[149] sogar, daß § 929 BGB auch im Sinne kausaler Übereignung ausgelegt werden könne. Praxis und herrschende Lehre halten jedoch am Abstraktionsprinzip fest, allerdings in abgeschwächter Form, indem sie da, wo Kausal- und Verfügungsgeschäft einen einheitlichen Vorgang darstellen, einen Mangel in der causa über § 139 BGB auch auf die Einigung ausdehnen und indem sie zulassen, daß die Vertragsparteien die Einigung an die Bedingung eines gültigen Grundgeschäfts knüpfen[150]. Die Folge des Abstraktionsprinzips ist, daß die Parteien

---

[142] Vgl. Brandt, Eigentumserwerb und Austauschgeschäft, S. 161 f.

[143] Hedemann, Sachenrecht, S. 119. Vgl. auch Baur, Sachenrecht, S. 427 (§ 51 VIII).

[144] „Das Traditionsprinzip — ein Atavismus des Sachenrechts" in Festschrift für Martin Wolff, S. 141—165; hiergegen Zweigert, Besprechung der Festschrift für Martin Wolff, RabelsZ 18 (1953), 711.

[145] Siehe Felgenträger, Von Savignys Einfluß auf die Übereignungslehre, S. 36 f.

[146] Westermann, Lehrbuch des Sachenrechts, S. 24 (§ 4 III); Baur, Sachenrecht, S. 427; Eichler, Institutionen des Sachenrechts Bd. 1, S. 109.

[147] Siehe Heck, Das abstrakte dingliche Rechtsgeschäft; Eichler, Wandlungen des Eigentumsbegriffes in der deutschen Rechtsauffassung und Gesetzgebung, S. 163 f.; Krause, Das Einigungsprinzip und die Neugestaltung des Sachenrechts, AcP 145 (1939), 319 f.; Brandt, a. a. O., S. 148 f.; Baur, Sachenrecht, S. 427.

[148] Deutsche Rechtswissenschaft 6 (1941), S. 163.

[149] Rheinische Zeitschrift 14, 27 ff.

[150] Wolff-Raiser, Sachenrecht, S. 238 (§ 66 I 2); Baur, Sachenrecht, S. 38 f.; Erman-Westermann, Handkommentar zum BGB, Bd. 2, Bem. II zu § 929 BGB, S. 123.

bei unwirksamem Grundgeschäft nicht vindizieren, sondern in der Regel nur Kondiktionsansprüche geltend machen können, die im Konkurs keinen Vorrang genießen.

Streitig ist, ob die nach § 929 BGB erforderliche Einigung noch im Zeitpunkt der Übergabe vorliegen muß oder ob eine einmal erklärte Einigung derart bindend ist, daß sie bis zur Übergabe nicht mehr widerrufen werden kann. Die Rechtsprechung[151] und die überwiegende Lehre[152] geht davon aus, daß der Übereignungswille des Verkäufers auch noch bei Übergabe vorhanden sein muß, so daß eine einmal erklärte Einigung unbeachtlich wird, wenn sie bis zur Übergabe der Sache widerrufen wird. Mit gutem Grund wird dagegen eingewendet, daß auch die Einigung als Vertrag den allgemeinen Bestimmungen über Verträge unterliege und daher der Verkäufer an seine einmal abgegebene Einigungsofferte gebunden sei (§ 145 BGB)[153].

Dem deutschen Recht folgt hinsichtlich der Kombination des Traditionsprinzips und des Abstraktionsprinzips, soweit ersichtlich, nur das *griechische Recht*. Art. 1034 des griechischen ZGB bestimmt:

> „Zur Übertragung des Eigentums an einer beweglichen Sache sind erforderlich die Übergabe des Besitzes der Sache vom Eigentümer an den Erwerber und die Einigung beider Teile, daß das Eigentum übergehen solle."

Den übrigen Rechtsordnungen ist das Abstraktionsprinzip fremd. Sie verlangen zwar bisweilen neben dem Kausalgeschäft eine Einigung, die auf Eigentumsübertragung gerichtet sein muß. Die Wirksamkeit dieser Einigung wird jedoch von der Wirksamkeit des Grundgeschäfts abhängig gemacht.

b) Traditionsprinzip in Verbindung mit Kausalitätsprinzip

In der *Schweiz* war längere Zeit umstritten, ob zur Übertragung von Fahrniseigentum neben der Übergabe ein abstrakter oder ein nur kausaler Einigungsvertrag erforderlich ist. Art. 714 ZGB beschränkt sich auf die Feststellung, daß zur Übereignung Übergang des Besitzes erforderlich sei. Lediglich bei der Übereignung von Immobilien trifft Art. 974 ZGB eine ausdrückliche Entscheidung zugunsten des Kausalitätsprinzip. Bei der Fahrnisübereignung folgte demgegenüber die

---

151 RGZ 83, 223 (229f.); 135, 366 (367); BGHZ 7, 111 (115); 14, 114 (119).

152 Wolff-Raiser, a. a. O., S. 239 (§ 66 I 4); Baur, Sachenrecht, S. 34; Oechssler in Soergel-Siebert, BGB Bd. 3, Bem. 6 zu § 929 BGB, S. 187; Staudinger-Berg, Bem. 21 zu § 929 BGB, S. 615.

153 Westermann, Sachenrecht, S. 193 (§ 38 Bem. 4); Heck, Sachenrecht, S. 233.

schweizerische Rechtsprechung zunächst dem Abstraktionsprinzip[154]. 1929 ging jedoch das Schweizer Bundesgericht in einem ausführlich begründeten Urteil[155] von seiner bisherigen Rechtsprechung ab und entschied sich für das Kausalitätsprinzip. Trotz dieser Entscheidung dauert der Streit im Schweizer Schrifttum fort[156]. Auch in der kantonalen Rechtsprechung hat sich die neue Auffassung des Bundesgerichts nicht überall durchsetzen können[157].

Die Übergabe kann auch nach Schweizer Recht durch Surrogate ersetzt werden. Als solche kommen wie im deutschen Recht Besitzkonstitut und Abtretung des Herausgabeanspruchs in Betracht, sofern in diesen Fällen der Veräußerer oder der Drittbesitzer „auf Grund eines besonderen Rechtsverhältnisses im Besitz der Sache" verbleiben. Dritten gegenüber ist eine Übereignung durch Besitzkonstitut oder Abtretung des Herausgabeanspruchs jedoch unwirksam, wenn die Parteien dadurch deren Benachteiligung oder eine Umgehung der Vorschrift über das Faustpfand (Art. 884 ZGB) beabsichtigen, Art. 717 ZGB. Durch diese Bestimmung wird weitgehend die Möglichkeit einer Sicherungsübereignung ausgeschlossen. Die Zulässigkeit der brevi manu traditio ist „als selbstverständlich im ZGB nicht besonders erwähnt worden[158]".

Das *österreichische* Recht folgt ebenfalls dem Kausalitätsprinzip. Zwar wurde in früherer Zeit einmal vom überwiegenden Schrifttum in Form der sog. „Theorie der subjektiven causa traditionis" das Abstraktionsprinzip empfohlen[159]. Nach dieser Theorie genügte es für eine wirksame Einigung, wenn in der Vorstellung der Parteien eine den Eigentumswechsel rechtfertigende causa bestand, auch wenn diese in Wirklichkeit ungültig war. Die österreichische Rechtsprechung[160] und in neuerer Zeit auch das überwiegende Schrifttum[161] gehen jedoch

[154] Bundesgericht, 3. 6. 1903, Blätter für Züricher Rechtsprechung 2, 321; 28. 11. 1908, BGE 34 II 809 ff. (812).

[155] 29. 11. 1929, BGE 55 II 302 ff. (306 ff.). Siehe hierzu auch Strebel und Ziegler in RabelsZ 4 (1930), S. 842—845, und Kaden, Festschrift für Hedemann 1938, S. 247 ff.

[156] Siehe Yung, La théorie de l'obligation abstraite et la reconnaissance de dette non causée en droit suisse, S. 153; Bovay, Acte translatif de propriété et condition, der S. 83 die in Fußnote 2 genannte Entscheidung als „absolument inconciliable avec la logique interne de notre droit suisse" nennt.

[157] Siehe z. B. Obergericht Zürich, mitgeteilt in Komm. zum Schweizer ZGB Bd. 4, 1. Teil (Sachenrecht), S. 646.

[158] Tuor, Das schweizerische Zivilgesetzbuch, S. 429.

[159] Ausführliche Nachweise bei Klang, Kommentar zum ABGB, Bd. 2, Bem. II 1 zu § 424, S. 299.

[160] Hinweise auf ältere Rechtsprechung bei Klang, a. a. O., Bd. 2, S. 299, Fußnote 11.

[161] Ehrenzweig, System des österreichischen allgemeinen Privatrechts, Bd. 1 (2. Hälfte), Sachenrecht, S. 191 (§ 208); Klang, a. a. O., Bd. 2, S. 299 mit weiteren Hinweisen in Fußnote 9.

von der „Theorie der objektiven causa traditionis" aus, die für eine wirksame Übereignung neben einer auf Eigentumsübertragung gerichteten Einigung und der Übergabe auch die Wirksamkeit des zugrunde liegenden Kausalgeschäfts voraussetzt. Diese Theorie wird vornehmlich auf die Entstehungsgeschichte gestützt[162]. Sie hat zur Folge, daß bei Nichtigkeit des Kausalgeschäfts der Veräußerer nicht nur kondizieren, sondern auch vindizieren kann.

Die Übergabe, die § 425 ABGB für die Übereignung verlangt, kann auch im österreichischen Recht durch „brevi manu traditio" und durch Besitzkonstitut ersetzt werden (§ 428 ABGB), dagegen nicht durch Abtretung des Herausgabeanspruchs[163]. Eine Besonderheit gegenüber den anderen Traditionssystemen enthält das österreichische Recht in § 429, 2. Halbsatz ABGB. § 429 ABGB bestimmt:

> „In der Regel werden überschickte Sachen erst dann für übergeben gehalten, wenn sie der Übernehmer erhält; es wäre denn, daß dieser die Überschickungsart selbst bestimmt oder genehmigt hätte."

Die in Halbsatz 2 genannte Ausnahme vom Übergabeerfordernis beim Versendungskauf wird zur Regel, indem unterstellt wird, daß der Käufer mit der Versendung durch Eisenbahn, Postanstalt oder eine andere Transportanstalt, womit die häufigsten Versendungsarten erfaßt sind, einverstanden ist[164].

Eine weitere Besonderheit enthält § 427 ABGB, der bei beweglichen Sachen, deren räumliches Verhältnis zu den Parteien eine Übergabe für untunlich erscheinen läßt[165], die Übergabe durch Zeichen zuläßt (traditio symbolica). Als bedeutendster Fall für diese Art des Übergabeersatzes wird die im Handelsverkehr alltägliche Übermittlung von Traditionspapieren genannt, die über rollendes Gut ausgestellt sind.

Das *niederländische* und das *spanische* Recht verlangen für den Eigentumsübergang ebenfalls Übergabe im Gegensatz zum französischen Recht, dem diese Rechte sonst größtenteils folgen. Für das niederländische Recht ergibt sich dies aus Art. 639 B. W.:

> „Eigendom van zaken kan op geene andere wijze worden verkregen, dan ... door opdragt of levering, tengevolge van eenen regtstitel van eigendoms-overgang, afkomstig van dengenen die geregtigd was over den eigendom te beschikken[166]."

---

[162] Klang, a. a. O., Bd. 2, S. 299.

[163] Ehrenzweig, a. a. O., S. 181 (§ 206); Klang, a. a. O., Bd. 2, S. 325.

[164] Ehrenzweig, a. a. O., S. 198 (§ 206); Klang, a. a. O., Bd. 2, Bem. 3 zu § 429 ABGB, S. 326.

[165] So die Auslegung des § 427 ABGB durch die Literatur, z. B. Klang, a. a. O., Bd. 2, Bem. II 1 zu § 427, S. 318.

[166] Siehe auch Art. 1495 B. W.

Unter „levering“ im Sinne dieser Vorschrift ist nach Art. 667 Abs. 1 B. W. „overgave“ zu verstehen. Hierfür reicht nach Art. 667 Abs. 2 B. W. „brevi manu traditio“ aus. Als Übergabesurrogate kennt das niederländische Recht das Besitzkonstitut und die Abtretung eines Herausgabeanspruchs. Ein Besitzkonstitut genügt allerdings nur dann, wenn und soweit die Belange Dritter nicht unmittelbar betroffen werden[167]. Durch Abtretung des Herausgabeanspruchs geht nach der Rechtsprechung des Hogen Raads[168] Eigentum erst über, wenn die Abtretung dem Drittbesitzer angezeigt wird, und nur, wenn sie dessen dingliche Rechte, z. B. Pfandrecht, unverletzt läßt.

Neben der Übergabe und neben dem Kausalgeschäft ist nach niederländischem Recht für die Übereignung noch eine auf Übereignung gerichtete Einigung („zakelijke overeenkomst“) erforderlich[169]. Ändert der Verkäufer nach Kaufschluß seinen Übertragungswillen, dann wird der Käufer, auch wenn die Sache später übergeben wird, nicht Eigentümer[170]. Ob diese Einigung ein abstraktes Rechtsgeschäft ist oder vom Grundgeschäft abhängig sein soll, war in der niederländischen Lehre lange streitig[171]. Auch die Rechtsprechung schwankte längere Zeit[172]. In seiner neueren Rechtsprechung scheint sich der Hoge Raad nunmehr für das Kausalitätsprinzip entschieden zu haben[173].

Für das *spanische* Recht ergibt sich das Traditionsprinzip aus Art. 609 Abs. 2, 1095 Satz 2 código civil[174]. Nach Art. 1463 código civil kann ähnlich dem österreichischen Recht die Übergabe auch durch Zeichen (z. B. Schlüsselübergabe) erfolgen. Die Zulässigkeit des Besitzkonstituts wird in Art. 1463 auf die Fälle beschränkt, in denen die verkaufte Sache zum Zeitpunkt der Veräußerung nicht übergeben werden kann[175]. Art. 1463 a. E. gestattet die „brevi manu traditio“. Eine Besonderheit enthält Art. 1462 Abs. 2 código civil, nach dem bei

---

167 So der Hoge Raad, 22. 5. 1953, N. J. 1954 Nr. 189 (S. 353 ff.).

168 Entscheidung vom 1. 11. 1929, W. 12059.

169 Pitlo, Het Zakenrecht, S. 193 f.; Asser-Scholten, Zakenrecht (Algemeen Deel), S. 157; Schultsz S. 28 mit weiteren Nachweisen.

170 Schultsz S. 30.

171 Ausführliche Übersicht über den Stand der Lehre bei Asser-Scholten, a. a. O., S. 157—165.

172 Vgl. H. R., 18. 2. 1916, W. 10034 (offenbar für Kausalitätsprinzip); 13. 4. 1917, W. 10106 (für Abstraktionsprinzip bei Forderungsübertragung).

173 H. R., 5. 5. 1950, N. J. 1951, Nr. 1 (S. 5); 10. 12. 1952, N. J. 1953, Nr. 550 (S. 881) betreffend Immobilien.

174 Im Anschluß an das spanische Recht folgen auch Argentinien (Art. 577, 2524 Nr. 4 código civil), Brasilien (Art. 620 ff. código civil), Chile (Art. 588, 670, 675, 680 código civil), Kolumbien (Art. 673, 740 código civil), Honduras (Art. 697 código civil) und Uruguay (Art. 705, 758 código civil) dem Traditionsprinzip.

175 Siehe hierzu Manresa y Navarro-Bloch, Comentarios al código civil español, Bd. 10, S. 156 f.

Abschluß des Kaufes mittels einer öffentlichen Urkunde die Aushändigung dieser Urkunde der Übergabe der verkauften Sache gleichgeachtet wird.

Die Geltung des Kausalitätsprinzips wird im spanischen Recht und daran anschließend in den südamerikanischen Rechten meist nicht ausdrücklich erwähnt. Lediglich das brasilianische Recht trifft in Art. 662 § 1 código civil eine Bestimmung, aus der sich die Geltung des Kausalitätsprinzips ausnahmsweise ohne weiteres ersehen läßt[176].

c) Konsensprinzip in Verbindung mit Kausalitätsprinzip

Zu dieser Gruppe gehört in erster Linie das *französische* Recht. Es knüpft den Eigentumsübergang an den bloßen Abschluß des obligatorischen Vertrags, ohne daß es darüber hinaus einer besonderen dinglichen Einigung oder einer Übergabe bedarf. Dies ergibt sich aus den Art. 711, 1138 code civil. Für den Kauf wird dieser häufig in den Worten „vendre, c'est aliéner" zum Ausdruck gebrachte Grundsatz in Art. 1583 code civil ausdrücklich wiederholt. Art. 1583 a. a. O. bestimmt:

> „Elle (sc. la vente) est parfaite entre les parties, et la propriété est acquise de droit à l'acheteur à l'égard du vendeur, dès qu'on est convenu de la chose et du prix, quoique la chose n'ait pas encore été livrée ni le prix payé."

Das Erfordernis einer „traditio", die im alten französischen Recht im Anschluß an römisch-rechtliche Grundsätze[177] bekannt war, wurde im Laufe der französischen Rechtsentwicklung unter dem Einfluß der Praxis der Kautelarjurisprudenz durch die Zulassung der „traditio ficta" („tradition symbolique") ausgehöhlt, bis schließlich dem Übergabeerfordernis durch die stereotypen Worte „desaisine-saisine" im obligatorischen Vertrag genügt werden konnte, ohne daß eine tatsächliche Übergabe zu erfolgen brauchte. Der code civil ließ im Hinblick auf diese Rechtsentwicklung und im Anschluß an die Naturrechtslehren[178] das Erfordernis der Übergabe in den oben genannten Vorschriften schließlich ganz fallen. Besitzfragen spielen deshalb nach französischem Recht im Rahmen des Eigentumsübergangs lediglich nur noch beim Doppelverkauf und beim gutgläubigen Erwerb vom Nichtberechtigten eine Rolle (Art. 1141, 2279 code civil)[179].

---

176 „Tambem não transfere o dominio a tradição, quando tiver por titulo um ato nullo."

177 Codex 2, 3, 20.

178 GROTIUS, De jure belli ac pacis, lib. II Kap. 8, XXV; PUFENDORF, De jure naturae et gentium, lib. IV cap. 9 § 8.

179 Hierzu siehe unten S. 84—86.

Ein Eigentumsübergang durch bloßen Vertragsabschluß kann allerdings erst ernsthaft angenommen werden, wenn sich der Erwerber nach Vertragsschluß auch gegenüber den Gläubigern des Veräußerers auf sein Eigentum berufen kann, auch wenn die Sache selbst noch im Besitz des Veräußerers ist. Denn es gehört zum Begriff des Eigentums, daß es auch gegen Dritte wirkt. Im Hinblick auf Art. 2279 Abs. 1 code civil[180] könnten insoweit in den Fällen Zweifel entstehen, in denen die veräußerte Sache noch im Besitz des Veräußerers verblieben ist. Die französische Rechtsprechung und Lehre sind sich seit langem einig, daß auch in diesen Fällen den Gläubigern des Veräußerers ein Zugriff auf die Sache „des Erwerbers" zu versagen ist. Sie gewähren dem Erwerber bei Pfändung der Sache durch Veräußerergläubiger die Klage aus Art. 608 code procédure civile[181], die der deutschen Drittwiderspruchsklage aus § 771 ZPO gleicht. Entsprechend gehört im Erwerberkonkurs die gekaufte, noch beim Veräußerer befindliche Sache zur Konkursmasse des Erwerbers. Gerade in diesen Konsequenzen aus dem Konsensprinzip liegt ein in Kollisionsfällen sich praktisch häufig auswirkender Unterschied zu den Traditionssystemen[182]. Die Frage, wie weit die Vertragspartner bestimmen können, daß das Eigentum erst zu einem späteren Zeitpunkt als dem Vertragsabschluß übergehen soll, betrifft die Frage der Zulässigkeit von Eigentumsvorbehalten[183].

Aus dem Konsensprinzip ergibt sich noch ein weiterer bedeutsamer Unterschied des französischen Rechts im Verhältnis zu den Traditionssystemen. Bei *Gattungssachen* und solchen Sachen, die erst nach Vertragsschluß herzustellen sind, ist zum Zeitpunkt des Vertragsschlusses die Sache, an der Eigentum übergehen soll, noch nicht bestimmt, ein Eigentumsübergang zur Zeit des Vertragsabschlusses daher nicht möglich. Bei den Rechtsordnungen mit Traditionsprinzip tritt dieses Problem nicht auf, da nur konkretisierte Sachen Gegenstand der Übergabe oder eines Übergabesurrogats sein können. Die französische Rechtsordnung stellt in diesen Fällen auf die *Konkretisierung* („spécialisation") der verkauften Sache ab und belastet damit den Eigentumsübergang mit den mannigfachen Zweifelsfragen, die sich an das Problem der Konkretisierung knüpfen[184]. Daß mit der Konkretisierung Eigentum an Gattungssachen übergeht, wird aus Art. 1585 1. Halbsatz code civil hergeleitet. Dieser bestimmt:

---

[180] „En fait de meubles, la possession vaut titre."

[181] So bereits Cour de Cassation in der Entscheidung vom 24. 6. 1845, Sirey 1846, 1, 551 = Dalloz 1845, 1, 309; siehe auch Cour de Cassation, 27. 7. 1909, Sirey 1916, 1, 20; Planiol — Ripert — Picard, Traité pratique de droit civil français Bd. 3, S. 630 (Nr. 621); Tallon, bei Hamel, La vente commerciale de marchandises, S. 96. Das anglo-amerikanische Recht gelangt beim gleichen Problem zu entgegengesetzten Lösungen, vgl. unten S. 42 f.

[182] Vgl. v. Caemmerer, a. a. O., S. 686.

[183] Hierzu unten S. 101 ff.

[184] Vgl. v. Caemmerer, a. a. O., S. 690.

„Lorsque des marchandises ne sont pas vendues en bloc, mais au poids, au compte ou à la mesure, la vente n'est point parfaite, en ce sens que les choses vendues sont aux risques du vendeur jusqu'à ce qu'elles soient pesées, comptées ou mesurées; ..."

Auch wenn sich diese Vorschrift in ihrem Wortlaut nur auf den Gefahrübergang bezieht, wird einhellig angenommen, daß sowohl Gefahr- als auch Eigentumsübergang mit der Konkretisierung nach Art. 1585 code civil erfolgen[185]. Art. 1585 code civil enthält in dem Halbsatz „jusqu'à ce qu'elles (sc. les choses) soient pesées, comptées ou mesurées" lediglich eine „pars pro toto"-Aufzählung der möglichen Konkretisierungsfälle. Konkretisierung erfolgt z. B. nach allgemeiner Meinung bei dem wichtigen Fall des Versendungskaufs bereits mit der Einleitung der Versendung. Umstritten ist hierbei, ob zur Konkretisierung Anzeige der Versendung an den Empfänger erforderlich ist[186]. Bei Holschulden erfolgt die Konkretisierung in der Regel durch Übergabe an den abholenden Erwerber, wobei die Übergabe lediglich Indiz für die Konkretisierung, nicht dagegen Voraussetzung für den Eigentumsübergang wird[187]. Auch bei Hinterlegung für den Erwerber tritt Konkretisierung ein[188]. Beim Verkauf erst herzustellender Sachen wird Eigentumsübergang in der Regel erst bei der Übergabe der hergestellten Sache angenommen[189]. Nur in Ausnahmefällen hat die französische Rechtsprechung schon die Fertigstellung der Sache für den Eigentumsübergang genügen lassen[190].

Die genannten Entscheidungen und die französische Lehre lassen die Tendenz erkennen, Konkretisierung dann anzunehmen, wenn die verkauften Sachen durch irgendwelche Handlungen, meist durch Mitwirkung des Erwerbers oder Dritter, so genau bezeichnet sind, daß sie vom Veräußerer nicht unbemerkt zum Schaden des Erwerbers oder Dritter wieder ausgetauscht werden können[191]. Ungenau ist der bis-

---

[185] AUBRY — RAU — ESMEIN, Droit civil français Bd. 5, S. 22 mit weiteren Hinweisen in Fußnote 41.

[186] Für Anzeige: Req. 11. 8. 1874, Dalloz 1876, 1, 476; dagegen: Civ. 1. 7. 1889, Dalloz 1891, 1, 302.

[187] COLIN — CAPITANT — DE LA MORANDIÈRE Bd. 2, S. 283 (Nr. 522).

[188] Cour de Cassation, Req. 19. 3. 1929, Sirey 1929, 1, 245; vgl. im übrigen zur Konkretisierung die kasuistische Aufzählung einzelner Fallgruppen bei TALLON, a. a. O., S. 107 ff. und BAEUMER S. 60 ff.

[189] PLANIOL — RIPERT — PICARD, Traité pratique de droit civil français Bd. 3, S. 631 (Nr. 622 Ziff. 2) mit Rechtsprechungshinweisen; RIPERT — BOULANGER, Traité de droit civil Bd. 2, S. 859 f. (Nr. 2449 Ziff. 2); vgl. auch COLIN — CAPITANT — DE LA MORANDIÈRE, a. a. O., S. 283 f. (Nr. 523).

[190] Cour de Cassation, Civ. 1. 8. 1950, Sirey 1951, 1, 100.

[191] Vgl. insbesondere Cour de Cassation, Req. 18. 5. 1927, Sirey 1928, 1, 193 m. Anm. BOURCART.

weilen in der rechtsvergleichenden Literatur[192], dagegen nicht in der neueren französischen Lehre anzutreffende Hinweis, daß das französische Recht für die Konkretisierung gegenseitiges Einvernehmen der Vertragspartner verlange.

Über die Geltung des *Kausalitätsprinzips* für die Übereignung enthalten der code civil und die französische Rechtsprechung und Literatur nichts. Das Erfordernis einer causa als Voraussetzung für den Eigentumsübergang wird nirgends erwähnt[193]. Ursache hierfür ist wohl, daß im französischen Recht im Gegensatz zu Deutschland nie der Gedanke aufgetaucht ist, aus Gründen der Rechtssicherheit und Rechtsklarheit neben dem Kausalgeschäft noch ein besonderes, von der causa losgelöstes Übereignungsgeschäft zu verlangen. Daß eine wirksame causa Voraussetzung für die Übereignung ist, ergibt sich für das französische Recht aus Art. 711, 1138 und 1583 code civil, die den Eigentumsübergang an den Abschluß des obligatorischen Vertrags knüpfen[194]. D. h. ist das Kausalgeschäft unwirksam, dann ist auch die sich daran knüpfende Übereignung unwirksam. Ob dem nichtbesitzenden Veräußerer in solchen Fällen gegen den besitzenden Erwerber die Vindikationsklage oder mit Rücksicht auf Art. 2279 Satz 1 code civil — der nicht nur beim Erwerb a non domino, sondern auch beim Erwerb vom vindizierenden Eigentümer selbst gilt[195] — nur schuldrechtliche Ansprüche (insbesondere Kondiktionsansprüche) zustehen, ist im Hinblick auf die unklaren Äußerungen der französischen Literatur zu Art. 2279 code civil sehr zweifelhaft[196]. Diese Äußerungen sind wohl dahin zu verstehen, daß Art. 2279 code civil im Vindikationsprozeß lediglich eine Umkehr der Beweislast zugunsten des besitzenden Erwerbers bewirkt[197], so daß der Veräußerer nicht nur sein früheres Eigentum dartun muß, sondern darüber hinaus auch noch beweisen muß, daß ihm das Eigentum wegen Nichtigkeit des Kaufvertrages erhalten blieb.

Die Unwirksamkeit des Kausalgeschäfts und die damit verbundene Unwirksamkeit der Eigentumsübertragung wirken auch gegenüber

---

[192] FRIEDRICH in Schlegelbergers Rvgl. HWB Bd. 6, S. 619; v. CAEMMERER, a. a. O., S. 690.

[193] Auch BAEUMER erwähnt dieses Erfordernis nicht.

[194] Siehe insbesondere Art. 711 code civil: „La propriété des biens s'acquiert et se transmet ... par l'effet des obligations."

[195] PLANIOL — RIPERT — PICARD, a. a. O. Bd. 3, S. 370 (Nr. 374); COLIN — CAPITANT — DE LA MORANDIÈRE, a. a. O. Bd. 2, S. 268 f. (Nr. 500 f.) mit Rechtsprechungshinweisen.

[196] Vgl. COLIN — CAPITANT — DE LA MORANDIÈRE, a. a. O. Bd. 2, S. 264 (Nr. 491); PLANIOL — RIPERT — PICARD, a. a. O. Bd. 3, S. 376 (Nr. 378); AUBRY — RAU — ESMEIN, a. a. O. Bd. 2, 7. Aufl. (1961), S. 171 f. (Nr. 114); v. CAEMMERER, a. a. O., S. 703.

[197] Vgl. insbesondere Cour de Cassation, Req. 5. 12. 1893, Dalloz périodique 94, 1, 48 = Sirey 96, 1, 79.

Dritten[198], insbesondere gegenüber den Gläubigern des Erwerbers. Die Interessen der Gläubiger des Veräußerers werden durch Art. 1166 code civil geschützt, wonach die Gläubiger alle Rechte und Klagen ihres Schuldners (hier: Klage auf Nichtigerklärung des Kaufvertrags) geltend machen können[199]. Dem Erwerber stehen bei einer Klage nach Art. 1166 code civil gegen die Gläubiger des Veräußerers alle Rechte zu, die ihm gegen den Veräußerer selbst zustehen[200]. Insbesondere kann er sich darauf berufen, daß der Veräußerer die empfangene Gegenleistung noch nicht zurückgewährt hat[201].

Mit Ausnahme der oben[202] genannten Rechte folgen die meisten Rechtsordnungen des romanischen Rechtskreises der Regelung des französischen Rechts[203]. Für den interlokalen Rechtsverkehr in den Vereinigten Staaten ist in diesem Zusammenhang besonders bedeutsam, daß auch *Louisiana*[204] überwiegend den Grundsätzen des französischen Rechts folgt. Zwischen dem Recht von Louisiana und den übrigen Rechten der USA ergeben sich daher mannigfache Unterschiede, die — wie noch zu zeigen sein wird — auf dem Sektor des Übereignungsrechts zu interlokalprivatrechtlich interessanten Entscheidungen Anlaß gegeben haben.

Das *anglo-amerikanische Recht* folgt wie das französische Recht dem Konsensprinzip und dem Kausalitätsprinzip. Es gelangt allerdings in mancher Hinsicht zu anderen Lösungen als das französische Recht. Nach sect. 17 des englischen Sale of Goods Act gilt zunächst der Grundsatz, daß Eigentum an verkauften Waren übergeht „at such time as the parties to the contract intend it to be transferred". Zur Auslegung dieses Grundsatzes stellt sect. 18 Sale of Goods Act mehrere Regeln für die Fälle auf, in denen sich aus dem Parteiwillen ein Zeitpunkt für die Übereignung nicht ergibt. Besondere Bedeutung kommt hierbei sect. 18 rule 1 zu, wo beim Kauf von Speziessachen auf den Zeitpunkt des Vertragsschlusses abgestellt wird, auch wenn Zahlung

---

198 COLIN — CAPITANT — DE LA MORANDIÈRE, a. a. O. Bd. 2, S. 445 (Nr. 793).

199 Siehe hierzu PLANIOL — RIPERT, a. a. O. Bd. 7, S. 239 (Nr. 239).

200 Cour de Cassation, Civ. 11. 7. 1951, Dalloz 1951, 586.

201 Cour de Cassation, Civ. 17. 12. 1928, D. H. 1929, 52; PLANIOL — RIPERT — ESMEIN, a. a. O. Bd. 6, S. 406 (Nr. 321), der auch in diesem Fall von einer „exeptio non adimpleti contractus" spricht.

202 S. 35—37.

203 So Belgien (Art. 711, 1138, 1583 code civil); Italien (Art. 922, 1376 bis 1378 codice civile); Portugal (Art. 715, 716, 1549 código civil); Bolivien (Art. 437, 729, 1004 código civil); Peru (Art. 852, 1383 código civil von 1936); Quebec (Art. 1022, 1025 civil code) u. a.

204 Art. 870, 1909 civil code.

oder Lieferung erst später erfolgen sollen[205]. Damit ist der Grundsatz aufgestellt, daß bei Speziessachen in der Regel Eigentum mit Kaufabschluß übergeht. Ausnahmen von diesem Grundsatz enthält sect. 18 in rules 2 bis 4, die bei Speziessachen, die zur Erlangung eines „deliverable state" erst noch einer Handlung des Verkäufers bedürfen, den Eigentumsübergang auf den Zeitpunkt der Vornahme der Handlung verlegen.

Der Uniform Sales Act der USA enthält in sect. 18 und 19 fast gleichlautende Bestimmungen, wie die genannten Vorschriften des englischen Sale of Goods Act. Auch der neue Uniform Commercial Code folgt gemäß Art. 2 sect. 401 Ziff. 1 Satz 3 ausdrücklich dem Konsensprinzip. Bei Fehlen eines erklärten Konsenses geht allerdings im Gegensatz zum Uniform Sales Act Eigentum nicht mit Vertragsabschluß über, sondern in der Regel „at the time and place at which the seller completes his performance with reference to the physical delivery of the goods[206]".

Die Stellung des Erwerbers ist nach englischem Recht weit schlechter als die des französischen Erwerbers, wenn die verkauften Sachen sich noch beim Veräußerer befinden. Nach den Grundsätzen der „reputed ownership" wird der Erwerber im Konkurs des Veräußerers trotz seines Eigentums gegen die Gläubiger des Veräußerers nicht geschützt. Die Konkursmasse des Gemeinschuldners umfaßt nach sect. 38 des englischen Bankruptcy Act alle Sachen „in the possession, order or disposition of the bankrupt, in his trade or business, by the consent and permission of the true owner, under such circumstances that he is reputed owner thereof". „Reputed ownership" wird hierbei gerade dann angenommen, wenn der Veräußerer bei Konkurseröffnung noch im Besitz der verkauften Sache ist[207]. Das formelle Eigentum nützt dem Erwerber in solchem Fall daher nichts. Nur ausnahmsweise werden die Veräußerergläubiger in diesem Fall nicht geschützt, nämlich wenn die Übereignung mit Hilfe einer „bill of sale" erfolgte, die innerhalb 7 Tagen nach ihrer Errichtung beim zuständigen „county court" registriert wurde[208].

Nicht ganz soweit geht der Schutz der Gläubiger des Veräußerers im Recht der Vereinigten Staaten. Sie werden nur geschützt, wenn

---

[205] „Where there is an unconditional contract for the sale of specific goods, in a deliverable state, the property in the goods passes to the buyer when the contract is made, and it is immaterial whether the time of payment or the time of delivery, or both, be postponed."

[206] Art. 2 sect. 401 Ziff. 2 Uniform Commercial Code; vgl. auch die dort besonders aufgeführten Fälle.

[207] Williams, Law and Practice in Bankruptcy, S. 312; Eckstein, Das englische Konkursrecht, S. 157.

[208] Sect. 8 und 11 des Bills of Sale Act von 1878/1882, der durch den Sale of Goods Act von 1893 unberührt bleibt (so ausdrücklich sect. 61 Abs. 3 Sale of Goods Act); vgl. hierzu Atiyah, The Sale of Goods, S. 26 f.

der Veräußerer ihnen gegenüber „fraudulent possession" zurückbehalten hat (sect. 26 Uniform Sales Act). Eine besondere Bestimmung für das Verhältnis zwischen Erwerber und Veräußerergläubigern trifft auch der Uniform Commercial Code in Art. 2 sect. 402 Abs. 2:

„A creditor of the seller may treat a sale or an identification of goods to a contract for sale as void if as against him a retention of possession by the seller is fraudulent under any rule of law of the state where the goods are situated, except that retention of possession in good faith and current course of trade by a merchant-seller for a commercially reasonable time after a sale or identification is not fraudulent."

Für Gattungssachen und zukünftige Sachen, die mangels Bestimmtheit naturgemäß nicht schon mit Kaufabschluß auf den Erwerber übergehen können, bestimmt sect. 18 rule 5 Abs. 1 Satz 1 Sale of Goods Act[209]:

„Where there is a contract for the sale of unascertained or future goods by description, and goods of that description and in a deliverable state are unconditionally appropriated to the contract, either by the seller with the assent of the buyer, or by the buyer with the assent of the seller, the property in the goods thereupon passes to the buyer."

Der Eigentumsübergang findet hiernach wie im französischen Recht mit der Konkretisierung („appropriation") statt[210]. Die Konkretisierung ist, wie sich aus dem Wortlaut der rule 5 Abs. 1 a. a. O. ergibt, ein zweiseitiger Akt zwischen Veräußerer und Erwerber. Stillschweigendes oder gar nur vermutetes Einverständnis des Käufers in eine vom Veräußerer vorgenommene Konkretisierungshandlung reicht nach der anglo-amerikanischen Praxis jedoch für diesen zweiseitigen Akt aus[211]. Sect. 18 rule 5 Sale of Goods Act enthält in Abs. 2 für den wichtigen Fall des Versendungskaufs selbst eine gesetzliche Vermutung für das Vorhandensein des erforderlichen gegenseitigen Einvernehmens. Diese Vorschrift unterstellt den Parteien, daß bei Fehlen einer anderweitigen Vereinbarung die „appropriation" zum Zeitpunkt der Übergabe an die Transportperson stattfinden solle.

Keine besondere Regelung für den Eigentumsübergang bei Gattungssachen benötigt der Uniform Commercial Code, da er in der Regel, sofern keine anderweitige Vereinbarung der Parteien vorliegt, Eigentum erst mit der „completion of performance", d. h. meist mit der sog. „delivery[212]", übergehen läßt. Unabhängig vom gewöhnlichen

---

[209] Wörtlich fast gleich: Uniform Sales Act sect. 19 rule 4.

[210] Siehe auch sect. 16 Sale of Goods Act und sect. 17 Uniform Sales Act.

[211] Benjamin ON SALE, S. 327 ff. mit Besprechung zahlreicher cases; SCHMITTHOFF, The Sale of Goods, S. 71.

[212] Siehe zu diesem Begriff ausführlich LAGERGREN, Delivery of the goods and transfer of property and risk in the law on sale, S. 30 ff.

Eigentumsübergang läßt der Uniform Commercial Code allerdings zum Zeitpunkt der „identification" der verkauften Waren sog. „special property and insurable interest" übergehen. D. h. der Käufer kann die gekauften Waren vom Verkäufer herausverlangen, wenn er bereits den ganzen oder einen Teil des Kaufpreises auf die Waren gezahlt hat und der Verkäufer innerhalb 10 Tagen nach Erhalt der ersten Teilzahlung des Käufers seine Zahlungen einstellt (Art. 2 sect. 502 in Verb. mit sect. 501 Uniform Commercial Code).

Auch das anglo-amerikanische Recht kennt keine ausdrückliche Bestimmung, in der die Übereignung von der Wirksamkeit des zugrunde liegenden Kausalgeschäfts abhängig gemacht wird. Die Praxis hat jedoch nie an der Geltung des Kausalitätsprinzips gezweifelt, auch wenn nur selten, meist nur zwischen den Zeilen zum Ausdruck kommt, daß die Übereignung mit dem obligatorischen Grundgeschäft steht und fällt. Zwar unterscheidet das anglo-amerikanische Recht zwischen dem „agreement to sell", wodurch Eigentum noch nicht übergeht, und dem daran anschließenden „actual sale", durch den Eigentum übertragen wird. Beide zusammen bilden den sog. „contract of sale[213]". Aus dieser Zusammenfassung des obligatorischen Geschäfts und der dinglichen Rechtsübertragung zu einem einheitlichen Vertrag ergibt sich, daß ohne wirksame Kaufverpflichtung kein eigentumsübertragender „contract of sale" zustande kommt. Offenbar liegt hierbei dem anglo-amerikanischen Recht der Gedanke zugrunde, daß derjenige, der eine unwirksame Kaufverpflichtung eingegangen ist, in Wirklichkeit nicht übereignen will.

Die Gründe, aus denen ein „contract of sale" nichtig (void) oder anfechtbar (voidable) sein kann, sind mannigfaltig. Sehr häufig erscheinen in der Praxis "fraud" und „failure of consideration" als Anfechtungs- bzw. Auflösungsgründe. In diesem Zusammenhang sei darauf hingewiesen, daß als „consideration for the sale" nicht die Zahlung des Kaufpreises vorausgesetzt wird. Es genügt hierfür das bloße „promise to pay[214]". Auch im Falle eines „void or voidable sale" taucht im englischen Recht die Frage auf, wie weit der Erwerber, der an den gekauften Waren kein oder nur anfechtbares Eigentum erworben hat, im Konkurs kraft seines Besitzes an den Waren als „reputed owner[215]" angesehen wird. Englische Rechtsprechung[216] und Literatur[217] gehen übereinstimmend davon aus, daß der Erwerber auf

[213] Siehe Benjamin ON SALE, S. 1; vgl. auch sect. 1 Uniform Sales Act.

[214] Benjamin ON SALE, S. 301 mit Hinweisen.

[215] Vgl. sect. 38 Bankruptcy Act.

[216] Load v. GREEN (1846), 15 L. J. Ex. 113, 153 E. R. 828 (fraud); Smith v. HUDSON (1865), 12 L. T. 377.

[217] WILLIAMS, Law and Practice in Bankruptcy, S. 315 f.; ECKSTEIN, Das englische Konkursrecht, S. 160 f.

Grund eines vermeintlich wirksamen, in Wirklichkeit jedoch nichtigen oder anfechtbaren „sale“ keine „reputed ownership“ erlangt.

d) Die skandinavischen Rechte

Eine vierte Gruppe von Rechtsordnungen, die das Konsensprinzip und das Abstraktionsprinzip miteinander verbindet, gibt es nicht. Demgegenüber kennen die skandinavischen Rechte eine Art des Eigentumsübergangs[218], die sich mit den Gegensatzpaaren Konsens- und Traditionsprinzip, Kausalitäts- und Abstraktionsprinzip nicht ohne weiteres fassen läßt. Der Eigentumsübergang vollzieht sich dort stufenweise mit Vertragsschluß, Übergabe und Zahlung des Kaufpreises[219]. Mit Kaufabschluß erlangt der Käufer bereits einen dinglichen Schutz. Die verkaufte Sache ist von diesem Zeitpunkt ab — jedenfalls im dänischen Recht — dem Zugriff der Verkäufergläubiger entzogen. Umgekehrt können die Käufergläubiger erst mit Übergabe der Sache an den Käufer in die noch nicht bezahlte Sache vollstrecken[220]. D. h. zwischen Kaufabschluß und Übergabe können weder Verkäufer- noch Käufergläubiger auf die verkaufte, aber noch nicht bezahlte Sache zugreifen.

Im Verhältnis der Parteien zueinander wird dem Eigentumsübergang keine praktische Bedeutung beigemessen, da die Beziehungen der Parteien zueinander auf schuldrechtlicher Basis ausreichend geregelt seien[221]. Diese Lösung bestätigt die unten[222] aufgestellte Behauptung, daß der Eigentumsübergang das Verhältnis der Parteien zu Dritten und der Dritten untereinander betrifft, während für die Beziehungen der Parteien untereinander der Begriff des Eigentumsübergangs entbehrlich ist.

2. *Die Anknüpfung des Eigentumsübergangs*

a) Geltung der lex rei sitae

In fast allen Rechtsordnungen wird heute der Eigentumsübergang beweglicher Sachen an die lex rei sitae angeknüpft. Man kann insoweit von einem *internationalen Gewohnheitsrecht* sprechen. Rabel[223] nennt

---

[218] Einzelheiten bei GOTTHEINER, RabelsZ 18 (1953), 356—375; USSING, Le transfert de la propriété en droit danois, Revue internationale de droit comparé 4 (1952), 5—12.

[219] UNDÉN, Svensk sakrätt Bd. 1 (1955), S. 94 f.

[220] GOTTHEINER, RabelsZ 18 (1953), 364.

[221] USSING, Revue internationale de droit comparé 4 (1952), 11; GOTTHEINER, RabelsZ 18 (1953), 367.

[222] 59 f.

[223] Conflict of Laws Bd. 4, S. 30.

die Herrschaft der lex rei sitae ein „universal principle, manifested in abundant decisions and recognized by all writers". Niboyet[224] betont demgegenüber, daß die überall verbreitete Anwendung der lex rei sitae nicht ausreiche, eine „coutume internationale, au sens véritable du mot" anzunehmen. Die weltweite Anwendung des „lex rei sitae"-Grundsatzes und die heute überall vorherrschende Überzeugung, daß es sich bei diesem Grundsatz um eine sachgerechte, allgemein anerkannte Anknüpfung des Eigentumsübergangs handelt, rechtfertigen jedoch die Annahme eines internationalen Gewohnheitsrechts. Für den nationalen Bereich erkennt Wolff[225] bezüglich Deutschland und Niboyet[226] bezüglich Frankreich den gewohnheitsrechtlichen Charakter der „lex rei sitae"-Regel an.

Die Beurteilung des Eigentumsübergangs nach der lex rei sitae stand lange im Schatten anderer Anknüpfungen. Auch heute werden in der internationalprivatrechtlichen Literatur noch vereinzelt von der lex rei sitae abweichende Anknüpfungen empfohlen. Die bedeutsameren hiervon sind die Anwendung der „lex domicilii", der „lex loci actus", der „lex actus" und der „lex contractus". Insbesondere Waechter[227] und Savigny[228] in Deutschland, Foelix[229] in Frankreich und Westlake[230] in England haben bereits im 19. Jahrhundert die Beurteilung der Mobilien nach diesen Rechtsordnungen bekämpft und bahnbrechend die Anwendung der lex rei sitae vertreten.

aa) Die Überwindung der „lex domicilii" zugunsten der lex rei sitae

In den meisten Rechtsordnungen wurde einst der Eigentumsübergang an Mobilien dem Personalstatut des Eigentümers, d. h. in der Regel dessen Wohnsitzrecht, unterworfen. Diese Anknüpfung beruhte auf einer schrankenlosen Anwendung des Grundsatzes „mobilia personam sequuntur" bzw. „mobilia ossibus inhaerent", der wohl auf die Postglossatoren zurückzuführen ist, wahrscheinlich aber noch älterer Herkunft ist[231]. Zum Teil wurden diese Sätze dahin ausgedeutet, daß der Rechtskreis der beweglichen Sachen zwar zu den „statuta realia" gehöre, daß jedoch diese Sachen als am Wohnsitz des Eigentümers

---

[224] Traité Bd. 4, S. 359 (Nr. 1191).

[225] IPR S. 172.

[226] Traité Bd. 4, S. 361 (Nr. 1191).

[227] „Über die Collision der Privatrechtsgesetze verschiedener Staaten", AcP Bd. 24 (1841), S. 230—311 (293 ff.), Bd. 25 (1842), S. 361—419 (385 ff.).

[228] System des heutigen Römischen Rechts, Bd. 8, S. 169 ff. (§ 366).

[229] Traité du droit international privé, S. 65 ff.

[230] Treatise on P. I. L., S. 168 ff.

[231] Siehe Niboyet, Traité Bd. 4, S. 765 (Nr. 1322).

belegen anzusehen seien[232]. Zum Teil wurde auch angenommen, daß die beweglichen Sachen mangels eines festen „situs“ unmittelbar den „statuta personalia“ zuzuordnen seien[233]. Der letzte Gedanke klang früher auch in der *anglo-amerikanischen* Rechtsprechung und Literatur an. Dort tauchte immer wieder die stehende Redensart auf: „movables (or personal property) have no locality[234]“. Die beweglichen Sachen wurden daher dem Wohnsitzprinzip unterworfen. Insbesondere Story[235] vertrat diesen Grundsatz. Allerdings machte er allmählich so viele Ausnahmen zugunsten der lex rei sitae, daß der Bearbeiter der 8. Auflage (1883)[236] bemerkte, für die Mobilien gelte praktisch die lex rei sitae. Besieht man die vielen für die „lex domicilii“ angeführten anglo-amerikanischen Entscheidungen genauer[237], so stellt man fest, daß sie sich fast ohne Ausnahme auf Gesamtnachfolgeverhältnisse (meist Erbfolge) beziehen. Die wenigen Entscheidungen, die die Singularsukzession bei Mobilien betreffen und im Wortlaut auf die „lex domicilii“ abstellen, sind nicht eindeutig, da die jeweilige „lex domicilii“ entweder mit der lex rei sitae identisch war oder mit dieser wenigstens inhaltlich übereinstimmte[238].

Heute steht das anglo-amerikanische Recht eindeutig auf der Seite der „lex rei sitae“-Regel. Für England entschied sich bereits im Jahre 1860 die Exchequer Chamber in der vielzitierten Entscheidung Cammell v. Sewell[239] eindeutig für die Geltung der lex rei sitae. Die Entscheidung wurde inzwischen mehrfach bestätigt[240]. Das englische

---

[232] Dumoulin, Coutumes générales du haut et bas pays d'Auvergne II, Art. 41; Boullenois, Traité de la personnalité et de la réalité des loix (1766), Bd. 2, S. 64.

[233] d'Argentré, Commentarie in patrias Britonum leges, art. 218, Glosse 6, Nr. 30, Spalte 654.

[234] Sill v. Worswick, (1791) 1 H. B. 665, 690; 126 E. R. 379; Duncan v. Lawson (1889), L. R. 41 Ch. D. 394, 397; Varnum v. Camp (1833), 13 N. J. L. 326; 25 Am. D. 476, 479.

[235] 1. Aufl. (1834), S. 312 f. (§ 380).

[236] Story-Bigelow, S. 543 Anm. a.

[237] Siehe Lalive, S. 40—42.

[238] Siehe insbesondere North Western Bank v. Poynter (1895), A. C. 56, 75 f. (englisches Recht als „lex domicilii“ und als „lex loci actus“ und schottisches Recht als „lex rei sitae“ stimmen inhaltlich überein).

[239] 5 H. & N. 728; 157 E. R. 1371.

[240] Inglis v. Robertson, (1898) A. C. 616 (schottischer Fall), City Bank v. Barrow (1880), 5 App. Cas. 664, 677 (unter gleichzeitiger Berufung auf die lex loci actus); Re Azeani, (1930) 1 Ch. 407; Bank Voor Handel v. Slatford, (1951) 2 All. E. R. 779, 786; siehe auch die bei Wolff, P. I. L. (1950), S. 512—516 genannten Entscheidungen.

Schrifttum folgt heute ebenfalls einhellig der „lex rei sitae"-Regel[241]. Sie ist auch in den Vereinigten Staaten geltendes Recht[242].

Im Hinblick auf die nicht immer eindeutigen Äußerungen von Boullenois, Dumoulin und d'Argentré[243] ist zweifelhaft, ob früher auch im französischen Rechtskreis für die Singularsukzession die Anwendung der lex domicilii vertreten wurde. Lainé[244] z. B. bestritt, daß in Frankreich je die Regel „mobilia personam sequuntur" vertreten worden sei. Die Anwendung dieser Regel sei nach der Auffassung der alten Autoren immer auf Gesamtnachfolgeverhältnisse beschränkt geblieben.

Der französische code civil schweigt. Lediglich für die Übertragung von Immobilien erklärt Art. 3 code civil die lex rei sitae für anwendbar. Der Entwurf des code civil sah in Art. 5 auch für die Mobilien eine Bestimmung vor. Sie sollte lauten:

> „Le Français résidant en pays étranger continue d'être soumis aux lois françaises pour ses biens situés en France et pour tout ce qui touche à son état et à la capacité de sa personne; son mobilier est réglé par la loi française comme sa personne."

Diese Bestimmung, die die Mobilien dem Personalstatut des Eigentümers unterwarf, wurde nicht in den code civil übernommen. Der Grund hierfür wurde allerdings nie ermittelt. Ob ihr Weglassen für die Mobilien die Herrschaft der lex rei sitae in Analogie zur Behandlung der Immobilien in Art. 3 code civil bedeuten sollte oder ob ein Umkehrschluß zu Art. 3 a. a. O. zu ziehen war, blieb lange streitig[245].

Inzwischen ist die Geltung der lex rei sitae in Frankreich ein gewohnheitsrechtlicher Grundsatz geworden[246]. Bereits im Jahre 1872 hat sich der französische Kassationshof[247] bei in Frankreich belegenen Mobilien eines Ausländers für die lex rei sitae entschieden[248]. Der

---

[241] Wolff, P. I. L. S. 511 ff.; Graveson S. 257 f.; Schmitthoff S. 195; Dicey, rule 86 f. S. 537 ff.; Westlake, Treatise, S. 187 ff.; Lalive S. 115; Zaphiriou S. 49. Letzterer führt a. a. O. aus: „The lex domicilii is an anachronism and can have no place in modern English private international law as the law governing particular assignments of tangible movables."

[242] Siehe die eingehende Darstellung der amerikanischen Rechtsprechung bei Lalive S. 48—59; siehe auch Restatement, § 257; Beale, Bd. 2 S. 981; Goodrich S. 303 (Sec. 153); Wharton S. 680 f. (Nr. 311); Lorenzen, Répertoire Bd. 6, S. 309 (Nr. 138).

[243] Siehe S. 47.

[244] Bd. 2, S. 225 f.; siehe auch Vareilles-Sommières, D. I. P. Bd. 1, S. 52 f. (Nr. 79).

[245] Siehe hierzu die eingehende Untersuchung von Lainé, „La rédaction du code civil et le sens de ses dispositions en matière de droit international privé", Revue de droit international privé 1 (1905), S. 452 f.

[246] Siehe oben S. 46.

[247] Req. 19. 3. 1872, D. P. 74, 1, 465 = S. 72, 1, 238.

[248] Ebenso Cour de Cassation, req. 24. 5. 1933, Sirey 1935, 1, 257.

Rechtsprechung des Kassationshofes folgte rasch die einheitliche Rechtsprechung der unteren Gerichte[249]. Auch das Schrifttum knüpft den Eigentumsübergang einheitlich an die lex rei sitae[250].

Wie das französische Recht enthält auch das *niederländische und belgische Recht* nur für die Immobilien eine Kollisionsregel. Art. 3 Abs. 2 des belgischen code civil und Art. 7 der niederländischen „Algemeene bepalingen der wetgeving van het koninkrijk" erklären für Immobilien die lex rei sitae für anwendbar. Eine Vorschrift für bewegliche Sachen fehlt. Ebenso wie in Frankreich werden jedoch auch in Belgien[251] und in den Niederlanden[252] die Mobilien der lex rei sitae unterworfen. Das gleiche gilt für das *schweizerische Recht*[253], das ebenfalls keine ausdrückliche Kollisionsnorm für bewegliche Sachen kennt.

In *Deutschland* wurde die Theorie „mobilia personam sequuntur" für die Singularsukzession in Mobilien auf Grund der Einwendungen Wächters und Savignys[254] frühzeitig zugunsten der „lex rei sitae"-Regel überwunden[255]. Schon in einer Entscheidung vom 15. 2. 1884 führte das Reichsgericht[256] aus: „Der Übergang des Besitzes und damit des Eigentums an beweglichen Sachen untersteht den Gesetzen desjenigen Ortes, wo sie sich befinden, nicht den Gesetzen des Ortes, wo der Besitzer oder Eigentümer wohnt."

Im früheren Bayern und Sachsen war die Herrschaft der lex rei sitae sogar gesetzlich festgelegt. § 17 Satz 2 des Codex Maximilianeus Bavaricus civilis bestimmte:

> „Dafern aber die Rechten, Statuten und Gewohnheiten in loco Judicii, Delicti, Rei sitae ... unterschiedlich seynd, so soll ... endlich in realibus vel mixtis auf die Rechten in loco rei sitae ohne Unterschied der Sachen,

---

[249] Tribunal civil de la Seine (1 ère Chambre), 12. 1. 1899, Clunet 1899, 346; Cour de Montpellier, 9. 5. 1890, Clunet 1890, 862 (für Besitzfragen); Cour d'appel de Douai, 11. 12. 1891, Clunet 1892, S. 928 (für sachenrechtliche Privilegien); Cour d'appel de Paris, 1. 6. 1906, Revue de droit international privé 5 (1909), 221.

[250] BATIFFOL, Traité S. 326 f. (Nr. 280) und S. 247 ff. (Nr. 497 f.); NIBOYET, Cours S. 566 f. (Nr. 606 II); derselbe, Traité Bd. 4, S. 357 ff. (Nr. 1190 f.); ARMINJON, Précis de droit international privé Bd. 2, S. 95 ff.; LEREBOURS — PIGEONNIÈRE, Précis, S. 380 f. (Nr. 330); BARTIN, Principes Bd. 3, S. 222.

[251] POULLET S. 311 (Nr. 268); DE VOS Bd. 1, S. 282 ff. (Nr. 231 ff.).

[252] MULDER S. 136; BRAKEL S. 208; VAN HASSELT, Répertoire de droit international Bd. 6 (1930), S. 624 (Nr. 140).

[253] Bundesgericht, BGE 36 II 1 (6); BGE 74 II 224 (228); BGE 75 II 122 (129); SCHNITZER, IPR Bd. 2, S. 568.

[254] Siehe oben S. 46 Fußnote 227 und 228.

[255] Bereits v. BAR, Theorie und Praxis des IPR (1889) Bd. 1, S. 603 wies auf den bahnbrechenden Einfluß Savignys und Wächters hin.

[256] RG 11, 52 (55).

> ob sie beweglich oder unbeweglich, cörperlich oder uncörperlich seynd, gesehen und anerkannt werden."

Ähnlich lautete § 10 des sächsischen BGB aus dem Jahre 1863:

> „Die Rechte an beweglichen Sachen und unbeweglichen Sachen, ingleichen der Besitz derselben, werden nach den Gesetzen des Ortes beurteilt, wo die Sachen liegen."

Auch der Entwurf zum deutschen EGBGB enthielt in § 10 eine ähnliche Bestimmung[257]. Diese wurde jedoch aus nicht mehr festzustellenden Gründen nicht ins BGB übernommen. Nach Inkrafttreten des BGB bestätigte das Reichsgericht die Anwendung der „lex rei sitae[258]". Ebenso entscheidet der Bundesgerichtshof[259]. Auch die deutsche Lehre folgt seit Jahrzehnten fast einhellig der „lex rei sitae"-Regel[260].

Weniger eindeutig war die Rechtslage früher im Gebiet des *preußischen allgemeinen Landrechts.* § 28 der Einleitung zum A. L. R. bestimmte:

> „Das bewegliche Vermögen eines Mannes wird, ohne Rücksicht seines gegenwärtigen Aufenthalts, nach den Gesetzen der ordentlichen Gerichtsbarkeit desselben beurteilt."

Danach sollte offenbar das bewegliche Vermögen dem Personalstatut des Eigentümers unterworfen werden. Die Theoretiker des allgemeinen Landrechts schränkten jedoch § 28 a. a. O. auf die Fälle der Universalsukzession ein, indem sie unter „Vermögen" im Sinne des § 28 a. a. O. nur das Vermögen als Ganzes gelten ließen[261].

In *Österreich* gilt noch heute eine dem § 28 der Einleitung zum A. L. R. gleichende Bestimmung. § 300 ABGB bestimmt:

---

[257] Hierüber ausführlich NIEMEYER, Zur Vorgeschichte des internationalen Privatrechts im deutschen BGB („Die Gebhardschen Materialien"), S. 103 ff.

[258] RG 103, 30 (31); 112, 27 (30); umfangreiche Nachweise über ältere Rechtsprechung bei LEWALD, IPR S. 170; bezüglich zweier von der lex rei sitae abweichenden Entscheidungen des Bay. ObLG und des OGHBrZ siehe unten S. 54 f.

[259] BGH MDR 1960, 578 m. Anm. KUHN = NJW 1960, 774 = AWD 1960, 101 f. (Gutglaubenserwerb).

[260] LEWALD S. 177; FRANKENSTEIN Bd. 2, S. 5 f. und 38 f.; NUSSBAUM, Deutsches IPR S. 304; WOLFF, IPR S. 172 f.; KEGEL, IPR S. 249; derselbe in SOERGEL-SIEBERT, Bem. 270 vor Art. 7 EGBGB, S. 582; RAAPE, IPR S. 594; a. A. allerdings HABICHT, Festschrift für Heinitz 1926, S. 463—480 (siehe hierzu unten S. 54).

[261] Siehe v. BAR, a. a. O. Bd. 1, S. 604 f.

„Unbewegliche Sachen sind den Gesetzen des Bezirkes unterworfen, in welchem sie liegen; alle übrigen Sachen stehen mit der Person ihres Eigentümers unter gleichen Gesetzen."

Nach „ständiger Rechtsprechung und Lehre" werden jedoch im Gegensatz zu dieser Vorschrift „im Interesse der Sicherheit des Verkehrs auch bei beweglichen Sachen die Veräußerung und der Eigentumserwerb ohne Rücksicht auf den Wohnsitz oder die Staatsangehörigkeit des Eigentümers nach dem Gesetz beurteilt, wo die Sache liegt[262]".

Im *italienischen* Recht vor 1942 erklärte Art. 7 der disposizioni preliminari codice civile die „lex domicilii" für anwendbar. Wegen des Nachsatzes in Art. 7, wonach die „lex domicilii" der lex rei sitae weichen mußte, wenn sich beide widersprachen, herrschte in Wirklichkeit die lex rei sitae. Art. 22 der disposizioni preliminari zum neuen codice civile von 1942 läßt nunmehr immer die lex rei sitae entscheiden:

„Il possesso, la proprietà e gli altri diritti sulle cose mobili e immobili sono regolati dalla legge del luogo nel quale le cose si trovano."

Nicht eindeutig ist die Rechtslage in *Spanien.* Ähnlich wie § 300 des österreichischen ABGB bestimmt Art. 10 Abs. 1 des spanischen código civil:

„Los bienes muebles están sujetos a la ley de la nación del propriétario; los bienes inmuebles, a las leyes del país en que están sitos."

Die spanische Lehre tendiert dahin, auch auf Mobilien, entgegen dem Wortlaut des Art. 10 código civil die lex rei sitae anzuwenden[263]. Die Rechtsprechung hat sich, soweit ersichtlich, zu dieser Frage noch nicht eindeutig geäußert.

Mit einigen Einschränkungen zugunsten der lex domicilii gilt auch in Mittel- und Südamerika die lex rei sitae. Der *Código Bustamante*[264] unterwirft in Art. 105 ff. ebenso wie der *Vertrag von Montevideo*[265] in Art. 32 (Fassung vom 19. 3. 1940) alle Sachen der lex rei sitae. Von den Vertragsstaaten dieser Verträge erklären allerdings Argentinien[266]

---

[262] So der österreichische OGH, 27. 5. 1959, Zeitschrift für Rechtsvergleichung 1960, 124 ff. (125) m. Anm. SCHNEIDER. Siehe auch WALKER, IPR S. 344 f.; BOLLA, Grundriß des österreichischen IPR, S. 83; KÖHLER, IPR auf Grundlage der Judikatur, S. 95.

[263] Miguel Arjona COLOMO, Derecho international privado, parte especial, S. 316 ff.; Julian G. VERPLAETSE, Derecho international privado, S. 444; José de Yanguas MESSIA, Derecho international privado, parte general, S. 269.

[264] Aufzählung der Vertragsstaaten bei MAKAROV Bd. 2, S. 2.

[265] Vertragsstaaten bei MAKAROV Bd. 2, S. 82 und 98.

[266] Art. 11 código civil.

und Brasilien[267] die lex domicilii des Eigentümers für anwendbar auf Sachen, die der Eigentümer bei sich trägt oder die sonst mit der Person des Eigentümers eng verbunden sind, insbesondere die, die zum persönlichen Gebrauch des Eigentümers dienen. Die argentinische Rechtsprechung zählte zu diesen Sachen teilweise auch Depositen, Inhaberpapiere und Pfandbriefe[268]. In Art. 11 des argentinischen código civil werden auch Sachen, deren Verkauf oder Beförderung an einen anderen Ort beabsichtigt sind, dem Wohnsitzrecht des Eigentümers unterworfen. Hierdurch soll offenbar den Schwierigkeiten begegnet werden, die bei Verkäufen über die Grenze, insbesondere bei den sog. res in transitu[269], auftreten.

Vorschriften, die ausdrücklich die sachenrechtlichen Verhältnisse an Mobilien der lex rei sitae unterwerfen, kennen Ägypten[270], China[271], Griechenland[272], Japan[273], Kolumbien[274], Korea[275], Liechtenstein[276], Mexiko[277], Panama[278], Peru[279], Polen[280], Siam[281] und Syrien[282].

Mit Ausnahme Spaniens, wo die Rechtslage zweifelhaft ist, und einiger Beschränkungen der lex rei sitae zugunsten der lex domicilii in Argentinien und Brasilien und zugunsten der durch den Parteiwillen bestimmbaren Rechtsordnung in Chile[283], gilt demnach überall die lex rei sitae und rechtfertigt die Annahme eines internationalen Gewohnheitsrechts.

---

[267] Art. 8 § 1 código civil.

[268] Nachweise für und wider bei Rabel, Conflict of laws Bd. 4, S. 13 f., Fußnoten 40—43.

[269] Siehe unten S. 72—79.

[270] Art. 18 des Zivilgesetzbuchs.

[271] Art. 22 des Gesetzes vom 5. 8. 1918.

[272] Art. 27 des griech. ZGB.

[273] Art. 10 des Gesetzes vom 15. 6. 1898 betreffend die Anwendung der Gesetze.

[274] Art. 20 código civil.

[275] Art. 10 des Gesetzes vom 21. 6. 1898 betreffend die Anwendung der Gesetze.

[276] Art. 13 des liechtensteinischen ZGB.

[277] Art. 121 der Verfassung vom 31. 1. 1917.

[278] Art. 6 código civil.

[279] Art. VI Titulo preliminar zum código civil.

[280] Art. 6 des polnischen Gesetzes über internationales Privatrecht vom 2. 8. 1926.

[281] § 16 des Gesetzes über internationales Privatrecht vom 4. 8. 1939 (B. E. 2481).

[282] Art. 19 des syrischen ZGB.

[283] Siehe unten S. 55.

bb) Die „lex loci actus"

Die „lex loci actus"-Theorie beurteilt die Übertragung von Sachenrechten an beweglichen Sachen nach der Rechtsordnung, in deren Bereich der die Übertragung bewirkende Akt vollzogen wird („where the transfer is made"). Diese Theorie hat vor allem in England Bedeutung erlangt. Einige englische Entscheidungen verweisen auf die lex loci actus[284]. Hierbei fällt allerdings auf, daß in diesen Fällen die lex loci actus jeweils mit der lex rei sitae übereinstimmte. Cheshire[285] meint, daß in diesen Fällen die Richter trotz Heranziehung der lex loci actus „were in fact speaking in terms of the lex situs". Bisweilen wurden ausdrücklich sowohl der locus actus und der locus situs zusammen als Anknüpfungsmomente herangezogen[286]. Eine Entscheidung, die der lex loci actus gegenüber der lex rei sitae den Vorzug gegeben hätte, ist nicht bekannt. Umgekehrt wird die obengenannte Entscheidung Cammell v. Sewell[287] dahin verstanden, daß sie, wenn auch nicht ausdrücklich, der lex rei sitae gegenüber der lex loci actus den Vorzug gibt[288]. Ebenso entscheidet fast einmütig die englische Lehre[289]. Demnach wird der locus actus allenfalls interessant, wenn kein fester locus situs als Anknüpfungsmoment festzustellen ist[290]. In einem solchen Fall wurde z. B. in der englischen Entscheidung North Western Bank v. Poynter[291] für die Entstehung eines Pfandrechts sowohl auf die lex loci actus als auch auf die lex domicilii abgestellt.

In Deutschland wird die lex loci actus für die dinglichen Geschäfte durch Art. 11 Abs. 2 EGBGB abweichend von der Regel des Art. 11 Abs. 1 Satz 2 EGBGB selbst dann ausgeschlossen, wenn es nur um Formfragen geht.

---

[284] So Inglis v. USHERWOOD, (1801) 1 East 515; 102 E. R. 198; Alcock v. SMITH, (1892) 1 Ch. 238 (C. A.) betreffend „negotiable instruments"; Embiricos v. ANGLO — Austrian Bank, (1905) 1 K. B. 677 (C. A.) betreffend „negotiable instruments"; Lord BLACKBURN in City Bank v. Barrow (1880), 5 App. Cas. 664, 677.

[285] P. I. L., S. 473.

[286] Inglis v. USHERWOOD, a. a. O., Lord BLACKBURN in City Bank v. Barrow, a. a. O.

[287] Siehe oben S. 47.

[288] LALIVE S. 76; vgl. auch Inglis v. ROBERTSON, (1898) A. C. 616, 625, 627.

[289] GRAVESON S. 254 ff.; SCHMITTHOFF, The Englisch Conflict of Laws S. 193 ff.; DICEY, 5. Aufl. (1932), mißt in rule 154 (S. 620) der lex loci actus neben der lex rei sitae und der lex domicilii noch wesentliche Bedeutung bei. Allerdings soll im Streitfall die lex rei sitae den Ausschlag geben (S. 625 f.). In der 6. Aufl. (1949) und 7. Aufl. (1958) läßt MORRIS den locus actus als Anknüpfungsmöglichkeit unerwähnt.

[290] Über die res in transitu siehe unten S. 72—79.

[291] (1895) A. C. 56 (House of Lords Scot.).

cc) Die „lex actus“

In England befürwortet Cheshire eine andere Anknüpfung. Die Übertragung beweglicher Sachen unterwirft er der Rechtsordnung des Landes „with which the transfer has the most real connexion, or, more shortly, the lex actus, i.e. the *proper law of the transfer,* analogous to the proper law of a contract[292]“. Bei einem Konflikt zwischen lex actus und lex rei sitae erklärt er allerdings nicht in jedem Fall die lex actus für anwendbar. Welche der beiden Rechtsordnungen den Ausschlag gibt, soll sich danach bestimmen „whether the question to be decided arises between the parties to a particular transaction or between one of them and a third party[293]“. Beim Streit zwischen den Parteien soll die lex actus entscheiden[294]. Beim Streit zwischen einer Partei und einem Dritten soll dagegen die lex rei sitae anzuwenden sein. Auch Morris bei Dicey[295] gebraucht den Begriff „proper law of the transfer“, allerdings ohne diesen zu definieren. Gemäß rule 87 soll bei Widerstreit zwischen „proper law of the transfer“ und lex rei sitae in jedem Fall die letztere entscheiden, so daß hiernach praktisch die lex rei sitae auf den Eigentumsübergang uneingeschränkt zur Anwendung kommt. Lediglich hinsichtlich der „contractual effects of the transfer“ soll „the proper law of the transfer“ gelten[296].

Die lex actus Cheshires scheint auch bereits Habicht vorgeschwebt zu haben. Er schlug entgegen der schon damals in Deutschland von der Lehre einhellig bevorzugten Anknüpfung an die lex rei sitae vor, den Eigentumsübergang der Rechtsordnung zu unterwerfen, die mit dem Eigentumsübergang „in irgendeinem überzeugenden Zusammenhang“ steht[297].

dd) Das durch den Parteiwillen bestimmte Recht

Vereinzelt wird die Auffassung vertreten, daß die Parteien das Recht, das den Eigentumsübergang beherrscht, in gleicher Weise wie das Schuldstatut bestimmen könnten. Der oberste Gerichtshof der britischen Zone führte in einer Entscheidung vom 7. 7. 1949[298] aus, daß „die Parteien zwischen zwei in Betracht kommenden Sachenrechtsordnungen bestimmen können, welche für die Eigentumsübertragung ... gelten soll“. Das bayrische Oberste Landesgericht vertrat in einer Ent-

[292] Cheshire, P. I. L. S. 474.

[293] A. a. O., S. 474; siehe zu dieser Unterscheidung die Kritik von Morris, 22 B. Y. B. I. L. (1945), S. 232, Zaphiriou S. 35 und unten S. 59 f.

[294] A. a. O., S. 475.

[295] Dicey, rule 86 und 87, S. 537 ff.

[296] Dicey S. 540.

[297] Heinitz-Festschrift, S. 477.

[298] OGHZ 2, 226 (229) = IPRspr. 1945/49, 16 (Nr. 9) = NJW 1949, 784 mit kurzer ablehnender Anm. von Abraham auf S. 944.

scheidung vom 3. 1. 1934[299] die Auffassung, daß auf dem Gebiete der dinglichen Rechte an beweglichen Sachen ebenso wie bei den Schuldverhältnissen die Unterwerfung der Parteien unter ein bestimmtes Recht durch ausdrückliche oder stillschweigende Vereinbarung zu beachten sei. Mangels einer solchen Vereinbarung gelte jedoch die lex rei sitae.

Nach dem ersten Weltkrieg führte das rumänisch-deutsche Schiedsgericht aus, daß es bei der Suche nach dem für den Eigentumsübergang zuständigen Recht darauf ankomme „de chercher l'intention présumée des parties, en pesant toutes les circonstances d'espèce, d'opter pour l'un des droits lorsqu'il y a une prépondérance marquée des présomptions recueillies en faveur de son application[300]". Auch die Cour d'appel de Douai[301] maß in einer älteren Entscheidung dem Parteiwillen bei der Ermittlung des Sachstatuts entscheidende Bedeutung bei. Das Gericht erklärte zwar grundsätzlich die „lex rei sitae"-Regel für anwendbar, führte daran anschließend jedoch aus, „que ... dans tout contrat passé entre Français et étrangers, cette règle de droit doit être présumée sous-entendue, s'il ne résulte des circonstances que les parties l'ont exclue". Ähnlich wie das letztgenannte Urteil entscheidet der chilenische código civil. Art. 16 dieses Gesetzes legt in Abs. 1 zunächst in Form einer einseitigen Kollisionsnorm die Geltung der lex rei sitae fest. Nach Abs. 2 können die Parteien jedoch abweichend von Abs. 1 ein anderes Sachstatut bestimmen. Soweit allerdings Verträge in Chile selbst Wirkungen äußern, gilt nach der Unterausnahme des Abs. 3 zwingend die lex rei sitae.

Mittelbar stellt auch Sovilla[302] auf den Parteiwillen ab. Er erklärt auf die Eigentumsübertragung die lex contractus, die sich in erster Linie nach dem Parteiwillen richtet, für anwendbar. Er führt zur Begründung aus, daß bei dieser Lösung vom kollisionsrechtlichen Standpunkt aus kein Unterschied mehr bestehe zwischen dem Erwerb dinglicher und obligatorischer Rechte. Eine Anknüpfung auf dieser Unterscheidung aufbauen zu wollen, sei schon deshalb aussichtslos, als sie in England und Skandinavien der Gesetzgebung und Rechtsprechung unbekannt sei. Gleich hier sei bemerkt, daß dieser Einwand jedenfalls hinsichtlich Englands nicht richtig ist, da auch dort obligatorischer Kauf und dessen dingliche Abwicklung unterschieden werden[303], auch wenn beide kausal miteinander verknüpft sind und zeitlich meist zusammenfallen.

---

299 BayZ 30, 126 = IPRspr. 1934 Nr. 24.

300 Entscheidung vom 16. 6. 1925, Recueil des décisions des T. A. M. 5, 200 (213); für die lex rei sitae dagegen das deutsch-belgische Schiedsgericht, 30. 4. 1923, Recueil T. A. M. 3, 274 ff.

301 Entscheidung vom 11. 12. 1891, Clunet 1892, 928 (933).

302 S. 72 f.

303 Siehe oben S. 44.

Den Vorstoß Sovillas zugunsten der lex contractus billigt ausdrücklich Meyer-Ladewig[304]. Auch er weist darauf hin, daß sich sowohl die schuldrechtliche als auch die sachenrechtliche Abwicklung eines Vertrags einheitlich nach der vom Parteiwillen bestimmten Rechtsordnung richten sollte.

ee) Rechtfertigung der Anwendung der „lex rei sitae"

Allein schon die allgemeine Anerkennung der lex rei sitae, die für den internationalen Warenverkehr besonders bedeutsam ist, rechtfertigt deren Anwendung. Es ist im IPR einmalig, daß ohne internationale Absprache eine solche allgemeine Anerkennung einer Anknüpfung erfolgt. Die einheitliche Lösung zeigt auch, daß die Unterwerfung der Sachenrechte unter die lex rei sitae gegenüber den anderen in Frage kommenden Rechtsordnungen allgemein als die beste Anknüpfung empfunden wird. Sie ist auch die beste Anknüpfung. Dies zeigt ein kritischer Vergleich der Interessen und Gründe, die für und gegen die Anwendung der obengenannten Rechtsordnungen sprechen.

Gegen die Anwendung der lex domicilii des Eigentümers ist zunächst vorgebracht worden, daß sie auf einen Zirkelschluß hinauslaufe[305]; denn das Recht des Eigentümerwohnsitzes könne nicht angewandt werden, wenn es um die Frage gehe, wer Eigentümer ist. Dieser Vorwurf ist allerdings unbegründet. Es wird verkannt, daß es nicht auf die lex domicilii des erst Eigentum erlangenden Erwerbers ankommt, sondern vielmehr auf die lex domicilii des veräußernden Eigentümers. Diese liegt bei einer Veräußerung von vornherein fest, soweit nicht ein Erwerb vom Nichtberechtigten in Frage steht. Denn ob der Veräußerer Eigentümer ist, betrifft einen bereits abgeschlossenen früheren Erwerbsprozeß, nicht dagegen die gegenwärtige Veräußerung.

Auch ist wohl die Einwendung unberechtigt, daß bei Geltung der lex domicilii des Eigentümers Kaufabschlüsse mit ausländischen Verkäufern, die im Ausland wohnen, gemieden werden[306]. Ausländische Rechtsordnungen kommen auch bei allen anderen Anknüpfungen des Eigentumsübergangs häufig zur Anwendung. Die Praxis zeigt, daß juristische Schwierigkeiten infolge Anwendung ausländischen Rechts nicht geeignet sind, von einem Kauf mit Auslandsberührung abzuhalten, wenn ein solcher wirtschaftlich für angezeigt erachtet wird.

Berechtigt ist dagegen der Vorwurf, daß die Anwendung der lex domicilii des Eigentümers zu einer unerträglichen Behinderung des

[304] AWD 1963, 262f.; vgl. auch ARNDT in Erman, Handkommentar Bd. 2, Anh. 2 zu Art. 12 EGBGB Bem. 5 a. E., S. 1592.

[305] So WHARTON, Conflict of Laws Bd. 1, S. 678 (Nr. 308); LALIVE S. 44; SCHULTSZ S. 80.

[306] Diese Einwendung erheben WOLFF, P. I. L S. 510, und LALIVE S. 45.

internationalen Warenverkehrs führen würde[307]. Jeder Käufer müßte erst nach dem Wohnsitz seines Geschäftspartners forschen, um zu erfahren, wann er Eigentümer wird. Insbesondere würde durch diese Anknüpfung die reiche Problematik, die sich besonders im englischen Recht mit dem Begriff des Wohnsitzes verbindet, in die Beurteilung des Eigentumsübergangs an Mobilien hineingezogen und würde dort erhebliche Unsicherheit verursachen. Beim Gutglaubenserwerb würde die lex domicilii des Eigentümers völlig versagen, da der wahre Eigentümer oder wenigstens dessen Wohnsitz vielfach unbekannt sein werden. Man könnte in diesem Fall allenfalls an die lex domicilii des angeblichen Eigentümers (= Veräußerers) anknüpfen.

Auch besteht kein schutzwürdiges Interesse an der Anwendung der lex domicilii des Eigentümers. Eine enge Verbindung beweglicher Sachen mit der Person ihres Eigentümers, die eine Anknüpfung an das Personalstatut rechtfertigen könnte, besteht nicht. Selbst die persönlichen Gegenstände, die eine Person ständig bei sich trägt, z. B. Brille, verlieren ihre Beziehung zu dieser Person, wenn sie ausnahmsweise zur Veräußerung bestimmt werden. Das einseitige Interesse des verkaufenden Eigentümers an der Anwendung seines Wohnsitzrechts genügt nicht zur Rechtfertigung des Domizilprinzips.

Bedenken gegen die Anwendung der *lex loci actus* liegen auf der Hand. Schon rein begrifflich ist es in vielen Fällen schwierig, den locus actus („the place where the transfer is made") zu bestimmen. Ist dies bei Berührung mit Ländern, die das Traditionsprinzip kennen, der Ort, wo die Einigung stattfindet, oder der Ort, wo die Übergabe erfolgt? Stellt man auf den Ort der Einigung ab, dann wird zwar zum Teil dem Interesse der Parteien gedient, denn sie kennen diesen Ort und haben eventuell ein Interesse daran, an Ort und Stelle Rechtsauskunft einzuholen. Doch wird dieses Interesse an Rechtsauskunft nie sehr groß sein, da die Parteien zum Zeitpunkt des Kaufabschlusses in der Regel nicht den Fragen, die die Übereignung betreffen, nachgehen wollen. Insbesondere kommt es bei der Frage des Eigentumsübergangs auf die Interessen der Parteien allein nicht entscheidend an. Ausschlaggebend sind Drittinteressen[308]. Dritte werden aber in der Regel den Abschlußort nicht kennen. Hinzu kommt, daß der locus actus für den Eigentumsübergang genauso zufällig sein kann wie der Abschlußort des Kausalgeschäfts für die Ermittlung des Schuldstatuts.

Die *lex actus,* d. h. die Rechtsordnung, die mit der Eigentumsübertragung in irgendeinem überzeugenden Zusammenhang steht, ist als Anknüpfungsmöglichkeit wenig tauglich. Diese Anknüpfung will zur

---

[307] So insbesondere die englische Lehre, z. B. GRAVESON, S. 251 f.; SCHMITTHOFF, The English Conflict of Laws, S. 193; WOLFF, P. I. L. S. 510; LALIVE S. 45.

[308] Über das ausschlaggebende Gewicht der Drittinteressen siehe unten S. 59 f.

Lösung machen, was erst das Problem ist, denn es gilt ja gerade die Rechtsordnung zu finden, die generell mit der Eigentumsübertragung in überzeugendem Zusammenhang steht. Man kann es nicht in jedem Einzelfall dem Richter überlassen, die dem Eigentumsübergang am nächsten stehende Rechtsordnung zu ermitteln. Dies würde für Parteien und Dritte eine Rechtsunsicherheit verursachen, die auf sachenrechtlichem Gebiet besonders unerträglich wäre. Es stünde nie von vornherein fest, welche Rechtsordnung der Richter später kraft „überzeugenden Zusammenhangs" mit dem Eigentumsübergang wählen würde[309].

Die Anknüpfung an *die durch den Parteiwillen bestimmte* Rechtsordnung oder an die *lex contractus* berücksichtigt in vollem Umfang die *Parteiinteressen.* Größere Rücksicht könnte auf die Parteien nicht genommen werden, als wenn man sie die den Eigentumsübergang beherrschende Rechtsordnung bestimmen läßt oder wenn man die an ihren Interessen ausgerichtete lex contractus anwendet. Den Parteiinteressen stehen jedoch *Drittinteressen* gegenüber, die bei der Frage des Eigentumsübergangs ebenfalls Beachtung erheischen. Als interessierte Dritte kommen Gläubiger der Parteien, Dritterwerber, Verwendungsersatzberechtigte etc. in Betracht. Die Gläubiger wollen wissen, ob der Kaufgegenstand schon Eigentum ihres Schuldners und damit für sie Zugriffsobjekt geworden ist. Die Dritterwerber wollen wissen, ob sie vom Berechtigten erworben haben. Die Verwendungsersatzberechtigten interessiert, gegen wen sie ihre Ansprüche geltend machen können. Diesen Drittinteressen wird die Anknüpfung an die vom Parteiwillen bestimmte Rechtsordnung nicht gerecht. Denn die interessierten Dritten kennen in der Regel weder den Parteiwillen noch die lex contractus. Auch könnten die Parteien für den Eigentumsübergang bisweilen bewußt eine Rechtsordnung wählen, die den Interessen Dritter widerspricht.

Die Belange der am Eigentumsübergang interessierten Dritten werden am besten gewahrt bei Anwendung der *lex rei sitae.* Der Lageort einer Sache ist den Dritten weit eher bekannt als eine von den Parteien bestimmte Rechtsordnung. Der Lageort ist meist leicht feststellbar. Er ist ein objektives Merkmal, an das in der Regel ohne weiteres angeknüpft werden kann. Schwierigkeiten entstehen auch dann nicht, wenn die Lage ausnahmsweise für kurze Zeit nicht festzustellen ist, z. B. bei reisenden Waren. Denn für diese Zeit besteht ohnehin wenig Interesse an der Kenntnis, wer Eigentümer der fraglichen Sachen ist, da weder Parteien noch Dritte bei unbekanntem Aufenthalt der Sachen eine Einwirkungs- oder Zugriffsmöglichkeit auf die Sachen haben.

Demnach stehen sich die Parteiinteressen, die für die Anwendung der vom Parteiwillen bestimmten Rechtsordnung oder der lex contrac-

[309] So auch FRANKENSTEIN, Bd. 2 S. 39 Fußnote 5.

tus entsprechen, und Drittinteressen, denen durch Anknüpfung an die lex rei sitae genügt würde, gegenüber. Zur Lösung des Interessenkonflikts bieten sich zwei Möglichkeiten:

1. Man wendet, soweit nur Parteiinteressen im Spiel sind, die durch den Parteiwillen bestimmte Rechtsordnung an und, soweit Drittinteressen mitspielen, die lex rei sitae. Dieser Lösung folgen Art. 2 Ziff. 4 und Art. 3 des Haager Abkommens von 1958. Sie scheint auch Cheshire bei seiner Abgrenzung zwischen lex rei sitae und lex actus vorgeschwebt zu haben[310]. In gleicher Weise unterwarf die ältere französische Lehre den Eigentumsübergang im Verhältnis der Parteien zueinander dem Schuldstatut, während im Drittverhältnis die lex rei sitae gelten sollte[311]. Auch Gottheiner[312] meint, daß „ohne schwerwiegende Bedenken" der Eigentumsübergang inter partes und im Verhältnis zu Dritten verschiedenen Statuten unterworfen werden könne. Diese Lösung führt jedoch zu einer völligen Auflösung des Eigentumsbegriffs. Insbesondere bei Waren, die im internationalen Handelsverkehr häufig ihren Herren wechseln, würde diese Lösung große Verwirrung stiften, da bald nur noch schwer festzustellen wäre, wer wem gegenüber Eigentümer ist. Diese Relativierung des Eigentums, die besonders dem Laien völlig unverständlich ist, gilt es zu vermeiden.
2. Sie wird durch die zweite Lösungsmöglichkeit vermieden. Diese besteht darin, daß man das Interesse, das die Parteien an der freien Wahl des Sachstatuts haben, hinter die Drittinteressen zurückstellt und den Eigentumsübergang einheitlich für alle an die lex rei sitae anknüpft. Die Bevorzugung der Drittinteressen bei der Anknüpfung des Eigentumsübergangs ist gerechtfertigt[313]. Die Interessen zwischen den Parteien werden erschöpfend durch das Schuldstatut geregelt. Dieses besagt umfassend, welche Rechte die Parteien gegeneinander haben und was sie voneinander verlangen können. Die Frage, wer Eigentümer ist, spielt zwischen den Parteien keine Rolle. Ist ein Käufer mit Kaufabschluß Eigentümer geworden, dann kann er kraft seiner Eigentümerstellung vom Partner nicht mehr verlangen, als er kraft seiner Käuferstellung könnte, nämlich Herausgabe der Sache. Er kann sich auf Grund seines Eigentums die gekaufte Sache auch nicht eigenmächtig beim Verkäufer holen.

---

310 Siehe oben S. 54.

311 Rolin, Principes Bd. 2, S. 488 (Nr. 912); Despagnet, Précis, S. 596 f. (Nr. 612).

312 RabelsZ 18 (1953), 375.

313 Ausschlaggebende Bedeutung messen den Drittinteressen auch Friedrich, „Übereignung" in Schlegelbergers Rvgl. HWB, S. 608, Batiffol, Contrats S. 394, derselbe, Traité S. 570 (Nr. 524), Wolff, P. I. L. S. 511, Zaphiriou S. 40 und Privat S. 63—65 zu. Vgl. ebenfalls Lalive S. 114. Kegel, IPR S. 249, läßt in ähnlicher Weise das „Verkehrsinteresse" entscheiden.

Insoweit stünden ihm Besitzansprüche des Verkäufers entgegen. Im Konkurs des Verkäufers ist seine Stellung zwar erheblich besser, wenn er Eigentümer ist. In diesem Fall wird jedoch die Ebene der bloßen Parteibeziehungen verlassen. Der Käufer trifft auf die Interessen der Drittgläubiger des Verkäufers. Das gleiche gilt, wenn umgekehrt der Verkäufer kraft eines Eigentumsrechts im Käuferkonkurs aussondern oder ein Rückholrecht geltend machen will. Auch hier handelt es sich nicht mehr um einen ausschließlichen Parteienstreit. Der Verkäufer muß sein Eigentum gegen die Käufergläubiger durchsetzen. Auch der Eigentumsvorbehalt wird ausschließlich zum Schutz gegen den Zugriff der Drittgläubiger des Käufers vereinbart. Für die Parteien unter sich würde insoweit eine vertragliche Rückübertragungsklausel genügen. Nach allem besteht kein Interesse der Parteien an der Feststellung, wer im Verhältnis zur andern Partei Eigentümer ist. Die Eigentumsverhältnisse an einer Sache interessieren erst dann, wenn Drittinteressen mitspielen. Im Verhältnis der Parteien zu Dritten und der Dritten untereinander wird die Anknüpfung an die lex rei sitae den Interessen aller Beteiligten in gleicher Weise gerecht. Diese Anknüpfung bedeutet für die Parteien, soweit sie im Verhältnis zu Dritten am Eigentumsübergang interessiert sind, keine unzumutbare Beeinträchtigung ihrer Belange. Sie können genauso gut wie die Dritten — meist sogar besser — den Lageort der verkauften Sachen feststellen, während umgekehrt bei Herrschaft des Parteiwillens die Dritten gegenüber den Parteien hinsichtlich der Feststellbarkeit des geltenden Rechts — wie bereits gezeigt — zu sehr benachteiligt würden. Im Interesse der Gleichbehandlung der Belange der Parteien und der Dritten gewinnt daher die lex rei sitae. Daß sie auch im Verhältnis der Parteien zueinander anzuwenden ist, ist heute allgemein herrschende Lehre, insbesondere auch in Frankreich[314], wo früher teilweise anderes vertreten wurde[315].

Die Anknüpfung an die lex rei sitae dient außer der leichten Feststellbarkeit der geltenden Rechtsordnung durch alle Beteiligten auch noch öffentlichen Ordnungsinteressen. Ebenso wie fast jeder Staat einen „numerus clausus" der Sachenrechte kennt, um den lebenswichtigen Kreis der Sachenrechte klar und übersichtlich zu gestalten[316], gibt es auch in jedem Staat aus Rücksicht auf die Klarheit und Übersichtlichkeit des sachenrechtlichen Verkehrs einen „numerus clausus" der sachenrechtlichen Erwerbsgründe. D. h. der Staat läßt nur die seinem Recht bekannten Formen des rechtsgeschäftlichen Erwerbs, der Okkupation, der Verbindung, der Vermischung etc. zu. Würde der Staat

---

[314] Batiffol, Contrats S. 395 (Nr. 475); Arminjon, Précis de droit international privé Bd. 2, S. 105 (Nr. 28); Niboyet, Répertoire de droit international Bd. 9, Meubles corporels Nr. 20, S. 226 f.

[315] Siehe oben S. 59.

[316] Siehe Wolff-Raiser, Sachenrecht, S. 9.

darüber hinaus in seinem Bereich auch andere sachenrechtliche Erwerbsarten, insbesondere solche der ausländischen Rechtsordnungen zulassen, dann würde die Menge der Erwerbsgründe unüberschaubar und die Ermittlung der einzelnen Sachberechtigten im sachenrechtlichen Verkehr untragbar erschwert. Im schuldrechtlichen Bereich kann eine solche Unüberschaubarkeit der schuldrechtlichen Erwerbsgründe hingenommen werden, da nur Parteiinteressen im Spiel sind, nicht aber im sachenrechtlichen Bereich, wo Interessen Dritter mitbetroffen werden. Zaphiriou[317] und Lalive[318] meinen demgegenüber, daß die Geltung der lex rei sitae nicht auf „public policy" gestützt werden könne. Kritisch gegenüber der lex rei sitae als „law of surety and police" äußert sich auch Rabel[319].

Die Anwendung der lex rei sitae läßt sich dagegen entgegen der älteren französischen Lehre[320] nicht auf den „ordre public" stützen. Würde man die sachenrechtlichen Erwerbsvorschriften eines Staates zu dessen „ordre public" zählen, dann könnte z. B. ein im Ausland vollzogener Erwerb nach Verbringung der Sache ins Inland nicht anerkannt werden, wenn der im Ausland vollzogene Erwerb den inländischen Erwerbsvorschriften nicht entspricht. Die „lex rei sitae"-Regel will aber gerade besagen, daß der in einem Staatsbereich nach den Gesetzen dieses Staates vollzogene sachenrechtliche Erwerb, also auch der im Ausland erfolgte Erwerb, überall anzuerkennen sei[321].

Häufig wird zur Rechtfertigung der lex rei sitae-Regel darauf hingewiesen, daß ein Urteil nur bei Anknüpfung an die lex rei sitae eine Chance habe, in dem Staatsbereich, wo die Sache liege, anerkannt zu werden[322]. Diese Behauptung beruht jedoch auf einem Zirkelschluß. Sie ist erst richtig, wenn man die Herrschaft der lex rei sitae bereits voraussetzt. Würde z. B. das Recht am Belegenheitsort statt auf das eigene Recht (lex rei sitae) auf ein fremdes Recht verweisen, z. B. auf die lex domicilii, dann würde ein Gericht im Belegenheitsstaat eine ausländische Entscheidung eben nur anerkennen, wenn das ausländische Gericht die lex domicilii angewendet hat. Bei Anwendung der lex rei sitae durch das ausländische Gericht würde in diesem Fall die Ent-

---

317 S. 41.

318 S. 104.

319 Conflicts of Laws Bd. 4, S. 33.

320 Pillet, Principes de droit international privé, S. 405; Weiss, Manuel de droit international privé, S. 551.

321 Hierzu unten S. 64.

322 Zaphiriou S. 42; Wolff, P. I. L. S. 511; v. Bar, Theorie und Praxis des IPR Bd. 1, S. 597, spricht bei der Anknüpfung an die lex rei sitae von einer „realen Notwendigkeit"; in der nordamerikanischen Entscheidung Lees v. Harding, Whitman Co. (1905), 60 Atl. 352 (N. J.) wird ausgeführt, daß die Anwendung der lex rei sitae „has the merit of adopting the law of the jurisdiction which has the actual control of the goods."

scheidung im Belegenheitsstaat gerade nicht durchsetzbar sein. Die bessere Durchsetzbarkeit läßt sich daher nicht für die lex rei sitae anführen.

Auch den Argumenten Savignys, der einst bahnbrechend die Anknüpfung an die lex rei sitae befürwortet hat, kann heute keine Bedeutung mehr beigemessen werden. Savigny begründete die Herrschaft der lex rei sitae zunächst damit, daß jeder, der ein sachenrechtliches Verhältnis zu einer Sache eingehen wolle, sich freiwillig der lex rei sitae unterwerfe[323]. Bereits oben[324] wurde ausgeführt, daß der Parteiwille wegen der Interessen Dritter bei der Ermittlung des Sachstatuts ohne Bedeutung ist. Außerdem ist es unwahrscheinlich, daß die Parteien den Eigentumsübergang, wenn sie darüber disponieren könnten, gerade der lex rei sitae unterwerfen würden[325]. Der zweite von Savigny zugunsten der lex rei sitae angeführte Grund, daß am Lageort der Sachen der „Sitz der Rechtsverhältnisse“ dieser Sachen sei[326], ist eine petitio principii. Denn es gilt gerade zu beweisen, warum der Sitz der sachenrechtlichen Rechtsverhältnisse sich gerade am Lageort der Sache befindet. Die Behauptung allein genügt nicht.

Abschließend sei festgehalten, daß die Anknüpfung des Eigentumsübergangs an die lex rei sitae allein wegen der leichteren Feststellbarkeit der geltenden Rechtsordnung durch Dritte, wegen öffentlicher Ordnungsinteressen und nicht zuletzt wegen der universellen Anerkennung der „lex rei sitae“-Regel gerechtfertigt ist.

b) Der Belegenheitsort der Sache

Eine Sache ist dort belegen, wo sie sich körperlich befindet. Der Belegenheitsort ist rein naturwissenschaftlich zu bestimmen. Diese Auffassung entspricht der auf dem Kontinent und in England herrschenden Meinung[327]. Niboyet[328] führt dagegen aus: „Un meuble peut parfaitement se trouver physiquement dans un pays donné, sans y être cependant ... juridiquement situé. Le problème que nous étudions ici, n'est plus seulement un problème physique, mais physico-juridique.“ Er denkt hierbei besonders an die res in transitu[329]. Gleich hier sei bemerkt, daß es sich bei den res in transitu nicht darum handelt, für die Sache während der Durchreise durch ein Transitland einen juristischen

---

[323] System Bd. 8, S. 169 (§ 366).

[324] S. 59 f.

[325] So auch WOLFF, P. I. L. S. 511.

[326] System Bd. 8, S. 169 (§ 366).

[327] Ausdrücklich wie hier RABEL, Conflict of Laws Bd. 4, S. 34; RAUPACH S. 60; FRANKENSTEIN Bd. 2, S. 8; Cammel v. SEWELL (1860), 5 H. & N. 728 = 157 E. R. 1371.

[328] THÈSE S. 69; vgl. auch DESBOIS S. 319, 321.

[329] Hierzu unten S. 72—79.

Sitz zu ermitteln, sondern darum, ob eine andere Anknüpfung als die an das Recht der belegenen Sache zu wählen ist. Der Begriff des physisch-juristischen Belegenheitsorts würde außerdem im Rechtsverkehr einen erheblichen Unsicherheitsfaktor bedeuten. Denn es wäre nie im voraus mit Sicherheit festzustellen, was der Richter später einmal als physisch-juristischen Belegenheitsort gelten lassen würde.

In den Vereinigten Staaten wird in großem Umfang die Theorie vertreten, daß eine Sache nicht als im Bereich einer Rechtsordnung belegen angesehen werden könne, wenn sie in diesen ohne Kenntnis und Zustimmung des Eigentümers gelangt sei[330]. Dieser Theorie der „voluntary submission" folgen auch zahlreiche Entscheidungen in vielen Staaten der USA[331]. Sie spielt insbesondere bei der Anknüpfung des Eigentumsvorbehalts noch heute im Uniform Conditional Sales Act eine bedeutsame Rolle[332]. Sie ist ebenso wie Niboyets „physisch-juristischer" Belegenheitsort abzulehnen. Sie würde die Sicherheit des Rechtsverkehrs in einem Staatsgebiet allzusehr beeinträchtigen. Denn Dritte, deren Interessen hier den Ausschlag geben, wissen in der Regel nicht, ob eine Sache mit Wissen und Zustimmung des Eigentümers in den Rechtsbereich gelangt ist, wo sie sich gerade körperlich befindet.

c) Anwendung der lex rei sitae beim Verkauf über die Grenze (Statutenwechsel und res in transitu)

Bei Immobilien bereitet die Anwendung der lex rei sitae auf den Eigentumserwerb keine Schwierigkeiten. Wegen der festen Lage der unbeweglichen Sachen kommt immer nur ein Recht in Betracht. Nur wenn der seltene Fall eintritt, daß während einer Eigentumsübertragung an einem Grundstück die Staatshoheit wechselt, sind Konflikte zwischen der vor und der nach dem Hoheitswechsel geltenden lex rei sitae denkbar.

Bewegliche Sachen vermögen dagegen durch Transport rasch die Staatsgrenzen zu überschreiten. Da die einzelnen Rechtsordnungen den Eigentumswechsel nicht einheitlich regeln, ergeben sich beim Verkauf von beweglichen Sachen über die Staatsgrenze mannigfache Schwierigkeiten. Die Lehre unterscheidet folgende Konfliktsmöglichkeiten:

aa) Eine Sache wechselt, nachdem im alten Gebiet alle für einen Eigentumswechsel notwendigen Tatsachen eingetreten sind, das Staatsgebiet. Die Lehre spricht hier vom „abgeschlossenen Tatbestand[333]",

---

[330] BEALE, Jurisdiction over title of absent owner in a chattel, 40 Harvard Law Review (1905), S. 805—812 (811 f.); siehe auch die zahlreichen Hinweise bei Goodrich S. 308 f. (sec. 156) und Stumberg S. 357—363.

[331] Hinweise bei BEALE a. a. O. und LALIVE S. 177 ff.

[332] Siehe unten S. 115 f.

[333] FRANKENSTEIN, Bd. 2, S. 44.

„complete set of facts[334]" oder „droit définitivement constitué[335]".

bb) Die Sache wechselt das Staatsgebiet, nachdem nach der alten lex rei sitae Eigentumsübergang noch nicht erfolgt ist. Man spricht vom „nicht abgeschlossenen Tatbestand[336]", „incomplete set of facts[337]" oder „droit non acquis[338]".

cc) Die Sache durchschreitet ein oder mehrere Durchgangsländer, bevor sie das Land des Erwerbers erreicht („res in transitu").

Von dieser Einteilung abzugehen, besteht kein Grund. Diese Aufteilung erfaßt alle sachenrechtlichen Konflikte, die als Folge des Transports der Sache bei internationalen Käufen auftreten können. Bei der Lösung dieser Konflikte herrscht in der internationalen Rechtsprechung und Lehre alles andere als Einklang. Umstritten ist bereits, welcher Zeitpunkt für die Bestimmung der lex rei sitae den Ausschlag geben soll. Zum Teil wird auf die lex rei sitae zum Zeitpunkt der Übereignung abgestellt[339]. Diese Lösung führt jedoch zu einem circulus vitiosus, denn solange die über den Eigentumsübergang entscheidende Rechtsordnung noch nicht feststeht, läßt sich auch noch nicht der Zeitpunkt des Eigentumsübergangs feststellen[339a]. Einschränkend will daher Zaphiriou[340] die lex rei sitae „at the time of the alleged transfer" entscheiden lassen. Demgegenüber erklärt Art. 3 des Haager Abkommens von 1958 grundsätzlich die lex rei sitae des Zeitpunkts, in dem ein Anspruch auf die Sache geltend gemacht wird, für anwendbar. Alle diese Versuche, einen für den Eigentumsübergang entscheidenden Zeitpunkt zu finden, verkennen den Inhalt der „lex rei sitae"-Regel, die von einem Zeitpunkt unabhängig ist. Die Geltung der lex rei sitae bedeutet für den Fall des Statutenwechsels: Eigentum geht über, wenn alle Voraussetzungen, die eine Rechtsordnung für den Eigentumsübergang aufstellt, erfüllt werden, solange sich die Sache im Bereich dieser Rechtsordnung befindet[340a]. Beim Statutenwechsel ist daher zu prüfen, ob bereits im Bereich des Ausgangslandes alle Voraussetzungen des dort geltenden Rechts für einen Eigentumsübergang erfüllt wurden; wenn nicht, dann ist nach dem neuen Statut zu prüfen, ob in dessen Bereich nach Grenzüberschreitung alle Voraussetzungen für einen Eigentumsübergang vorlagen. Aus dieser für den Statutenwechsel geltenden Regel ergeben sich die Lösungen der im folgenden behandelten Fälle.

---

[334] Zaphiriou S. 162.

[335] Niboyet, Traité S. 373 (Nr. 1193 I).

[336] Frankenstein, Bd. 2, S. 45; Lewald S. 187.

[337] Zaphiriou S. 164; Lalive S. 147.

[338] Niboyet, Manuel S. 639 (Nr. 511).

[339] Niboyet, Traité Bd.4, S. 373 (Nr. 1193); Desbois, Clunet 1931, S. 309. Siehe auch Schultsz S. 63 f.

[339a] Ebenso Privat S. 46.

[340] S. 175.

[340a] So auch Privat S. 48.

aa) „Abgeschlossener Tatbestand" vor Grenzüberschreitung

Werden vor Grenzüberschreitung einer Sache alle Tatsachen verwirklicht, die nach der alten lex rei sitae für den Eigentumsübergang erforderlich sind, so geht das Eigentum bereits vor Grenzüberschreitung nach altem Statut über. Die neue lex rei sitae wird vor ein „fait accompli[341]" gestellt. Auch wenn nach der neuen lex rei sitae die gleichen Tatsachen für den Eigentumswechsel nicht ausgereicht hätten, bleibt die nach der alten lex rei sitae erfolgte Eigentumsübertragung bei Bestand. Dies entspricht der h. M.

In Deutschland bejahte vor dem Jahre 1900 z. B. das OLG Darmstadt[342] bei einem Versendungskauf eines Pferdes aus Mainz, wo damals französisches Recht galt, in gemeinrechtliches Gebiet Eigentumsübertragung im französischrechtlichen Gebiet mit Wirkung auch für das neue Gebiet, obwohl nach gemeinem Recht Eigentum zu diesem Zeitpunkt nicht übergegangen wäre. Entsprechend entschied in einer neueren Entscheidung das LG Frankfurt[343] bei einem Versendungskauf aus Italien nach Deutschland. In der englischen Entscheidung Cammell v. Sewell[344] wurde ein in Norwegen nach norwegischem Recht erfolgter Eigentumserwerb für wirksam erachtet, obwohl nach englischem Recht, der neuen lex rei sitae, unter gleichen Voraussetzungen Eigentum nicht übergegangen wäre[345]. Ebenso anerkennt die französische[346] und schweizerische[347] Rechtsprechung das bereits im Ausland erworbene Eigentum an den nach Frankreich bzw. nach der Schweiz verbrachten Sachen.

Auch im Schrifttum[348] wird fast einmütig vertreten, daß ein bereits nach der alten lex rei sitae erworbenes Eigentumsrecht als „wohlerworbenes Recht[349]", „droit acquis[350]" bzw. „vested right[351]" von

---

[341] Kegel, IPR S. 251.

[342] PucheltsZ 29 (1898), 688.

[343] AWD 1958, 190.

[344] (1860), 5 H. & N. 728 = 157 E. R. 1371.

[345] Im Ergebnis ebenso Todd. v. Armour (1892), 9 Rettie 901 (Scot); anders dagegen Edgerly v. Bush (1880), 81 N. Y. 199 für die Begründung eines Pfandrechts, offenbar ausgehend von der oben S. 63 abgelehnten Theorie der „voluntary submission".

[346] Cour de Cassation, 19. 12. 1933, Rev. crit. dr. int. pr. 1935, 140.

[347] BGE 74 II 224 (28. 10. 1948).

[348] Lewald S. 184ff.; Wolff, IPR S. 176; Kegel, IPR S. 251 f.; Raape, IPR S. 612f.; Rabel, Conflict of Laws Bd. 4, S. 70ff.; Restatement § 260; Lalive S. 146f.; Zaphiriou S. 162ff.; Batiffol, Traité S. 553 (Nr. 505); Niboyet, Traité Bd. 4, S. 378ff. (Nr. 1194); Schultsz S. 35f.; Schnitzer Bd. 2 S. 572.

[349] Nussbaum, Deutsches IPR, S. 307; Raape, IPR S. 587.

[350] Niboyet, Manuel S. 638 (Nr. 511).

[351] Zaphiriou S. 159.

der neuen lex rei sitae anzuerkennen ist. Wie das nach der alten lex rei sitae erworbene Eigentum auszufüllen ist, d. h. welche Rechte es verleiht und welche Möglichkeiten der Weiterveräußerung und Belastung im neuen Statut bestehen, bestimmt dagegen ausschließlich die neue lex rei sitae[352].

Eine Ausnahme von dem Grundsatz, daß die nach der alten lex rei sitae erworbenen Sachenrechte auch nach der neuen lex rei sitae weiterbestehen, wird allgemein dann gemacht, wenn der neuen lex rei sitae die unter dem alten Statut erworbenen Rechte unbekannt sind[353]. Dies folgt daraus, daß die neue lex rei sitae nicht über ein Sachenrecht herrschen kann, das sie nicht kennt. Die Duldung eines solchen Rechts würde im neuen Statut den „numerus clausus" der Sachenrechte sprengen. Für die Eigentumsübertragung ergeben sich aus dieser Ausnahme keine Bedenken, da Eigentum als Sachenrecht jeder Rechtsordnung bekannt ist[354]. Die Ausnahme soll sich nach der h. M.[355] jedoch auswirken, wenn nach der alten lex rei sitae ein Eigentumsvorbehalt wirksam vereinbart worden ist, der der neuen lex rei sitae unbekannt ist[356].

bb) „Nichtabgeschlossener Tatbestand" bei Grenzüberschreitung

Weit weniger einheitlich äußern sich internationale Rechtsprechung und Lehre im umgekehrten Fall, wenn aus einem Land mit Traditionsprinzip (z. B. Deutschland) in ein Land mit Konsensprinzip (z. B. Frankreich) verkauft wird. Im alten Statut kann Eigentum nicht übergehen, da dort keine Übergabe erfolgt.

In einer vielzitierten Entscheidung des OLG Zweibrücken[357] wurde bei einem Versendungskauf von Filzen zur Fertigung von Holzschuhen aus Sachsen, wo zum Eigentumsübergang Übergabe verlangt wurde, nach der Pfalz, wo gemäß französischem Recht der bloße Kaufabschluß ausreichte, Eigentumsübergang bei Grenzüberschreitung angenommen. Nach Ansicht des Gerichts „mußte es zur Bewirkung des Eigentums-

---

352 Siehe die oben in Fußnote 348 genannte Literatur.

353 Siehe die oben in Fußnote 348 genannte Literatur. Bereits Niboyet, Thèse (1912), S. 370, unterteilt insoweit schon in „conflit portant sur l'existence des droits" und „conflit portant sur l'acquisition des droits".

354 Im Gegensatz zu der krassen Formel des französischen Sozialphilosophen Proudhon „La propriété c'est le vol" und der Modifizierung des Eigentumsbegriffs in den kommunistischen Ländern genießt das Eigentum in anderen Ländern vielfach Verfassungsschutz (vgl. Art. 14 GG). Vgl. in diesem Zusammenhang Kaden, Der Eigentumsbegriff in rechtsvergleichender Betrachtung, Zeitschrift für Rechtsvergleichung (öst.) Bd. 2, S. 193—208.

355 Vgl. unten S. 106.

356 Darüber, ob es sich hier nicht eher um einen Fall des nicht abgeschlossenen Tatbestandes handelt, siehe unten Kapitel 3.

357 ZIR 10 (1900), 220.

übergangs genügen, wenn diejenigen Rechtsthatsachen vorlagen und fortdauerten, an die das pfälzische Recht die Wirkung des Eigentumsübergangs knüpft. Diese würden aber nur dann fehlen, wenn der Wille des Verkäufers, Eigentum zu übertragen, oder der des Käufers, Eigentum zu erwerben, schon vor jenem Zeitpunkt in Wegfall gekommen und zufolgedessen in keinem Augenblick seit dem Übertritt der Ware in das Gebiet des pfälzischen Rechts der nach diesem Rechte zur Bewirkung des Eigentumsübergangs an der ausgesonderten Ware hinreichende Konsens über Ware und Preis vorhanden gewesen wäre". Ein Wegfall des Übertragungswillens des Verkäufers oder des Erwerbswillens des Käufers vor Grenzübertritt der Waren wurde in concreto verneint.

Eigentumsübergang bei Statutenwechsel wurde auch bereits in einer alten Entscheidung des Reichsgerichts[358] — wenn auch wegen des damals noch benutzten französischen Urteilsstils kaum erkennbar — bejaht. Zwei Kölner Kaufleute hatten von einem Handelshaus in Smyrna je 200 Kisten Rosinen gekauft, als in Köln noch französisches Recht galt. Der mit der Aushändigung der Waren beauftragte Kommissionär verwechselte die Kisten, nachdem diese bereits Gebiet des französischen Rechts erreicht hatten. Der durch die Verwechslung benachteiligte Kaufmann verlangte auf Grund Eigentums Herausgabe der Kisten, die der andere erhalten hatte. Der Klage wurde stattgegeben, obwohl der Kläger keinen Besitz an den eingeklagten Kisten erlangt hatte; denn er war nach der incidenter zum Ausdruck gebrachten Ansicht des Gerichts mit Grenzüberschreitung nach französischem Recht infolge bloßen Kaufabschlusses Eigentümer der ihm vom Verkäufer zugedachten Kisten geworden.

Im Gegensatz zu diesen beiden Entscheidungen stehen zwei nach dem ersten Weltkrieg ergangene Entscheidungen des deutsch-englischen Gemischten Schiedsgerichtshofs[359], in denen bei Versendungskäufen aus Deutschland nach England Eigentumswechsel bei Grenzüberschreitung der Waren verneint wurde. In der zweiten Entscheidung hatten Warensendungen den englischen Käufer nicht mehr nachweislich erreicht und waren voraussichtlich in den Kriegswirren des ersten Weltkriegs untergegangen. Zweifelhaft war, ob die Waren noch englisches Gebiet erreicht hatten. Die Beweiserheblichkeit dieser Frage wurde verneint, da nach Ansicht des Gerichts selbst bei Grenzüberschreitung der Waren Eigentum vor Kriegsausbruch nicht übergegangen wäre und daher der Anspruch des auf den Kaufpreis klagenden Verkäufers

---

[358] RG 1, 415.

[359] Luttger and Co. v. Orminston and Glass Ltd., Rec. T. A. M. Bd. 6, S. 564; Büsse v. British Manufacturing Stationery Co., Rec. T. A. M. Bd. 7, S. 345; ausführlich zu der letztgenannten Entscheidung Rabel-Raiser in RabelsZ 3 (1929), 62—81.

nach Art. 251 des Versailler Vertrages weggefallen war. Der Anspruch hätte nach § 2a der Anlage zu Art. 254 des Versailler Vertrags nur bestanden, wenn Eigentum vor Kriegsausbruch auf den Käufer übergegangen wäre. Da in England das Konsensprinzip gilt, erwog das Gericht zunächst, ob „a definite and general intention to pass the property that the parties had manifested when the goods were in Germany, could survive the obstacle that the German law would constitute to its immediate realisation and still be existent when the goods arrived in England[360]". Das Gericht brach diese Untersuchung ohne weitere Begründung ab und verneinte in concreto mit einem Hinweis[361] auf die englische Entscheidung The Parchim[362] das Bestehen eines beiderseitigen Übereignungswillens der Parteien. Die Entscheidung führte aus: „No doubt the municipal law with reference to which the parties enter into the particular transaction is material in considering their intention as to the passing of the property; and if it appears that they contracted with reference to a municipal law other than English, and it be further proved that that municipal law is different in any material respect from the English law, this will of course be taken into account in determining their intention." Da das deutsche Recht Übergabe verlange, sei demgemäß unwahrscheinlich, daß der deutsche Käufer zu einem früheren Zeitpunkt habe übereignen wollen. Eigentumsübertragung bei Grenzüberschreitung wurde deshalb verneint.

Ebenso voneinander abweichend wie die Entscheidungen des Oberlandesgerichts Zweibrücken und des Reichsgerichts einerseits und die des deutsch-englischen Gemischten Schiedsgerichtshofs andererseits sind auch die Stimmen im Schrifttum. In der deutschen Lehre wird meist ohne weitere Begründung der in der Entscheidung des Oberlandesgerichts Zweibrücken entwickelte Grundsatz gebilligt[363].

Rabel und Raiser[364] stimmen dagegen im Ergebnis der Entscheidung Büsse v. British Manufactoring Stationery zu. Sie meinen zwar, daß auch nach Absendung der Ware in Richtung England an einem Veräußerungswillen des deutschen Verkäufers nicht gezweifelt werden könne, denn der „juristisch gebildete und reflektierende Kaufmann" sei „eine rein theoretische Vorstellung". Gerade beim Versendungskauf würden sich die Parteien „keine allzu klaren Vorstellungen vom Zeitpunkt der Übereignung machen[365]". Sie verneinen demgegenüber

---

360 A. a. O., S. 350.

361 A. a. O., S. 352.

362 (1918) A. C. 157.

363 ZITELMANN, Bd. 2, S. 179; FRANKENSTEIN, Bd. 2, S. 45 f.; LEWALD S. 187 f.; KEGEL, IPR S. 252; WOLFF, IPR S. 178 f.; RAAPE, IPR S. 612 ff.; siehe auch RABEL, Conflict of Laws Bd. 4, S. 79 f.

364 RabelsZ 3 (1929), 66—70.

365 A. a. O., S. 68.

jedoch den Erwerbswillen des englischen Käufers. Auch könne die Aussonderung, an die nach englischem Recht die Vermutung des beiderseitigen Übereignungswillens bei Verkauf von Genussachen geknüpft wird, „schwerlich mit dem Übertritt der Waren auf englisches Gebiet Wirkungen erzeugen, die ihr nach deutschem Recht versagt waren. Aus demselben Grund, aus dem ein solcher Statutenwechsel die im bisherigen Rechtsgebiet gültig erworbenen Rechte unberührt läßt, kann er bisher bedeutungslosen Rechtshandlungen — soweit es sich nicht um Dauertatbestände handelt — nicht zu nachträglicher Wirksamkeit verhelfen". Damit knüpfen Rabel und Raiser wieder an den in Büsse v. British Manufacturing Stationary Co. abgebrochenen Gedanken[366] an, daß bei Grenzüberschreitung bereits verwirklichte Tatbestände für die neue lex rei sitae unbeachtlich sind, wenn sie nicht schon nach dem alten Statut eine sachenrechtliche Änderung bewirkt hatten. Für den Eigentumsübergang lassen Rabel und Raiser allenfalls eine neue Rechtshandlung im Geltungsbereich des englischen Rechts genügen, „hinter der die Erklärung des Käufers, das Eigentum zu erwerben, vermutet werden kann", wie z. B. die Empfangnahme durch den Käufer oder durch die englische Post[367].

Auch Lalive[368] verlangt für den Eigentumsübergang bei Statutenwechsel „a new manifestation of consent", nachdem die Ware englisches Gebiet erreicht hat. Ebenso meint Zaphiriou[369], „the majority of authors hold the view that a new act of acquisition is required". Für das französische Recht fordert Batiffol[370] „un nouvel échange des consentements[371]". Auch Bartin[372] will Eigentum nicht mit Grenzüberschreitung übergehen lassen, sondern im Hinblick auf Art. 576 Abs. 1 code de commerce erst mit der Übergabe in Frankreich. Diesen Stimmen im Schrifttum, die Eigentum im vorliegenden Fall nicht bei Statutenwechsel übergehen lassen wollen, liegt die Erwägung zugrunde, daß die verkauften Waren sich im entscheidenden Zeitpunkt nicht im Herrschaftsbereich des französischen bzw. englischen Rechtsbereich befinden. „Ein unter dem einen Statut abgeschlossener Tatbestand (sc. Kaufabschluß) kann nicht unter einem anderen Statut Rechtsfolgen hervorbringen[373]." Lediglich Schnitzer[374] gibt eine abweichende Be-

---

366 Siehe oben S. 67 f.

367 Ähnlich Schultsz S. 79.

368 S. 150.

369 S. 173 (Ziff. 2).

370 Traité S. 554 Fußnote 12.

371 Ebenso Niboyet, Traité Bd. 4, S. 347 (Nr. 1187) und S. 373 ff. (Nr. 1193 I); im Ergebnis auch Schnitzer, IPR Bd. 2 S. 573 und Raupach S. 71.

372 Principes Bd. 3, S. 233 (§ 422).

373 So Raupach S. 71.

374 IPR Bd. 2, S. 573.

gründung. Er meint, der Eigentumsübergang durch bloßen Kaufabschluß ohne Übergabe knüpfe sich im französischen Recht nur an einen dem französischen Recht unterstehenden Kaufvertrag. Er übersieht dabei, daß es bei Anwendung der lex rei sitae auf den Eigentumsübergang, die auch Schnitzer befürwortet, nicht darauf ankommt, welchem Recht der zugrunde liegende Kaufvertrag untersteht. Ob und wann ein Kaufvertrag zustande kommt, ist im Rahmen der Eigentumsübertragung eine selbständig anzuknüpfende Vorfrage[375].

Die Lösung des Problems ist nicht im internationalprivatrechtlichen Bereich zu suchen. Entscheidend ist vielmehr die Auslegung der materiellen Regeln des neuen Statuts. Es kommt darauf an, ob das englische bzw. das französische Recht den Eigentumsübergang an die einmalige Einigung bei Kaufabschluß knüpfen oder ob bloßes Einigsein auf Grund einer im Ausland erfolgten Einigung ausreicht.

Im englischen Recht knüpft sect. 17 Sale of Goods Act den Eigentumsübergang an die „intention to transfer" der Parteien. Nach sect. 18 rule 1 Sale of Goods Act wird diese „intention" im Regelfall für den Zeitpunkt des Kaufabschlusses vermutet. Beim Versendungskauf nach England sind jedoch sect. 17 und 18 a. a. O. zu diesem Zeitpunkt noch nicht anwendbar, da sich die verkaufte Sache noch nicht in England befindet. Sect. 18 rule 1 a. a. O. sagt jedoch nicht, daß die Parteien nur bei Vertragsabschluß die „intention to transfer" haben. Beim Versendungskauf ist davon auszugehen, daß in der Regel diese „intention" vom Kaufabschluß bis zum völligen Abschluß der Transaktion, d. h. bis zur Übergabe an den Käufer andauert. Der deutsche Verkäufer will veräußern und der englische Käufer will erwerben, ohne daß beide sich einen genauen Zeitpunkt vorstellen, in dem Eigentum übergehen soll. Die „intention to transfer" besteht demnach auch noch bei Statutenwechsel. Mit Statutenwechsel gelangt sect. 17 a. a. O. zur Anwendung, der auf Grund der noch bestehenden „intention to transfer" Eigentum übergehen läßt. Auch wenn die Parteien deutsches Recht als Schuldstatut gewählt haben, kann daraus entgegen Privat[375a] nicht hergeleitet werden, daß die Parteien erst mit Übergabe übereignen wollen. Auch beim innerdeutschen Kauf will der Verkäufer übereignen, wenn er die Versendung einleitet. Man kann ihm nicht unterstellen, daß er erst mit Übergabe übereignen wolle, es sei denn er hätte dies ausdrücklich kundgetan.

Ähnliches gilt beim Versendungskauf von Deutschland nach Frankreich. Nach Art. 1138 code civil geht Eigentum über „dès l'instant ou elle (sc. la chose) a dû être livrée". Der Augenblick, in dem die Sache zu liefern war und in dem Eigentum übergeht, ist nach französischem

---

[375] Hierzu ausführlicher unten S. 80.

[375a] S. 114 und 136f.

Recht der Kaufabschluß[376]. Dieser erfolgt auch beim Versendungsverkauf nach Frankreich schon, während sich die Sache noch in Deutschland befindet, und ist deshalb für die neue lex rei sitae unbeachtlich. Die mit Kaufabschluß entstehende Lieferverpflichtung dauert jedoch bis zur Übergabe an den Käufer an. Sie besteht also auch noch bei Grenzübertritt. An sie knüpft Art. 1138 code civil, der mit Statutenwechsel anwendbar wird, den Eigentumsübergang. Entsprechendes gilt für die übrigen Rechtsordnungen des romanischen Rechtskreises, soweit sie dem Konsensprinzip folgen.

Die hier vorgeschlagenen Lösungen entsprechen den praktischen Bedürfnissen des Rechtsverkehrs. Es wäre lebensfremd, wenn man bei jedem Versendungskauf aus einem Land mit Traditionsprinzip in ein Land mit Konsensprinzip für den Eigentumsübergang eine neue Einigungserklärung der Parteien verlangen würde. Eigentum würde dann in diesen Fällen selten übergehen, da in der Praxis niemand nach Statutenwechsel nochmals eine Einigungserklärung abgibt. Besonders lebensfremd erscheinen die Ausführungen Niboyets. Er meint[377], die Parteien hätten es sich selbst zuzuschreiben, wenn sie Kosten und Steuern für einen neuen Kaufabschluß im neuen Statut nochmals tragen müßten, da sie das zum Eigentumsübergang auf dem alten Gebiet Erforderliche nicht vorgenommen hätten. Der dafür verantwortliche Verkäufer, der nicht für rechtzeitige Übergabe gesorgt habe, könne sicher vom Käufer auf Schadensersatz in Anspruch genommen werden.

Aber auch wenn man die bloße fortdauernde Willensübereinstimmung bzw. Lieferverpflichtung für den Eigentumsübergang in England und Frankreich entgegen der hier vertretenen Auffassung nicht ausreichen läßt, geht bei Versendungskäufen aus Deutschland nach diesen Ländern Eigentum spätestens mit Übergabe auf den Käufer über, auch wenn keine neue Einigung erfolgt. Dies ergibt sich aus einer Angleichung, die im Interesse des Rechtsverkehrs vorzunehmen ist. Hätte allein deutsches Recht den ganzen Vorgang beherrscht, dann wäre Eigentum bei Übergabe auf den Käufer übergegangen. Hätte französisches Recht den ganzen Vorgang beherrscht, dann wäre Eigentum bereits mit Kaufabschluß übergegangen. Nur wegen der konsequenten Anwendung der lex rei sitae geht Eigentum überhaupt nicht über, sofern man die bloße Willensübereinstimmung in England und Frankreich für die Eigentumsübertragung nicht ausreichen läßt. Im Wege der Angleichung ist auf den ganzen Vorgang ausschließlich deutsches Recht anzuwenden, so daß Eigentum bei Übergabe übergeht. Der französischen lex rei sitae wird hierdurch keine Gewalt angetan, denn nach

---

[376] Siehe Art. 1583 code civil.

[377] Traité Bd. 4, S. 347.

ihr wäre Eigentum schon bei Kaufabschluß übergegangen, wenn man nach ihr die ganze Transaktion beurteilt hätte.

cc) Res in transitu

Der Begriff

Die Problematik der res in transitu zählt zum „scheinbar unvertilgbaren Vorrat verwickelter grenzrechts-wissenschaftlicher Streitfragen[378]". Bereits Savigny hat erkannt, daß die Anwendung der lex rei sitae auf den Eigentumserwerb bei bestimmten Sachen zu wenig sachdienlichen Ergebnissen führt[379]. Es handelt sich dabei um Sachen, die zum Zwecke der Erfüllung eines Vertrages durch ein oder mehrere Hoheitsgebiete gesandt werden und hierbei nur eine flüchtige und vorübergehende Beziehung zu einem oder mehreren Transitländern gewinnen. Die spärliche Rechtsprechung und die um so umfangreichere internationale Lehre über die „res in transitu" sind sich einig, daß in diesen Fällen nicht immer streng an die lex rei sitae angeknüpft werden kann. Es geht hier also darum, ob und wann solche Sachen nicht der lex rei sitae unterstellt werden sollen. Rettungslos umstritten ist, was einerseits zu den res in transitu gehört und welchem Statut andererseits diese Sachen zu unterwerfen sind.

Der Begriff der res in transitu ist vom angestrebten Ergebnis her zu bestimmen. Ziel der Begriffsbestimmung ist, unterwegs befindliche Sachen, die nur eine zufällige und vorübergehende Berührung mit ihrem momentanen Lageort haben und deshalb nicht der lex rei sitae unterworfen werden sollen, von anderen Sachen mit fester Beziehung zu ihrem Lageort, die die Anwendung der lex rei sitae rechtfertigt, zu unterscheiden. Res in transitu sind deshalb die Sachen, auf die wegen ihres Transitcharakters die Anwendung der lex rei sitae nicht paßt. Die lex rei sitae paßt dann nicht, wenn die für die Anwendung der lex rei sitae sprechenden Interessen[380] wegen der flüchtigen Berührung der Sache mit einem Hoheitsgebiet nicht im Spiele sind. Jede andere Umschreibung der res in transitu schließt einerseits Fälle von den res in transitu aus, die nach dem Sinn und Zweck dieser Begriffsbildung unter diesen Begriff gebracht werden sollten, oder zieht Sachen unter die res in transitu, die nicht dahin gehören. Im Interesse der Rechtssicherheit ist allerdings eine genaue Abgrenzung der Fälle erforderlich, wann die lex rei sitae wegen des Transitcharakters der verkauften Sache nicht paßt.

---

[378] Denninger S. 5.

[379] System Bd. 8 § 366, S. 178; ähnlich auch Regelsberger, Pandekten S. 172.

[380] Siehe oben S. 58—62.

Die Definition der res in transitu als „chattels in transportation[381]" oder „chattels without a fixed resting place[382]" ist zu weit gefaßt. Auch die Formel von Markianos[383] geht zu weit, der den echten Fall der res in transitu annimmt, wenn eine Sache zur Beförderung auf einer internationalen Strecke in der Art aufgegeben wird, daß nur die am Transport beteiligten Personen unmittelbare Besitzer werden, während der Aufgebende oder der zum Empfang Berechtigte wohl den Bestimmungsort kennt, aber den Weg der Sache oder das konkrete Transportmittel nicht zu kennen braucht. Auch Art. 16 Abs. 2 der Benelux-Konvention von 1951 zur Vereinheitlichung des IPR (Eenvormige Wet) begnügt sich damit, die res in transitu als „goederen, die van het ene land naar het andere vervoerd worden", zu umschreiben. Nach diesen Definitionen wäre eine res in transitu auch anzunehmen, wenn lediglich ein Fall des Statutenwechsels ohne Berührung eines Durchgangslandes oder der hohen See vorläge. Beim Statutenwechsel, auch wenn der Verkauf ausnahmsweise erst nach Einleitung der Versendung erfolgt, ist jedoch vor Grenzüberschreitung die Verbindung der Sache mit dem Ausgangsland nicht nur flüchtig. Die Gläubiger des Verkäufers, die der Sache nacheilen und sie vor Grenzübergang anhalten, sind in ihrem Interesse an der Anwendung der Rechtsordnung des Verkäuferlandes zu schützen. Wenn die Sache das Bestimmungsland erreicht, ist die Beziehung zu diesem Land, wo sie bestimmungsgemäß verbleiben soll, intensiv genug, um eine Anknüpfung an die lex rei sitae zu rechtfertigen. Im Fall des Statutenwechsels fügen sich also, wie Denninger[384] richtig bemerkt, „die Geltung der Ausgangs-Rechtsordnung und die des locus destinationis lückenlos aneinander. Es fehlt am Durchgang". Der bloße Statutenwechsel ohne Berührung eines Durchgangslandes oder der hohen See ist daher aus den Fällen der res in transitu auszuscheiden. Begrifflich ist demnach für die res in transitu immer eine Versendung durch ein Durchgangsland oder über die hohe See erforderlich.

Raape[385] will die res in transitu auf die Sachen beschränken, deren Versand bereits vor Verkauf eingeleitet worden ist[386]. Diese Eingrenzung des „res in transitu"-Begriffs ist zu eng. Denn die Sachen, die vor Versand verkauft werden — und das ist der Regelfall — können bei der späteren Versendung genauso wie die erst nach Ein-

---

[381] Rabel, Conflict of Laws Bd. 4, S. 100.

[382] Zaphiriou S. 192; ähnlich Niboyet, Répertoire de droit international Bd. 9, S. 235 (Nr. 100): „Les choses in transitu sont les biens dont la situation est instable, soit momentanément, soit en general."

[383] RabelsZ 23 (1958), 25.

[384] S. 27.

[385] IPR S. 615.

[386] Im Anschluß an Raape ebenso Privat S. 72 und wohl auch Lewald, IPR S. 190 f.

leitung der Versendung verkauften Sachen zum Durchgangsland in eine nur flüchtige Beziehung treten, die ein Abgehen von der „lex rei sitae"-Regel fordert.

Ein sachgerechtes Kriterium für den Begriff der res in transitu wird auch nicht geschaffen, wenn man mit Frankenstein[387], Niboyet[388], Batiffol[389] und Dicey[390] darauf abstellt, ob die Parteien den momentanen Aufenthalt der verkauften Waren während des Transports kennen oder feststellen können. Auch bei dieser Einschränkung würden die Fälle des Statutenwechsels noch nach den Grundsätzen der res in transitu zu beurteilen sein, da auch bei Versendung über nur eine Grenze hinweg der augenblickliche Aufenthalt der Waren von den Parteien oft nicht feststellbar sein wird. Durch die mangelnde Feststellbarkeit der momentanen Lage der Sachen beim Statutenwechsel wird die Beziehung zum Ausgangsland, bzw. zum Bestimmungsland nach Grenzüberschreitung, nicht so stark gelockert, daß ein Abgehen von der „lex rei sitae"-Regel erforderlich wird. Umgekehrt wird die Flüchtigkeit der Berührung zwischen einem Durchgangsland und den Waren nicht dadurch beseitigt, daß die Parteien ausnahmsweise feststellen können, wo sich die Waren im Transitland gerade befinden. Feststellbarkeit und Kenntnis der jeweiligen Lage der transportierten Waren sind daher keine Kriterien für die res in transitu[391]. Die Feststellbarkeit spielt allenfalls bei Beweisfragen eine Rolle, wenn es z. B. darum geht, ob die Waren nach Verkauf das Ausgangsland schon verlassen und das Bestimmungsland bereits erreicht hatten.

Ausschlaggebend für die res in transitu ist allein die Flüchtigkeit der Beziehung oder mit anderen Worten das Fehlen einer *„legal connection*[392]*"* zwischen Transitland und Waren, die eine von der „lex rei sitae"-Regel abweichende Anknüpfung rechtfertigen. „Legal connection" ist nach dem bisher Ausgeführten anzunehmen und eine res in transitu zu verneinen, wenn es sich um bloßen Statutenwechsel ohne Berührung eines Transitlandes oder der hohen See handelt. Auch eine durch mehrere Länder versandte Sache ist solange nicht in transitu,

---

[387] Bd. 2, S. 50; vgl. auch RAAPE, IPR S. 615.

[388] Traité S. 620 f.

[389] Traité S. 551.

[390] Conflict of Laws, S. 543 f.

[391] Vgl. auch WOLFF, IPR S. 173 f.

[392] DENNINGER S. 26; HELLENDALL, Can. Bar Rev. 17 (1939), S. 31; LALIVE S. 188. NIBOYET, Thèse S. 69, will eine Sache bei nur vorübergehender räumlicher Beziehung zu einem Land nicht als „physico-juridique" in diesem Land belegen betrachten. Mit dieser Begründung erklärt er unter Festhalten an der „lex rei sitae"-Regel im Falle der res in transitu das Recht des Transitlandes für unanwendbar. Zustimmend MARKIANOS RabelsZ 23 (1958), 36; gegen diese Juridifizierung des Belegenheitsbegriffs DENNINGER S. 26 f. und oben S. 62 f.

als sie sich noch im Ausgangsland befindet[393], und hört auf in transitu zu sein, wenn sie das Bestimmungsland erreicht. Ist Eigentum nach dem Recht des Ausgangslandes übergegangen, solange sich die Sache im Herrschaftsbereich dieses Rechtes befand, so bleibt dieser Erfolg als „fait accompli" während des Transports durch die Transitländer und auch nach Erreichen des Bestimmungslandes bestehen[394].

Eine res in transitu mangels „legal connection" mit der lex rei sitae ist dagegen in der Regel anzunehmen, wenn sich die versandte Ware im Durchgangsland befindet. Allerdings gilt auch in diesem Fall das „res in transitu"-Statut nur hinsichtlich der Übereignung zwischen Verkäufer und Käufer. Geht es z. B. um die Frage, ob die Eisenbahn des Transitlandes ein gesetzliches Pfandrecht an den beförderten Waren erlangt, dann gilt insoweit die lex rei sitae des Transitlandes[395]. Die h. M. will auch auf das Frachtführerpfandrecht die lex rei sitae und nicht das „res in transitu"-Statut anwenden[396]. Dies führt allerdings zu dem Ergebnis, daß bei Verfrachtung der Waren durch mehrere Transitländer der Frachtführer, der den ganzen Transport bis zum Käufer übernommen hat, ein Frachtführerpfandrecht nur für die entsprechende Kilometerstrecke erhält, die er in Ländern, die ein Frachtführerpfandrecht kennen, zurückgelegt hat. In diesem Fall empfiehlt sich, das „res in transitu"-Statut auch auf das Frachtführerpfandrecht anzuwenden.

Soweit im Transitland eine weitere Verfügung über die Sache getroffen wird, ist ebenfalls die lex rei sitae des Transitlandes und nicht das „res in transitu"-Statut anzuwenden. Dies gilt z. B. für die Veräußerung der reisenden Sache durch den unterschlagenden Transporteur oder durch einen Dieb. Ebenso gilt die lex rei sitae des Transitlandes auch für Vollstreckungsakte im Transitland[397]. Das res in transitu-Statut kommt daher immer nur *relativ* zur Anwendung[398]. Diese Relativität ist zu beachten, wenn ein Verkäufer- oder Käufer-

---

[393] DENNINGER S. 27 nimmt demgegenüber Transitcharakter bereits bei „ausfuhrverzollten, abgeladenen Waren im Rumpfe des segelfertig vor Anker liegenden, auf Flut wartenden Dampfers" an; ähnlich auch NIBOYET, Traité Bd. 4, S. 622: „Bien que la cargaison ne soit pas encore partie et se trouve sur les quais du port, elle obéit déjà à la loi du pays de destination et non plus à la lex sitae effective."

[394] Ebenso Markianos, RabelsZ 23 (1958), 23, für den Fall, daß vor Transporteinleitung „die sachenrechtlich bedeutsame Tatsache" stattgefunden hat.

[395] KEGEL, IPR S. 252. Auch wenn das Bestimmungsland ein gesetzliches Pfandrecht des Frachtführers bzw. der Eisenbahn nicht kennt, bleibt das im Transitland erworbene Pfandrecht erhalten, sofern das Bestimmungsland ein Pfandrecht an Sachen überhaupt kennt.

[396] RABEL, Conflict of Laws Bd. 4, S. 100 f.; KEGEL in SOERGEL-SIEBERT, Bem. 282 vor Art. 7 EGBGB.

[397] Siehe KEGEL, IPR S. 252.

[398] Ebenso RAAPE, IPR S. 618; WEIL S. 10; a. A. DENNINGER S. 28.

gläubiger die reisende Sache im Durchgangsland pfänden lassen will. Die Zulässigkeit der Pfändung und das Recht, die Sache im Durchgangsland anzuhalten, richtet sich nach der lex rei sitae des Durchgangslandes. Diese Rechtsordnung entscheidet auch darüber, ob die Pfändung nur zulässig ist, wenn der Schuldner Eigentümer der reisenden Sache ist. Ob aber der Verkäufer noch Eigentümer ist oder ob Eigentum auf den Käufer übergegangen ist, entscheidet das „res in transitu"-Statut. Die reisende Ware verliert ihren Transitcharakter nicht dadurch, daß im Transitland jemand in sie zu vollstrecken beabsichtigt. Das Interesse des Verkehrs an der Anwendung des „res in transitu"-Statuts würde mißachtet, wenn durch die Pfändung eines einzigen Gläubigers im Transitland die Geltung des „res in transitu"-Statuts beseitigt würde, auf dessen Geltung die Parteien und andere Dritte vertrauen. Nur wenn die Sache tatsächlich im Transitland für längere Zeit angehalten worden ist und ausnahmsweise jetzt erst die sachenrechtliche Verfügung des Verkäufers erfolgt, gilt die lex rei sitae des „Transitlandes", das in diesem Fall kein Transitland mehr ist.

Bestimmung des „res in transitu"-Statuts

Zaphiriou[399] unterscheidet vier, Markianos[400] etwa acht Lösungsvorschläge. Durch kumulative oder kasuistisch differenzierende Kombinationen der für die Anknüpfung in Frage kommenden Rechtsordnungen wird die Zahl der Lösungsvorschläge noch erhöht. Eine brauchbare Lösung läßt sich — wie so oft im internationalen Privatrecht — nur durch einen Kompromiß zwischen Rechtssicherheit und internationalprivatrechtlicher Gerechtigkeit erzielen.

Die räumlich beste und daher internationalprivatrechtlich gerechteste Rechtsordnung wäre die, die „nach den Umständen des konkreten Falles" den „Schwerpunkt des Rechtsverhältnisses[401]" bildet. Im Schrifttum[402] wird daher zum Teil empfohlen, die res in transitu nach der in jedem Einzelfall besonders zu ermittelnden Rechtsordnung „with which the transfer is most closely connected[403]" zu beurteilen. Diese Lösung ist jedoch mit den Grundsätzen der Rechtssicherheit kaum zu vereinbaren[404] und wäre „a form of legal escapism[405]". Darüber, zu welcher Rechtsordnung im Einzelfall die res in transitu die engste Beziehung hat, läßt sich trefflich streiten. Den Parteien, deren Gläu-

---

399 S. 195.

400 RabelsZ 23 (1958), 26f.

401 Wolff, IPR S. 174.

402 Dicey, Conflict of Laws, S. 543f. („proper law of transfer"); Habicht, Festschrift für Heinitz, S. 477.

403 Zaphiriou S. 195.

404 So auch Markianos RabelsZ 23 (1958), 32.

405 Zaphiriou S. 198 Fußnote 3.

biger und Dritterwerbern kann aber nicht zugemutet werden, über das anwendbare Recht zu rätseln.

Der Rechtssicherheit wird auch nicht dadurch genügt, daß man, wie z. B. Wolff[406], Schmitthoff[407] und Privat[407a] bei der Ermittlung des „res in transitu"-Statuts dem wirklichen oder hypothetischen Parteiwillen eine ähnliche Rolle zuspricht, wie im Recht der obligatorischen Verträge. Das Zurückgreifen auf den Parteiwillen für die Bestimmung des „res in transitu"-Statuts wäre nur gerechtfertigt, wenn bei der sachenrechtlichen Anknüpfung der res in transitu lediglich Parteiinteressen im Spiele wären. Kegel[408] führt aus, daß auch bei den res in transitu Verkehrsinteressen nicht ganz fehlen. Sie reichten jedoch nur dafür aus, die Geltung des Rechts eines Durchgangslandes oder des Rechts eines Staats, in dem sich die Sache nie befunden hat, auszuschließen. Im übrigen würden die Interessen der Parteien des Verfügungsgeschäfts entscheiden, ob die alte oder die neue lex rei sitae herrschen solle. Die Drittinteressen werden jedoch nach dieser Ansicht nicht genügend berücksichtigt. Gläubiger der Parteien und Drittbewerber haben immer, auch wenn die Sache reist, ein Interesse daran zu wissen, welchem Recht die Veräußerung zwischen Verkäufer und Käufer untersteht und wer demnach Eigentümer der reisenden Sache ist[409]. Auch die Gläubiger des Verkäufers reisender Ware sollen prüfen können, ob die Ware noch ihrem Schuldner gehört und ob ein Zugriff durch Anhalten der Ware im Wege der Pfändung noch Zweck hat. Die Dritterwerber sollen prüfen können, ob der Käufer an sie als Berechtigter oder als Nichtberechtigter veräußert hat. Zwar wird die Herrschaftsmöglichkeit über eine Sache, die reist, und damit auch das Interesse, wer gerade Eigentümer ist, meist geringer sein als bei ruhenden Sachen. Dies gilt jedoch in gleicher Weise für die Parteien. Der Transitcharakter einer Sache rechtfertigt daher nicht, die Parteiinteressen bei der Beurteilung der res in transitu den Drittinteressen vorzuziehen. Es gilt vielmehr eine Rechtsordnung zu finden, die den Partei- und Drittinteressen in gleicher Weise gerecht wird.

Die lex fori, die lex loci contractus, das Wohnsitzrecht und das Heimatrecht der Parteien scheiden dabei aus den von Markianos[410] genannten Gründen aus. In die engere Wahl gelangen das *Recht des*

---

[406] IPR S. 174; siehe auch Weil S. 24 ff.

[407] Conflict of Laws, S. 201.

[407a] S. 78—80.

[408] IPR S. 252 f.

[409] Die leichtere Feststellbarkeit des genauen Lageorts dank der heute verbesserten Nachrichtenübermittlung erhöht dieses Interesse. Niederer, Einführung IPR, S. 178 und Schnitzer IPR Bd. 2, S. 583 wollen aus diesem Grund für die res in transitu die Geltung eines besonderen Statuts überhaupt ablehnen.

[410] RabelsZ 23 (1958), 32—34.

Absendeortes[411] und das am häufigsten empfohlene *Recht des Bestimmungsortes*[412]. Die Ware im Durchgangsland hat das Land des Absendeorts bereits verlassen und das des Bestimmungsorts noch nicht erreicht. Die Beziehung der Ware zum Bestimmungsort ist dabei größer, denn dorthin tendiert die Ware auf Grund der Parteibestimmung, während sie nach Verlassen des Absendelandes in der Regel nicht mehr in dieses zurückkehren wird. Das Bestimmungsland hat deshalb die engere Beziehung zu der reisenden Sache. Das Recht des Bestimmungsorts ist daher dem Recht des Absendeorts vorzuziehen.

Gegen das Recht des Bestimmungsorts lassen sich nicht die Argumente vorbringen, die gegen das vom Parteiwillen bestimmte Recht sprechen. Zwar entscheiden die Parteien auch über den Bestimmungsort. Die Parteiwahl ist in diesem Fall jedoch durch wirtschaftliche Erfordernisse erheblich eingeschränkt. Insbesondere wird die Parteibestimmung durch Übergabe der Waren an einen Frachtführer oder Spediteur unter Angabe des Bestimmungsorts auch für Dritte erkennbar dokumentiert. Die Anknüpfung an das Recht des Bestimmungsorts genügt daher auch den Verkehrsinteressen. Es kann aus diesem Grunde nicht der Auffassung Privats[412a] gefolgt werden, daß „bei dieser Anknüpfung die Interessen Dritter nicht besser und nicht schlechter geschützt sind als bei Anwendung eines beliebigen anderen Rechts".

Bei der generellen Anknüpfung an das Recht des Bestimmungsorts ergeben sich bisweilen Unzuträglichkeiten, wenn ein Bestimmungsort nach Kaufabschluß und Einleitung der Versendung von den Parteien noch nicht vereinbart worden ist. In den USA ist z. B. der Fall alltäglich, daß ein Getreidehändler aus dem Süden gen Norden rollendes Getreide aufkauft, das er oft erst Tage später in günstige Absatzgebiete im Norden dirigiert. Eine Anknüpfung an das Recht des Bestimmungsorts ist in solchem Fall nicht möglich. Es ist hier ein subsidiär geltendes Recht aufzusuchen. Es bleibt nichts anderes übrig, als an den letzten

---

[411] Rabel-Raiser, RabelsZ 3 (1929), 65; Hellendall, Can. Bar Rev. 17 (1939), S. 35; Arminjon, Précis de droit international privé Bd. 2, S. 114 (Nr. 31 I); Wolff, IPR S. 174 für den Fall, daß kein Parteiwille festzustellen ist. An das Recht des Absendeorts knüpft auch Art. 6 der Haager Konvention von 1958 an.

[412] RG BayZ 8 (1912), 45 f.; Lewald, IPR S. 190 f.; Kegel in Soergel-Siebert, Vorbem. 284 vor Art. 7 EGBGB, S. 585 f. (nur wenn eine Partei eines Verfügungsgeschäfts erkennbar davon ausgehe, daß die Sache reist); Markianos, RabelsZ 23 (1958), 38; Klippert S. 51; Batiffol, Traité S. 550 f. (Nr. 502, nur für Landtransporte); Niboyet, Traité Bd. 4, S. 621 f. (Nr. 1275); Lerebours-Pigeonnière, D. I. P., S. 589 (Nr. 472 a. E.); Conflict of Laws Bd. 4, S. 101; Beale, Conflict of Laws Bd. 2, S. 984 (§ 261); Zaphiriou S. 197; Art. 28 des Vertrages von Montevideo, 1940 (für Überseekäufe); Art. 16 Abs. 2 der Benelux-Konvention von 1951 zur Vereinheitlichung des IPR (Eenvormige Wet).

[412a] S. 79.

Ruhepunkt der Ware, also an das Recht des Absendeorts anzuknüpfen. Zum Absendeort ist bei Fehlen eines Bestimmungsorts die räumliche Beziehung noch am größten, auch wenn eine unmittelbare Berührung mit dem Absendeland nicht mehr besteht. Da in der Zukunft noch kein fester Beziehungspunkt liegt, muß die Vergangenheit herhalten. Sobald jedoch der Bestimmungsort festgelegt ist, richtet sich der Eigentumsübergang, sofern er nach dem Recht des Absendeorts noch nicht erfolgt ist, nach dem Recht des Bestimmungsorts. Beide Rechte lösen sich reibungslos ab.

Auf das Recht des Absendeorts ist auch zurückzugreifen, wenn ein Bestimmungsort deshalb noch nicht festgestellt werden kann, weil eine für einen Käufer bestimmte *Sammelsendung* (z. B. Getreide) an in verschiedenen Ländern belegenen Erfüllungsorten ausgeliefert werden soll. Ist hierbei nach dem Recht des Absendeorts Eigentum an der ganzen Sendung auf den Käufer noch nicht übergegangen, so bestimmt sich der Eigentumsübergang an den einzelnen der Reihe nach auszusondernden Teilen von der Aussonderung an nach dem Recht des jeweiligen Bestimmungsorts.

Das Recht des Bestimmungsorts ist auch dann auf den Eigentumsübergang zwischen Käufer und Verkäufer anzuwenden, wenn die Ware den Bestimmungsort nicht erreicht[413]. Allein die Tatsache, daß die Ware in Zielrichtung auf diesen Ort reiste, genügt zur Rechtfertigung der Anknüpfung an das Recht dieses Orts, denn auf Grund dieser Zielrichtung hatte die Sache zu dem angestrebten Land die nächste Beziehung. Bei Änderung des Bestimmungsorts gilt vom Zeitpunkt der Änderung an das Recht des neuen Bestimmungsorts, da von diesem Augenblick an die Ware zum neuen Bestimmungsort eine engere Beziehung als zum alten erlangt[414].

Bisweilen ist vertreten worden, daß bei Transporten durch staatsfreies Gebiet per Schiff oder Flugzeug an das Recht der Flagge bzw. des Hoheitszeichens anzuknüpfen sei[415]. Dem ist entgegenzuhalten, daß hinsichtlich des Veräußerungsgeschäfts zwischen den Kaufparteien die Beziehung der Waren zum Schiff bzw. Flugzeug in der Regel ebenso flüchtig und vorübergehend ist, wie die Berührung mit einem Transitland[416].

---

[413] Ebenso MARKIANOS RabelsZ 23 (1958), 38; a. A. ausdrücklich NIEDERER, Einführung IPR, S. 178.

[414] Ähnlich NIBOYET. Thèse S. 106 Fußnote3.

[415] FRANKENSTEIN, IPR Bd. 2 S. 53 (nur wenn während des Transports keine Umladung auf ein anderes Schiff erfolgt, sonst Recht des Bestimmungsorts); RAUPACH S. 41 ff.; FRESE, Fragen des IPR der Luftfahrt, 53—55; BATIFFOL, Traité S. 551 (Nr. 502) und S. 552 (Nr. 503).

[416] Ebenfalls ablehnend NIBOYET, Thèse S. 107 f. und MARKIANOS, RabelsZ 23 (1958), 41.

d) Konflikte zwischen Kausalitäts- und Abstraktionsprinzip

Der rechtsvergleichende Überblick[417] zeigt, daß die meisten Rechtsordnungen als Voraussetzung für den Eigentumsübergang ein gültiges Grundgeschäft verlangen. Fehlt ein solches oder wird es später unwirksam, dann geht kein Eigentum über oder das übergegangene Eigentum fällt wieder an den alten Eigentümer zurück. Nur wenige Rechtsordnungen lassen Eigentum ohne Rücksicht auf das Grundgeschäft übergehen. Diese Verschiedenheit zwischen den Rechtsordnungen führt im internationalprivatrechtlichen Bereich bisweilen zu Schwierigkeiten. Die konsequente Anwendung der lex rei sitae auf den Eigentumsübergang ergibt, daß die lex rei sitae auch darüber entscheidet, wie weit das Bestehen eines Grundgeschäfts Voraussetzung für den Eigentumsübergang ist. Ob ein solches Grundgeschäft zustande gekommen ist und forbesteht, richtet sich dagegen als selbständig anzuknüpfende Vorfrage nach dem Schuldstatut[418]. Diese Regel gilt für die folgenden Konfliktsituationen, die beim Verkauf über die Grenze denkbar sind.

aa) Keine Probleme ergeben sich zunächst bei internationalen Käufen zwischen *Ländern mit Abstraktionsprinzip* (z. B. Deutschland und Griechenland). Das Eigentum geht ungeachtet der Gültigkeit und des Fortbestands des Grundgeschäfts über.

bb) Bei Käufen zwischen *Ländern mit Kausalitätsprinzip* bleibt ohne Rücksicht darauf, in welchem der Länder sich die Sache gerade befindet, das Eigentum beim Verkäufer oder fällt später wieder an diesen zurück, wenn der zugrundeliegende Kaufvertrag nach dem Schuldstatut von Anfang an unwirksam ist oder später aufgelöst wird. Die wenigen Stimmen, die in der Lehre hierzu Stellung nehmen, wollen dagegen auch bei der Beurteilung der Wirksamkeit des Grundgeschäfts die lex rei sitae berücksichtigen. Lalive[419] meint, daß bei einem Widerspurch zwischen lex contractus und lex rei sitae die letztere entscheide, da eine andere Entscheidung am Ort, wo die Sache belegen ist, nicht durchsetzbar sei. Zaphiriou[420] will „on ground of practical effectiveness“ ausschließlich die lex rei sitae entscheiden lassen, wenn es sich um die Auflösung eines bereits erfüllten Kaufvertrags handelt. Die Berufung auf die praktische Durchsetzbarkeit einer Entscheidung ist jedoch in diesem Zusammenhang nicht berechtigt. Sobald die lex rei sitae der hier vorgeschlagenen Regel folgt und die Wirksamkeit des Kaufvertrags als selbständig anzuknüpfende Vorfrage nach dem Schuldstatut beurteilt, besteht keine Gefahr der Nicht-

[417] Siehe oben S. 31—45.

[418] KEGEL in SOERGEL-SIEBERT, Bem. 271 vor Art. 7 EGBGB, S. 582; RAAPE, IPR S. 590; Privat S. 89 bis 99; LEFLAR, Conflict of Laws, S. 288 (§ 150).

[419] S. 135, 137.

[420] S. 96.

anerkennung einer Entscheidung, die derselben Regel folgt. Die lex rei sitae kann allerdings zum Schutze Dritter, die auf die Wirksamkeit des Kausalgeschäfts und damit auf die Wirksamkeit der Übereignung vertrauen, die Geltendmachung der Unwirksamkeit des Kausalgeschäfts beschränken. Sie kann z. B. wie Art. 548 des französischen code de commerce bestimmen, daß die „action en nullité" nur bis zur Konkurseröffnung oder — wie in Art. 1543 des civil code von Quebec — nur bis 30 Tage nach Lieferung geltend gemacht werden kann.

Die lex rei sitae wollen manche auch mitreden lassen, wenn es darum geht, ob einer aufschiebenden oder auflösenden Bedingung, die dem Grundgeschäft beigefügt ist, rückwirkende Kraft zukommt[421]. Batiffol[422] will z. B. die lex contractus und die lex rei sitae in der Weise kumulieren, daß Rückwirkung nur anzunehmen ist, wenn beide Rechtsordnungen sie gestatten. Ob der Eintritt einer Bedingung einen Kaufvertrag rückwirkend zustandebringt bzw. auflöst, ist jedoch eine rein schuldrechtliche Frage. Sie ist ausschließlich nach dem Schuldstatut zu beurteilen.

Schwierigkeiten sind bisweilen auch darin gesehen worden, daß die lex rei sitae, in deren Bereich das Kausalprinzip gilt, das Grundgeschäft anders anknüpft als die lex fori[423]. Lalive[424] empfiehlt, in einem solchen Konflikt das Grundgeschäft nach den Kollisionsnormen der lex rei sitae und nicht nach denen der lex fori zu beurteilen, weil sonst die Entscheidung im Gebiet der lex rei sitae nicht durchsetzbar sei. Ein Abweichen von dem althergebrachten internationalprivatrechtlichen Grundsatz, daß die Kollisionsnormen allein der lex fori zu entnehmen sind, ist hier jedoch nicht gerechtfertigt. Wer im Gebiet der lex rei sitae in die Sache vollstrecken will, sollte eben von vornherein zur Vermeidung von Anerkennungsproblemen bei einem Gericht der lex rei sitae klagen. Das Gericht, in dessen Bezirk die Sache liegt, ist in der Regel als dinglicher Gerichtsstand zuständig[425].

cc) Beim Versendungskauf *aus einem Land mit Abstraktionsprinzip in ein Land mit Kausalitätsprinzip* sind zwei Fälle zu unterscheiden. Soweit bereits im alten Statut das Eigentum an der Sache übergeht, spielt es wegen des dort geltenden Abstraktionsprinzips keine Rolle, ob der Kaufvertrag wirksam ist und wirksam bleibt. Das im Absendeland ohne Rücksicht auf die Wirksamkeit des Kaufvertrags entstandene Eigentum ist im neuen Land als fait accompli anzuerkennen. Es kann nicht geltend gemacht werden, daß im neuen Land das Kausalitätsprinzip gelte und daher dort der Eigentumsübergang wegen Ungül-

[421] Batiffol, Traité S. 572 (Nr. 525); derselbe, Contrats S. 399 (Nr. 479); Schultsz S. 195 ff.; Lalive S. 138 f.

[422] Traité, S. 572 (Nr. 525).

[423] Lalive S. 134 f.

[424] S. 135.

[425] Vgl. § 24 ZPO.

tigkeit des Grundgeschäfts nicht wirke; denn es handelt sich nicht um einen Eigentumsübergang nach der neuen lex rei sitae. Drittinteressen im neuen Statut werden durch diese Lösung nicht verletzt, da niemand im Empfängerland darauf vertrauen darf, daß ein im Ausland erfolgter Eigentumsübergang, der nach inländischem Recht unwirksam wäre, auch nach dem anzuwendenden ausländischen Recht unwirksam ist. Soweit umgekehrt das Eigentum im Absendeland nicht überging — z. B. weil das dortige Recht Übergabe verlangt —, richtet sich die Frage des Eigentumsübergangs nach Grenzübertritt der Ware allein nach dem neuen Statut, d. h. die Nichtigkeit des Grundgeschäfts verhindert dort auf Grund des Kausalitätsgrundsatzes den Eigentumsübergang oder die Auflösung des Grundgeschäfts läßt das im neuen Statut übergegangene Eigentum wieder an den Verkäufer zurückfallen.

dd) Schwieriger ist die Rechtslage beim Versendungskauf *aus einem Land mit Kausalitätsprinzip* (z. B. Frankreich) *nach einem Land mit Abstraktionsprinzip* (z.B. Deutschland). Ist der Kaufvertrag nach dem Schuldstatut von Anfang an nichtig, dann geht mangels eines wirksamen Grundgeschäfts trotz sachenrechtlicher Einigung im Absendeland Frankreich kein Eigentum über. Eigentum geht jedoch mit Übergabe an den Empfänger in Deutschland nach § 929 BGB über, sofern sich die Parteien zu diesem Zeitpunkt noch über den Eigentumsübergang einig sind, was sicher der Fall sein wird, wenn sie die Nichtigkeit des Kaufvertrags nicht kennen. Infolge des Abstraktionsprinzips steht in Deutschland die Unwirksamkeit des Grundgeschäfts dem Eigentumsübergang nicht entgegen.

Das Gleiche gilt, wenn der Kaufvertrag mit rückwirkender Kraft wieder aufgelöst wird, denn dann gestaltet sich der Fall genau so, wie wenn das Grundgeschäft von vornherein nichtig gewesen wäre. Das Eigentum wäre dann nicht in Frankreich, sondern erst durch Übergabe an den Empfänger in Deutschland übergegangen, sofern sich die Parteien auch zu diesem Zeitpunkt noch über die Eigentumsübertragung einig waren. Der Empfänger ist daher nach Vertragsauflösung ab Empfangnahme der Waren in Deutschland als Eigentümer anzusehen.

Der Empfänger in Deutschland bleibt auch dann Eigentümer, wenn das Grundgeschäft nach dem Schuldstatut lediglich mit „ex nunc"-Wirkung, z. B. auf Grund der Ausübung eines vertraglichen Auflösungsrechts („clause résolutoire") wegfällt. Dafür spricht bereits die Erwägung, daß das, was bei „ex tunc"-Wirkung der Grundgeschäftsauflösung gilt, erst recht bei bloßer „ex nunc"-Wirkung gelten muß. Zwar ist die „ex nunc"-Auflösung des Grundgeschäfts trotz Geltung einer neuen lex rei sitae als später eintretender Mangel der in Frankreich erfolgten Übereignung anzusehen, d. h. der in Frankreich erfolgte Eigentumsübergang ist ex nunc wirkungslos. Jedoch hat sich nach der „kausalen Eigentumsübertragung" in Frankreich bei Empfangnahme der Waren durch den Empfänger in Deutschland ein Tatbestand verwirklicht, der nach deutscher lex rei sitae „abstrakt" Eigentum übertragen hätte, wenn es nicht schon in Frankreich übergegangen wäre. Auch wenn die Verwirklichung dieses Tatbestandes Eigentum nicht übertragen konnte, weil es schon in Frankreich übergegangen war und zur Zeit der Verwirklichung dieses Tatbestandes noch nicht wieder zurückgefallen war, so verhindert sie doch den Rückfall des Eigentums, wenn durch Auflösung des Grundgeschäfts die in Frankreich erfolgte Eigentumsübertragung ex nunc unwirksam wird (Fall der Kipp'schen Doppelwirkung).

Anders ist die Rechtslage, wenn Einigung und Übergabe in Frankreich erfolgen und die gekauften Waren vom Erwerber selbst nach Deutschland gebracht werden. Auf deutschem Gebiet wird in diesem Fall kein Tatbestand erfüllt, der nach deutschem Recht Eigentum an den Waren begründen könnte, denn weder Einigung noch Übergabe erfolgen in Deutschland. Bloßes Einigsein und Besitzen genügen nach deutschem Recht nicht für den Eigentumsübergang. Daher erfolgt hier kein Eigentumserwerb nach deutschem Recht, wenn wegen Nichtigkeit oder späterer Auflösung des Kausalgeschäfts in Frankreich kein wirksamer Eigentumsübergang erfolgt oder der bereits erfolgte Eigentumsübergang ex tunc oder ex nunc wieder rückgängig gemacht wird. Es spielt hierbei keine Rolle, ob die Auflösung des Kausalgeschäfts erst erfolgte, als die Waren schon in Deutschland waren. Zwar gilt vom Grenzübertritt an für jeden weiteren Erwerb die deutsche lex rei sitae. Ob jedoch der bereits auf französischem Boden erfolgte Eigentumsübergang wirksam war und wirksam bleibt, entscheidet allein das französische Recht als ehemalige lex rei sitae. Drittinteressen in Deutschland werden bei dieser Lösung nicht verletzt; denn es besteht kein schutzwürdiges Vertrauen Dritter darauf, daß ein im Ausland erfolgter Eigentumsübergang wirksam ist und wirksam bleibt, wenn sich auf deutschem Boden kein Tatbestand verwirklicht hat, der Eigentum trotz fehlenden Kausalgeschäfts übertragen hätte. Auch dem deutschen Recht ist der Rückfall von Eigentum infolge Vertragsauflösung nicht unbekannt. So wird der Verkäufer z. B. wieder Eigentümer, wenn die Eigentumsübertragung der Waren an die Bedingung des Fortbestehens des Grundgeschäfts geknüpft wurde und das Grundgeschäft (Kaufvertrag) aufgelöst wird.

2. Kapitel

Gutgläubiger Eigentumserwerb vom Nichtberechtigten

1. *Rechtsvergleichender Überblick*[426]

Zwei Grundsätze stehen sich gegenüber. Der eine kommt in dem vielgebrauchten gemeinrechtlichen Rechtssatz zum Ausdruck: „Nemo plus juris transferre potest, quam ipse habet." Diesem Grundsatz folgte einst das römische Recht, indem es dem Eigentümer auch gegen den gutgläubigen Eigenbesitzer die „vindicatio" gewährte[427]. Der andere Grundsatz ergibt sich aus dem alten deutschrechtlichen Satz: „Wo Du Deinen Glauben gelassen hast, da sollst Du ihn suchen", oder kurz: „Hand wahre Hand[428]". Hiernach wird der Erwerb vom besitzenden Nichteigentümer geschützt, wenn dieser den Besitz vom Eigentümer freiwillig übertragen erhalten hatte. Kein Schutz wird dagegen gewährt, wenn die veräußerte Sache der Herrschaft des Eigentümers ohne dessen Willen entzogen wurde.

Dem zweiten Grundsatz folgt das *deutsche* Recht. Nach § 932 BGB wird Eigentümer, wer ohne Kenntnis oder grobfahrlässige Unkenntnis der wahren Eigentumsverhältnisse vom besitzenden Nichteigentümer erwirbt. Eine Ausnahme von diesem Grundsatz trifft § 935 BGB für gestohlene und abhanden gekommene Sachen, soweit es sich nicht um Geld oder Inhaberpapiere handelt. Besondere Regeln enthalten §§ 933, 934 BGB für die Fälle des Übergabeersatzes. Nach § 366 HGB wird ausnahmsweise auch der gute Glaube an die Verfügungsbefugnis des Kaufmanns geschützt, der im Betrieb seines Handelsgewerbes eine fremde Sache veräußert.

Auch das *französische Recht* kennt in weitgehendem Umfang den Gutglaubenserwerb vom Nichtberechtigten. Grundlage hierfür ist der in Art. 2279 Abs. 1 code civil aufgestellte Grundsatz: „En fait de meubles, la possession vaut titre." Die französische Lehre sieht in dieser Vorschrift zum Teil einen selbständigen gesetzlichen Erwerbsgrund, zum Teil eine unwiderlegliche gesetzliche Eigentumsvermutung[429]. Welcher der beiden Ansichten man folgt, ist gleichgültig, da beide

---

[426] Siehe hierzu ZWEIGERT, Rechtsvergleichend-Kritisches zum gutgläubigen Mobiliarerwerb, RabelsZ 23 (1958), S. 1—20; vgl. ergänzend ECKHARD, Fahrniserwerb vom Nichtberechtigten, in SCHLEGELBERGERS Rvgl. HWB Bd. 3, S. 307—312 und MÜLLER, Gedanken zum Schutz des Guten Glaubens in rechtsvergleichender Sicht, öst. ZRvgl. 1963, S. 2—17.

[427] „Ubi rem meam invenio, ibi vindico". Das Fehlen des Gutglaubenserwerbs wurde ausgeglichen durch eine nur einjährige Ersitzung.

[428] Z. B. Sachsenspiegel LR II 60 § 1.

[429] Vgl. PLANIOL — RIPERT — PICARD Bd. 3, S. 387 (Nr. 387).

praktisch auf einen Eigentumserwerb hinauslaufen[430]. Nach der Rechtsprechung des Kassationshofes[431] ist Art. 2279 Abs. 1 code civil als gesetzliche Eigentumsvermutung anzusehen, die nur mit dem Nachweis widerlegt werden kann, daß der Besitzer keine „possession exempte de touts vices" hat. Voraussetzung für solchen „fehlerlosen Besitz" ist, „qu'elle (sc. la possession) est animo domini, paisible, publique, exempte de précarité et d'équivoque[432]".

Weitere Voraussetzung für die Anwendung des Art. 2279 Abs. 1 code civil ist der gute Glaube des Erwerbers. Zwar erwähnt Art. 2279 diese Voraussetzung nicht ausdrücklich. Jedoch wird in ständiger Rechtsprechung und Lehre im Hinblick auf Art. 1141 code civil, der als Unterfall des Art. 2279 angesehen wird, guter Glaube verlangt[433]. Er wird nach Art. 2268 code civil vermutet und braucht lediglich zum Zeitpunkt des Besitzerwerbs zu bestehen[434]. Er muß sich darauf beziehen, daß der Veräußerer der wirkliche Eigentümer ist[435]. Nach der Rechtsprechung ist guter Glaube ausgeschlossen, wenn zur Zeit des Kaufs Umstände vorlagen, die beim Erwerber Argwohn hinsichtlich der Berechtigung des Veräußerers hätten erregen müssen[436].

Art. 2279 Abs. 1 ist weiterhin nicht anwendbar bei gestohlenen und verlorenen Sachen. In diesem Falle erlischt die Möglichkeit der Vindikationsklage erst in 3 Jahren (Art. 2279 Abs. 2). Der vindizierende Eigentümer der gestohlenen oder verlorenen Sache muß allerdings dem gutgläubigen Erwerber den von diesem gezahlten Kaufpreis erstatten, wenn dieser die Sache auf einer Messe, einem Markte oder bei einem öffentlichen Verkaufe, oder von einem Kaufmann, der mit sol-

---

[430] So Colin — Capitant — de la Morandière, Traité Bd. 2, S. 264 (Nr. 493).

[431] Civ. 24. 7. 1912, Sirey 1914 , 1, 235; Req. 14. 11. 1927, Sirey 1928, 1, 62 mit note. Zustimmend Colin — Capitant — de la Morandière, Traité Bd. 2, S. 264 (Nr. 491).

[432] So die „note" zu der Entscheidung des Cour de Cassation vom 14. 11. 1927, Sirey 1928, 1, 62; vgl. aber Planiol — Ripert — Picard Bd. 3, S. 379 f. (Nr. 381 Ziff. 1).

[433] Cour de Cassation, Civ. 12. 12. 1921, Dalloz 1922, 1, 28; Req. 28. 4. 1933, Gazette du Palais 1933, 2, 164; Req. 11. 1. 1937, Sirey 1937, 1, 94; Planiol — Ripert — Picard Bd. 3, S. 380 mit weiteren Hinweisen in Fußnote 2; Aubry — Rau — Esmein, Droit civil français Bd. 2, 7. Aufl. (1961), S. 154 (Nr. 99); a. A. derselbe noch in der 6. Aufl. (1935), S. 165 Fußnote 29.

[434] Cour d'appel mixte de Saigon, 2. 10. 1953, Gazette du Palais 1953, 2, 369.

[435] Cour de Cassation, Req. 11. 1. 1937, Sirey 1937, 1, 94.

[436] So Cour de Cassation, Req. 3. 3. 1896, Dalloz 97, 1, 495; siehe auch Req. 16. 5. 1899, Sirey 1900, 1, 86; Trib. civ. de la Seine, 6. 7. 1910, Gaz. Trib. 1910, 2, 421.

chen Waren handelt, erstanden hatte (Art. 2280 code civil). Dieses sog. Lösungsrecht des Erwerbers geht auf das alte französische Recht zurück und fehlt im deutschen Recht.

Für den Fall der Doppelveräußerung durch den ursprünglichen Eigentümer enthält der Art. 1141 code civil eine Sonderbestimmung. Der Ersterwerber, der nach französischem Recht mit Kaufabschluß Eigentümer geworden ist, verliert durch den Zweitverkauf sein Eigentum an den gutgläubigen Zweiterwerber, wenn dieser vom Veräußerer unmittelbaren Besitz übertragen erhält. Die im alten französischen Recht für den Eigentumsübergang erforderlich gewesene „saisine"-Erlangung des Erwerbers gibt demnach bei der Doppelveräußerung den Ausschlag.

Die für das französische Recht bestehenden Grundsätze gelten auch für das *belgische*[437] und in weitem Maße auch für das *spanische*[438] Recht.

Dem französischen Recht folgt im großen und ganzen auch das *niederländische* Recht. Art. 2014 Abs. 1 B. W. bestimmt in enger Anlehnung an Art. 2279 Abs. 1 code civil:

> Met betrekking tot roerende goederen ... geldt het bezit als volkomen titel."

Obwohl der gute Glaube in dieser Vorschrift ebensowenig wie in Art. 2279 Abs. 1 code civil erwähnt ist, wird er für die Anwendung dieser Vorschrift vorausgesetzt[439]. Der gute Glaube wird zerstört durch Kenntnis oder Kennenmüssen der wahren Sachlage[440]. Umstritten ist, ob auch der gute Glaube an die bloße Verfügungsberechtigung ausreicht[441]. Geschützt wird nur der von einem unmittelbaren Besitzer abgeleitete Erwerb[442]. Hierbei genügt brevi manu traditio[443] und wohl auch Besitzübertragung auf den gutgläubigen Erwerber durch einen

---

[437] Vgl. Art. 1141, 2279, 2280 belgischer code civil; Dekkers Précis de droit civil belge Bd. 1, S. 554—570 (Nr. 932—960).

[438] Art. 464 des spanischen código civil, der bei sonst gleichem Inhalt wie Art. 2279, 2280 code civil ausdrücklich „buena fe" voraussetzt.

[439] Hoge Raad, 5. 5. 1950, N. J. 1951, 5 ff. (Nr. 1).

[440] Hoge Raad, 10. 5. 1929, W. 12004 = N. J. 1929, 1615; vgl. auch Hoge Raad, 9. 11. 1951, N. J. 1952, 989 ff. (Nr. 558).

[441] Siehe Anm. von Ph. A. N. H. zu der in der nächsten Fußnote genannten Entscheidung.

[442] So ausdrücklich der Hoge Raad, 29. 2. 1952, N. J. 1953, 81 (Nr. 58) m. Anm. von Ph. A. N. H.

[443] Hoge Raad, 25. 9. 1953, N. J. 1954, 364 (Nr. 190).

Dritten auf Grund Weisung des Veräußerers[444]. Nicht genügen soll dagegen ein Besitzerwerb des Käufers mittels Besitzkonstituts[445].

Wie Art. 2279 Abs. 2 code civil gestattet auch Art. 2014 Abs. 2 B. W. demjenigen, der die verkaufte Sache verloren hat oder dem sie gestohlen wurde, während dreier Jahre das Recht der Vindikation. Nach Art. 637 B. W. hat in diesem Fall der Erwerber, ähnlich wie nach Art. 2280 Abs. 1 code civil einen Ablösungsanspruch, wenn er auf einem Markt oder bei einer öffentlichen Versteigerung erworben hatte. Abweichend von Art. 2280 code civil gewährt Art. 637 B. W. jedoch keinen Ablösungsanspruch beim Erwerb von einem Kaufmann. Ein entsprechender Passus des alten Art. 637 wurde durch Gesetz vom 7. 6. 1919 gestrichen.

Das *italienische Recht* folgte früher ebenfalls dem französischen code civil (vgl. Art. 707 codice civile a. F.). Der neue codice civile von 1942 hat jedoch das Recht des Gutglaubenserwerbs an Mobilien wesentlich verändert. Art. 1153 des neuen codice civile enthält zunächst einige Klarstellungen gegenüber dem alten Rechtszustand. Er nennt den guten Glauben als Voraussetzung für den Erwerb vom Nichtberechtigten. Er bestimmt weiterhin ausdrücklich, daß es für den guten Glauben auf den Zeitpunkt der Übergabe ankommt. Dies war bis dahin streitig. Schließlich stellt er klar, daß der gutgläubige Besitzerwerb auf Grund eines Übertragungsgeschäfts einen selbständigen Eigentumserwerbsgrund darstellt und nicht lediglich eine unwiderlegliche Eigentumsvermutung. Eine genaue Definition des guten Glaubens enthält Art. 1147 des neuen codice civile. Abs. 1 dieser Vorschrift setzt den guten Glauben der Unkenntnis, ein fremdes Recht zu verletzen, gleich. Abs. 2 schränkt allerdings dahin ein, daß der gute Glaube nichts nützt, wenn die Unkenntnis auf „colpa grave“ beruht. Nach Abs. 3 wird guter Glaube vermutet.

Die wesentlichste Neuerung ist die Beseitigung der noch im alten codice civile in Anlehnung an den französischen code civil gemachten unterschiedlichen Behandlung der gestohlenen und verlorenen Sachen einerseits und der dem Veräußerer vom Eigentümer anvertrauten Sachen andererseits. Nach dem neuen codice civile wird der gute Glaube geschützt ohne Rücksicht darauf, ob die verlorene Sache einem früheren Eigentümer verloren gegangen ist oder gestohlen worden war. Das neue italienische Recht geht damit noch über den deutschrechtlichen Grundsatz „Hand wahre Hand“ hinaus.

Der gute Glaube wird nur geschützt, wenn der Erwerber vom Veräußerer auf Grund eines wirksamen Erwerbsgeschäftes realen Besitz

---

[444] Vgl. Ph. A. N. H. a. a. O.

[445] Hoge Raad, 22. 5. 1953, N. J. 1954, 353 ff. (Nr. 189) m. Anm. J. D.: Im Falle der Doppelveräußerung durch zweimaliges Besitzkonstitut wurde der erste Erwerber, der Eigentum vom Berechtigten erwarb, gegenüber dem gutgläubigen zweiten Erwerber geschützt.

erlangt, wobei gleichgültig ist, ob er diesen Besitz direkt vom Veräußerer oder nur auf dessen Veranlassung von einem Dritten eingeräumt bekommt[446]. Ein bloßes Besitzkonstitut reicht nach der Rechtsprechung des italienischen Kassationshofes nicht aus[447]. Im Falle der Doppelveräußerung schützt Art. 1155 codice civile, wie Art. 1141 des französischen code civil, von den beiden Erwerbern denjenigen, der zuerst unmittelbaren Besitz erhält.

Das *schweizerische* Recht behandelt den Gutglaubenserwerb vom nichtberechtigten Veräußerer in Art. 714 Abs. 2 und 933 ff. ZGB. Art. 933 bestimmt:

> „Wer eine bewegliche Sache in gutem Glauben zu Eigentum oder zu einem beschränkten dinglichen Recht übertragen erhält, ist in seinem Erwerb auch dann zu schützen, wenn sie dem Veräußerer ohne jede Ermächtigung zur Übertragung *anvertraut* worden war."

Gestohlene, verlorene oder sonst abhanden gekommene Sachen außer Geld und Inhaberpapieren kann der Berechtigte innerhalb von fünf Jahren dem Empfänger abfordern, Art. 934 Abs. 1, 935 ZGB. Eine wichtige Einschränkung dieser Regel enthält Art. 934 Abs. 2 ZGB. Nach dieser Vorschrift kann der gutgläubige Erwerber, der eine solche Sache bei einer öffentlichen Versteigerung, auf dem Markt oder bei einem Kaufmann, der mit Sachen gleicher Art handelt, erstanden hat, die Herausgabe bis zur Vergütung des von ihm bezahlten Preises verweigern. Auch das Schweizer Recht gewährt demnach, wie die meisten romanischen Rechte, dem Erwerber einen Ablösungsanspruch.

Guter Glaube wird auch nach schweizerischem Recht vermutet, Art. 3 Abs. 1 ZGB. Er ist ausgeschlossen, wenn der Erwerber „bei der Aufmerksamkeit, wie sie nach den Umständen von ihm verlangt werden darf, nicht gutgläubig sein konnte", Art. 3 Abs. 2 ZGB. Guter Glaube wurde hiernach vom Bundesgericht z. B. verneint bei auffallend niedrigem Kaufpreis[448] und bei Anrüchigkeit oder Notlage[449] des Veräußerers. Bemerkenswert ist, daß eine Eintragung eines Eigentumsvorbehalts in ein Eigentumsvorbehaltsregister[450] nicht ausreichen soll, gutgläubigen Erwerb vom Vorbehaltskäufer auszuschließen, da Einsichtnahme in das Register nicht zuzumuten sei[451]. Die Rechtsprechung verlangt vielmehr zusätzliche Momente, aus denen der Er-

[446] Martino, Commentario del codice civile, 3. Buch, Bem. 3 zu Art. 1153, S. 565 mit weiteren Hinweisen in Fußnote 3.

[447] 17. 3. 1950, Foro italiano 1950, I, 1178.

[448] BGE 47 II 263 (266); 65 II 62 (64); 69 II 110 (117); vgl. auch BGE 43 II 613 (616).

[449] BGE 28 II 365 (368).

[450] Hierzu siehe unten S. 103.

[451] Siehe Haab-Simonius, Kommentar zum schweizerischen ZGB, Bem. 52 zu Art. 714, S. 680.

werber den Eigentumsvorbehalt hätte entnehmen müssen[452]. In erheblich weiterem Umfang als im deutschen Recht wird auch derjenige geschützt, der den Veräußerer zwar nicht als Eigentümer, jedoch als Verfügungsberechtigten ansah. Auch insoweit wird bisweilen guter Glaube des Erwerbers vermutet[453].

Umstritten ist, was in Art. 933 ZGB unter „übertragen erhält" zu verstehen ist. Die h. M. läßt ein bloßes Besitzkonstitut genügen[453a]. Unstreitig reicht auch brevi manu traditio aus.

Das *anglo-amerikanische* Recht folgt überwiegend dem Grundsatz „nemo plus juris transferre potest, quam ipse habet". Dies ergibt sich aus sect. 21 Abs. 1 Sale of Goods Act und sect. 23 Uniform Sales Act. Diese lauten übereinstimmend:

> „Subject to the provisions of this Act, where goods are sold by a person who is not the owner thereof, and who does not sell them under the authority or with the consent of the owner, the buyer acquires no better title to the goods than the seller had, unless the owner of the goods is by his conduct precluded from denying the sellers authority to sell."

Von diesem Grundsatz macht das anglo-amerikanische Recht zugunsten der Rechtssicherheit des Handelsverkehrs zahlreiche Ausnahmen. Bereits sect. 21 Abs. 1 a. E. Sale of Goods Act und sect. 23 Abs. 1 a. E. Uniform Sales Act enthalten selbst eine solche Ausnahme, die mit „estoppel on owner" bezeichnet wird. Der in dieser Vorschrift generalklauselartig enthaltene „estoppel"-Gedanke hat in der anglo-amerikanischen Rechtsprechung und Literatur zu manchen Zweifeln Anlaß gegeben. Er geht zurück auf den in Lickbarrow v. Mason[454] von Lord Ashhurst aufgestellten Grundsatz: „wherever one of two innocent persons must suffer by the acts of a third, he who has *enabled* such third person to occasion the loss must sustain it". Die später zu sect. 21 Abs. 1 a. E. Sale of Goods Act ergangenen Entscheidungen[455] zeigen, daß sich die Zweifel an die sachgerechte Begrenzung des Be-

[452] BGE 28 II 365 (368); 56 II 183 (186).

[453] BGE 38 II 187 (190); vgl. auch Art. 931 Abs. 2 ZGB.

[453a] Siehe HOMBERGER, Sachenrecht, Bem. 20 zu Art. 933 ZGB, S. 92 mit weiteren Hinweisen.

[454] (1787), 2 Term R. 63, 70, 100 E. R. 35.

[455] Union Credit Bank v. Mersey Docks and Harbour Board, (1899) 2 Q. B. 205; Farquharson v. KING, (1902) A. C. 325, 343; Mercantile Bank of India Ltd. v. Central Bank of India Ltd., (1938) A. C. 287, 304. Für Amerika: Drain v. La Grange State Bank (1922), 135 N. E. 780 (Ill.); Commercial Motors Mortg. Corp. v. Waters (1924), 124 A. 327 (Pa); Associates Discount Corporation v. Hardesty (1941), 122 F. 2d 18; weitere Rechtsprechungshinweise in 1 U. L. A. § 23 Nr. 16 (S. 385). Siehe auch BENJAMIN on Sale, S. 15.

griffes „enabled" anknüpfen. Diesen Entscheidungen läßt sich jedenfalls entnehmen, daß — um nach sect. 21 Abs. 1 a. E. „etopped" zu werden — bloße Verursachung des Anscheins einer Verkaufsberechtigung oder Eigentümerstellung beim nichtberechtigten Veräußerer nicht ausreicht. Der wahre Eigentümer muß vielmehr den Käufer durch sein Verhalten pflichtwidrig dazu verleitet haben, den Veräußerer als Eigentümer oder Verkaufsberechtigten anzusehen. Pflichtwidrigkeit wird hierbei angenommen, wenn „the party estopped has not used due precaution to avert the risk[456]".

Eine weitere Ausnahme von dem grundsätzlichen Verbot des Gutglaubenserwerbs enthält sect. 22 Sale of Goods Act, der gutgläubigen Erwerb beim Kauf in „market overt" zuläßt[457]. Zu den „markets overt" gehören nach der englischen Rechtsprechung[458] neben den statutarisch festgelegten Märkten u. a. auch die „open shops" der Londoner City. Geschützt wird allerdings nicht der shop-Inhaber, der vom Kunden kauft[459], sondern nur der Kunde, der von den üblicherweise in dem betreffenden „shop" gehandelten Waren kauft[460]. Der Verkäufer gestohlener Sachen bleibt jedoch nach sect. 24 Sale of Goods Act in jedem Fall Eigentümer, wenn der Dieb strafrechtlich verfolgt und bestraft wird.

Gutgläubiger Erwerb ist nach sect. 23 Sale of Goods Act und sect. 24 Uniform Sales Act auch möglich, wenn „the seller of goods has a voidable title thereto, but this title has not been avoided at the time of the sale[461]". Ist der Titel des Verkäufers dagegen „void", dann ist gutgläubiger Erwerb nach diesen Vorschriften nicht möglich. Die flüssige Grenze zwischen „void" und „voidable" wird hier zum Angelpunkt für den gutgläubigen Erwerb[462].

Ähnlich Art. 1141 des französischen code civil schützt sect. 25 Abs. 1 Sale of Goods Act[463] beim Doppelverkauf den zweiten Käufer, wenn diesem die verkaufte Sache durch den Verkäufer ausgehändigt wird.

---

[456] Lord WRIGHT in Mercantile Bank of India Ltd. v. Central Bank of India Ltd., a. a. O., S. 304; vgl. auch Lord GREENE, M. R., in Wilson and Meeson v. Pickering, (1946) 1 K. B. 422, 425.

[457] Im Uniform Sales Act fehlt eine entsprechende Vorschrift.

[458] Hinweise bei BENJAMIN on Sale, S. 17 Fußnote x und y.

[459] Ardath Tobacco Co. Ltd. v. Ocker (1931), 47 Times L. R. 177.

[460] Siehe SCHMITTHOFF, The Sale of Goods, S. 84.

[461] Ähnlich Art. 2 sect. 403 Abs. 1 Satz 2 Uniform Commercial Code. Satz 3 dieser Vorschrift zählt noch vier weitere Fälle auf, in denen der Rechtsschein als Gutglaubensgrundlage dient.

[462] Rechtsprechung hierzu, insbesondere zu dem zweifelhaften Fall des „fraud", bei SCHMITTHOFF, a. a. O., S. 86 ff.

[463] Fast gleichlautend sect. 8 Factors Act von 1889 und 25 Uniform Sales Act.

Sect. 25 Abs. 2 Sale of Goods Act[464] trifft den Fall, in dem der Käufer z. B. wegen Eigentumsvorbehalts des Verkäufers nur Besitz, aber kein Eigentum erhalten hat. Nach dieser Vorschrift wird beim Weiterverkauf und Übergabe der Sache durch den Vorbehaltskäufer der gutgläubige Zweitkäufer Eigentümer.

Eine bedeutsame Ausnahme zugunsten des gutgläubigen Erwerbs enthält noch sect. 2 Abs. 1 des englischen Factors Act von 1889, der beim gutgläubigen Erwerb von einem „mercantile agent“, der weder Eigentum noch Verkaufsermächtigung hat, Eigentum auf den Erwerber übergehen läßt[465]. Weitere Ausnahmen kennt das anglo-amerikanische Recht beim Handel mit „negotiable instruments[466]“ und bei den in sect. 21 Abs. 2b Sale of Goods Act und sect. 23 Abs. 2b Uniform Sales Act erwähnten Fällen der sog. „special Common Law or Statutory Powers[467]“.

2. *Internationales Privatrecht*

a) Geltung der lex rei sitae

Ob und unter welchen Voraussetzungen von einem Nichteigentümer oder von einem verfügungsbeschränkten Eigentümer gutgläubig Eigentum erworben werden kann, richtet sich einhellig nach der lex rei sitae[468]. Sie bestimmt, in welchem Umfang gutgläubiger Erwerb möglich ist, z. B. ob auch gestohlene, verlorene oder abhanden gekommene Sachen gutgläubig erworben werden können, ob nur der „for value purchaser“ oder Käufer „in market overt“ bzw. „in ordinary course of business“ geschützt wird. Sie bestimmt auch, ob der Eigentümer gestohlener Sachen sich gegenüber dem gutgläubigen Erwerber auf sein Eigentum erst berufen kann, wenn der Dieb bestraft

---

[464] Fast gleichlautend sect. 9 Factors Act; im Ergebnis gleich sect. 9 Uniform Conditional Sales Act.

[465] Ähnlich Art. 2 sect. 403 Abs. 2 Uniform Commercial Code: „Any entrusting of possession of goods to a merchant who deals in goods of that kind gives him power to transfer all rights of the entruster to a buyer in ordinary course of business.“ Für den Handelsverkehr bedeutet diese Vorschrift die Verwirklichung des deutschrechtlichen Grundsatzes: „Wo du deinen Glauben gelassen hast, da sollst du ihn suchen.“

[466] Siehe hierzu BENJAMIN on Sale, S. 30.

[467] Übersicht bei BENJAMIN on Sale, S. 47 ff.

[468] BGH NJW 1960, 774; FRANKENSTEIN Bd. 2, S. 67; LEWALD, IPR S. 177 und 185; NUSSBAUM, IPR S. 309; DUDEN, Der Rechtserwerb vom Nichtberechtigten an beweglichen Sachen und Inhaberpapieren im deutschen IPR, S. 9; RAAPE, IPR S. 595 f.; Cammell v. SEWELL (1858), zit. oben S. 47 Fußnote 239; ZAPHIRIOU S. 104; NIBOYET, Traité Bd. 4, S. 421 (Nr. 1209 A); BATIFFOL, Traité S. 553 f. (Nr. 505); SCHNITZER, IPR Bd. 2, S. 570; SCHULTSZ S. 252.

ist[469], was insbesondere bei Unbekanntbleiben des Diebes von Bedeutung ist. Die lex rei sitae sagt weiterhin, welche Anforderungen an den guten Glauben zu stellen sind, insbesondere ob nur grobe Fahrlässigkeit oder gar nur positive Kenntnis schadet, ob der gute Glaube vermutet wird und ob „mala fides superveniens" den Erwerb ausschließt. Nach ihr entscheidet sich auch, ob der gute Glaube an die Verfügungsbefugnis des Veräußerers ausreicht, oder ob der Veräußerer für den Eigentümer gehalten werden muß. Schließlich richtet sich nach der lex rei sitae, ob Besitzübertragung notwendig ist oder ob hierfür Besitzkonstitut oder Abtretung des Herausgabeanspruchs genügen.

b) Statutenwechsel

Weniger einmütig ist die Lehre bei der Anwendung der lex rei sitae, wenn *über die Grenze* verkauft wird. Sind schon sämtliche Voraussetzungen für einen Gutglaubenserwerb im alten Statut gegeben, dann geht nach den Grundsätzen des „abgeschlossenen Tatbestands vor Grenzüberschreitung[470]" Eigentum bereits im Gebiet des alten Statuts über. Im neuen Statut ist das erlangte Eigentum als „wohlerworbenes Recht" anzuerkennen. Dies ist heute fast unstreitig. Lediglich im Hinblick auf Art. 2279 Abs. 2 code civil und die entsprechenden Vorschriften der romanischen Rechte, die bei gestohlenen und verlorenen Sachen dem ursprünglichen Eigentümer drei Jahre seit Verlust der Sache einen Herausgabeanspruch gegen den gutgläubigen Erwerber zubilligen, ist vereinzelt in der französischen Rechtsprechung etwas anderes vertreten worden. In einem Fall, den die Cour d'Appel de Chambéry[471] zu entscheiden hatte, wurden in Frankreich gestohlene Wertpapiere in Italien nach italienischem Recht gutgläubig erworben. Nach Rückkehr der Papiere nach Frankreich machte die ursprüngliche Eigentümerin Eigentum an den Papieren geltend. Das Gericht gewährte ihr den Herausgabeanspruch aus Art. 2279 Abs. 2 code civil mit der Begründung, durch die Rückkehr der Papiere nach Frankreich sei die italienische von der französischen lex rei sitae abgelöst worden und daher sei Art. 2279 Abs. 2 code civil anzuwenden. Rolin[472] kommt zu demselben Ergebnis. Er führt aus: „La question de savoir si les choses perdues ou volées peuvent être revendiquées, pendant combien de temps et sous quelles restrictions, nous paraît gouvernée d'une manière absolue par la loi du pays où elles se trouvent au moment de l'action." Ebenso meint Kosters[473] für das niederländische Recht, daß eine in den Niederlanden gestohlene Sache wieder Eigentum des alten

[469] Vgl. sect. 24 Sale of Goods Act.

[470] Siehe oben S. 65 f.

[471] 24. 11. 1909, Clunet 1910, 898 ff.

[472] Principes Bd. 3, S. 545 (Nr. 1506).

[473] Het internationaal burgerlijk recht in Nederland, S. 715.

Eigentümers würde, wenn die Sache nach den Niederlanden zurückgelange, auch wenn an dieser im Ausland (z. B. Italien) ein gutgläubiger Erwerb stattgefunden habe. Diese Auffassung ist jedoch mit der Herrschaft der lex rei sitae über den Erwerb von Sachenrechten unvereinbar. Eine Ausnahme von dem Grundsatz, daß nach ausländischer lex rei sitae erworbenes Eigentum auch im Inland anzuerkennen ist, erscheint auch bei im Inland gestohlenen Sachen nicht gerechtfertigt. Die Gewährung einer solchen Ausnahme würde die Anerkennung der oben[474] abgelehnten Theorie der „voluntary submission" bedeuten, wonach die lex rei sitae dann nicht gelten soll, wenn die Sache ohne Wissen und Wollen des Eigentümers das Statut gewechselt hat.

Eigentum geht dagegen erst im neuen Statut über, wenn dort alle Voraussetzungen für einen Gutglaubenserwerb erfüllt werden. Hierher gehört z. B. der Fall des Versendungskaufs von Dänemark, wo kein gutgläubiger Erwerb möglich ist, nach Deutschland. Bei Übergabe in Deutschland geht das Eigentum nach §§ 929, 932 BGB über, auch wenn sich die Parteien bereits in Dänemark einigten. Duden[475], der in diesem Fall zum selben Ergebnis kommt, meint, daß der Erwerber in Deutschland Eigentümer werde, „obwohl ein Teil des nach dem neuen Statut zur Eigentumsübertragung erforderlichen Tatbestandes unter dem alten Statut verwirklicht ist". Duden ist entgegenzuhalten, daß nicht die Vollendung des im alten Statut begonnenen Übereignungstatbestandes ausreicht. Erforderlich ist, daß der ganze Tatbestand, an den sich die Übereignung knüpft, im neuen Statut erfüllt wird. In dem erörterten Fall geht Eigentum in Deutschland über, weil dort die Übergabe stattfindet und die Parteien zu diesem Zeitpunkt noch einig sind, daß Eigentum übergehen soll. Würde das deutsche Recht das bloße Einigsein bei Übergabe für den Eigentumsübergang nicht ausreichen lassen, sondern eine neue Einigung verlangen, dann würde die in Dänemark erfolgte Einigung nichts nützen.

Dasselbe gilt, wenn im vorgenannten Fall bereits in Dänemark durch Besitzkonstitut dem deutschen Käufer Besitz verschafft wurde und die Sache später in Deutschland übergeben wurde. Der gutgläubige Käufer wird in Deutschland nach §§ 929, 930, 933 BGB Eigentümer, da in Deutschland die in § 933 BGB geforderte Übergabe stattfand und die Parteien sich zu diesem Zeitpunkt über den Eigentumsübergang noch einig waren. Das Gleiche gilt beim Verkauf aus Deutschland in die Schweiz, wenn dem schweizerischen Käufer in Deutschland durch Besitzkonstitut nach § 930 BGB Besitz eingeräumt wird und in der Schweiz später Übergabe erfolgt. In Deutschland geht nach § 933 BGB mangels unmittelbarer Besitzübertragung kein Eigentum auf den Käufer über. Erst in der Schweiz erwirbt der gutgläubige

---

474 S. 63.

475 S. 21.

Käufer auf Grund der dort erfolgenden Übergabe Eigentum. Daß nach schweizerischem Recht ein bloßes Besitzkonstitut für den gutgläubigen Erwerb ausgereicht hätte, ist belanglos, da das Besitzkonstitut in Deutschland stattfand. Entscheidend ist die in der Schweiz erfolgende Verschaffung des unmittelbaren Besitzes. An sie knüpft im vorliegenden Fall die schweizerische lex rei sitae den Gutglaubenserwerb. Duden[476] meint demgegenüber, daß bei dieser Sachlage weder nach deutschem noch nach schweizerischem Recht Eigentum übergehe; nach deutschem Recht nicht, weil das bloße Besitzkonstitut in Deutschland nicht ausreiche; nach schweizerischem Recht nicht, weil das Besitzkonstitut, an die das schweizerische Recht gutgläubigen Erwerb knüpfe, nicht in der Schweiz erfolgt sei, und der Auslieferung nach schweizerischem Recht keine Wirkung mehr zukomme. Die letzte Behauptung, die Duden unbegründet läßt, ist nicht zutreffend. Sie beruht offenbar auf der Auffassung, daß es nach schweizerischem Recht bei Vorliegen eines Besitzkonstituts nicht mehr auf die Auslieferung ankomme, da bereits das Besitzkonstitut nach schweizerischem Recht für den Gutglaubenserwerb ausreiche. Duden verkennt hierbei, daß dies nur gilt, wenn es sich um ein Besitzkonstitut handelt, das schweizerischem Recht untersteht. Geht jedoch — wie hier — Eigentum auf Grund des Besitzkonstituts nicht über, weil deutsches Recht gilt, dann kommt es auf die Übergabe in der Schweiz an. Erst durch diese Übergabe erhält der Erwerber die Sache im Sinne des § 933 ZGB „übertragen“. Aber selbst wenn man Dudens Vorschlag folgt, kommt man im Wege der Angleichung zu demselben Ergebnis; denn nach deutschem wie nach schweizerischem Recht wäre Eigentum spätestens bei Übergabe übergegangen.

Noch andere Fallgestaltungen sind denkbar. Beim Versendungskauf aus Dänemark nach Deutschland kann die unmittelbare Besitzübertragung bereits in Dänemark, die sachenrechtliche Einigung dagegen erst in Deutschland erfolgen. Eigentum geht in diesem Fall in Deutschland nach §§ 929 Satz 2 (brevi manu traditio), 932 BGB über. Auch hier werden in Deutschland alle Voraussetzungen für einen Eigentumsübergang erfüllt.

Eigentum geht dagegen nicht über, wenn das alte Statut keinen Gutglaubenserwerb kennt und im neuen Statut die Voraussetzungen für einen Gutglaubenserwerb nicht erfüllt werden. Erfolgen z. B. in Dänemark Einigung und Übergabe und wird anschließend die Sache *nach Deutschland* verbracht, dann wird in Deutschland keiner der Tatbestände der §§ 929 ff. BGB erfüllt. Die Einigung und Übergabe in Dänemark sind für die deutsche lex rei sitae bedeutungslos[477].

---

[476] S. 22.

[477] Ebenso im Ergebnis die h. M., z. B. Frankenstein Bd. 2 S. 69; Raape, IPR S. 595 f.; Zaphiriou S. 109 ff.

Bloßes gutgläubiges Besitzen und Einigsein sind nach deutschem Recht, abgesehen von dem hier nicht in Frage stehenden Fall der Ersitzung, kein Erwerbstatbestand. Unbillig erscheint dieses Ergebnis mindestens in den Fällen, in denen der Käufer den gekauften Waren bis über die Grenze entgegenfährt oder durch eigene Leute beim Verkäufer abholen läßt. Denn in diesem Fall hat sein Bemühen, die Waren früher als beim gewöhnlichen Versendungskauf in seinen Machtbereich zu bekommen, gerade zur Folge, daß er nie — höchstens später durch Ersitzung — Eigentümer wird. Unbilligkeiten ergeben sich insbesondere, wenn die Ersitzungsfristen des Verkäuferlandes wegen Fehlens der Möglichkeit gutgläubigen Erwerbs kürzer sind als die zehnjährige Ersitzungsfrist des § 937 BGB. Im Verkäuferland wäre der Käufer, wenn die Ware dort geblieben wäre, am Ende der dortigen kürzeren Ersitzungszeit Eigentümer geworden. In Deutschland wäre er nach § 932 BGB sofort Eigentümer geworden, wenn sich der ganze Erwerbsakt dort abgespielt hätte. Bei strenger Anwendung der „lex rei sitae"-Regel erwirbt der Käufer dagegen nach § 937 BGB erst nach 10 Jahren Eigentum. Hier ist durch eine Angleichung zu helfen[478] mit dem Ergebnis, daß der Käufer am Ende der kürzeren Ersitzungszeit des Verkäuferlandes Eigentümer wird. Denn zu diesem Zeitpunkt wäre er nach beiden Statuten Eigentümer gewesen, wenn der gesamte Erwerbsvorgang beiden Rechten in vollem Umfang unterstellt gewesen wäre.

Umstritten ist die Rechtslage, wenn der gutgläubige Käufer einer Sache, die er in einem Land ohne Gutglaubenserwerb ausgeliefert bekommen hat, *nach Frankreich* verbringt und dort weiterhin gutgläubig besitzt. Überwiegend wird in der französischen Lehre[479] vertreten, daß in Frankreich im Gegensatz zu Deutschland für den Gutglaubenserwerb nach Art. 2279 Abs. 1 code civil das bloße Besitzen des gutgläubigen Erwerbers ausreiche, ohne daß es einer Besitzerlangung auf französischem Boden bedürfe. Batiffol[480] führt z. B. im Hinblick auf Art. 2279 code civil aus: „En effet la loi française attache des conséquences de droit au seul fait de la possession." Diese Auffassung wird zum Teil damit begründet, daß im französischen Recht eine Ersitzungsvorschrift fehle und deshalb nach anderer Auffassung in Frankreich der Erwerber nie Eigentümer werden könne, wenn der Besitzerwerb außer-

---

[478] Für Angleichung in diesem Fall auch Raape, IPR S. 593. Er schlägt allerdings S. 599 eine Angleichung vor, der nicht zu folgen ist (hierzu unten S. 97).

[479] Batiffol, Traité S. 553 f. (Nr. 505); Lerebours — Pigeonnière — Loussouarn S. 589 (Nr. 472 a. E.); Savatier, Cours S. 306 (Nr. 410); Donnedieu de Vabres S. 222; Surville, Cours S. 282 (Nr. 174); Josserand, Cours de droit civil positiv français Bd. 1, S. 842 (Nr. 1630).

[480] A. a. O., S. 554.

halb Frankreichs in einem Land stattgefunden habe, wo kein Gutglaubenserwerb möglich ist[481].

Eine Mindermeinung[482] will demgegenüber die bloße gutgläubige Besitzinnehabung in Frankreich nicht als Erwerbstatbestand ausreichen lassen. Sie verlangt für Art. 2279 Abs. 1 code civil Besitz*erwerb* in Frankreich. Ein Besitzerwerb im Ausland genüge nicht für einen Eigentumserwerb, wenn nicht schon nach der dortigen lex rei sitae ein Gutglaubenserwerb stattfinde. Niboyet[483] bemerkt in diesem Zusammenhang: „Le métronome bat la mesure chronologique des institutions et toute mesure arrivant tardivement est à considérer comme non avenue, disons mieux: c'est une fausse mesure." Die „fausse mesure" ist hierbei die bereits im Ausland erfolgte Übergabe, die hier zwar nicht zu spät, aber zu früh erfolgt. Niboyet will dem Erwerber in Frankreich lediglich die im französischen Recht seit dem 18. Jahrhundert gewohnheitsrechtlich geltende Eigentumsvermutung gewähren, die sich an den Besitz knüpft und die durch Gegenbeweis entkräftet werden kann[484].

An den Gedanken Niboyets anschließend meint Zaphiriou[485], daß die in Frankreich herrschende Lehre den Eigentumsübergang nach Art. 2279 Abs. 1 code civil unzulässigerweise rückwirkend an Ereignisse anknüpfe, die sich nicht unter der französischen lex rei sitae abgespielt hätten. Entscheidend sei der Lageort „at the time of the *alleged* acquisition", und der liege nicht in Frankreich. Auch hier[486] ist darauf hinzuweisen, daß für den Eigentumserwerb nicht der Zeitpunkt entscheidet, in dem nach Ansicht der Parteien das Eigentum übergeht, sondern der Zeitpunkt, in dem im Bereich einer lex rei sitae alle Voraussetzungen für einen Eigentumsübergang erfüllt sind. Wenn nach französischem materiellem Recht entsprechend der in Frankreich herrschenden Lehre das Eigentum nach Art. 2279 Abs. 1 code civil allein auf Grund gutgläubiger Besitzinnehabung auf den Käufer übergeht, dann sind alle Voraussetzungen für einen Eigentumserwerb erfüllt, sobald die Sache vom gutgläubigen Käufer auf französischen Boden gebracht wird, auch wenn die Auslieferung nicht in Frankreich erfolgte. Die französische Rechtsprechung hat sich bisher noch nicht darüber ausgesprochen, ob für Art. 2279 Abs. 1 code civil gutgläubiger Besitzerwerb in Frankreich erforderlich ist oder ob gutgläubiges Besitzen ausreicht. Ein Fall der bona fides superveniens, in dem diese Frage auch bei einer rein innerfranzösischen Transaktion auftauchen

---

481 So Duden S. 33.

482 Niboyet, Traité Bd. 4, S. 375 ff. (Nr. 1193 II); Desbois, Clunet 1931, 281—321 (313 Fußn. 30); Pillet, Traité Bd. 1 S. 732 f. (Nr. 361); für Belgien ebenso de Vos, Bd. 1, S. 306.

483 Traité Bd. 4, S. 375 f.

484 A. a. O., S. 377.

485 S. 110 f.

486 Vgl. bereits oben S. 64

könnte, war offenbar noch nicht zu entscheiden. Bis zu einer Entscheidung der französischen Rechtsprechung muß die Rechtslage im Hinblick auf den Streit in der Lehre als unsicher gelten.

Jedenfalls kann nicht dem Lösungsvorschlag Raapes[487] gefolgt werden. Raape meint, daß die hier aufgeworfene Zweifelsfrage nur für Grenzfälle von Bedeutung sei, und folgert daraus, „daß wir in der Auslegung freie Hand haben und an die französische Auslegung, selbst wenn sie einhellig wäre, nicht gebunden sind. Denn es ist unsere, der lex fori Sache, Übergriffen des neuen Sachstatuts auf Kosten des alten entgegenzutreten". Solange man der „lex rei sitae"-Regel folgt — und das tut auch Raape — gibt das Recht der belegenen Sache für alle Eigentumsfragen den Ausschlag. Die Gerichte außerhalb Frankreichs haben deshalb französisches Recht, so wie es in Frankreich gilt und angewendet wird, anzuwenden, wenn die verkaufte Sache sich im entscheidenden Zeitpunkt in Frankreich befindet. Sie müssen daher respektieren, wenn nach in Frankreich herrschender Lehre der Gutglaubenserwerb an die bloße Besitzinnehabung anzuknüpfen ist. Ein Beiseiteschieben der französischen Auslegung des Art. 2279 code civil wäre ein Beiseiteschieben der lex rei sitae. Dem alten Statut, nach dem kein Eigentum überging, wird entgegen Raape bei der Anwendung der französischen lex rei sitae nichts genommen, denn die Rechtszuständigkeit des alten Statuts endet an der Grenze.

Die von Raape[488] vorgeschlagene Angleichung steht daher erst zur Debatte, wenn man der in Frankreich zu Art. 2279 Abs. 1 code civil vertretenen Mindermeinung folgt. Denn nach dieser wird der gutgläubige Erwerber bei strenger Anwendung der lex rei sitae in Frankreich nie Eigentümer, da das alte Statut keinen Gutglaubenserwerb kennt und in Frankreich der Tatbestand des Gutglaubenserwerbs nicht erfüllt wird. Mangels einer Ersitzungsvorschrift in Frankreich würde der Erwerber auch später nie Eigentümer. Dagegen würde er bei ausschließlicher Geltung des alten Statuts jedenfalls am Ende der dortigen Ersitzungszeit und bei ausschließlicher Geltung des französischen Rechts nach Art. 2279 Abs. 1 code civil sogar sofort Eigentümer. Die Angleichung hat auch hier in der gleichen Weise wie oben[489] zu erfolgen, d. h. der Käufer wird in Frankreich am Ende der vom alten Statut vorgesehenen Ersitzungszeit Eigentümer. Raape a. a. O. will demgegenüber mit einer Angleichung im materiellen Recht helfen, indem er Art. 2279 Abs. 2 code civil entsprechend anwendet. Er führt aus: „Den Fällen, in denen ein Besitzer trotz seines guten Glaubens ausnahmsweise nicht sogleich Eigentümer wird, sondern erst nach Ablauf von drei Jahren, ist derjenige gleichzustellen, in dem ein Besitzer

[487] IPR S. 598.

[488] IPR S. 599.

[489] S. 95.

kraft ausländischen Rechts an der später nach Frankreich verbrachten Sache nicht sogleich Eigentum erwarb." Eine Angleichung durch analoge Anwendung des Art. 2279 Abs. 2 code civil scheitert bereits daran, daß man auch für den Eigentumserwerb nach Ablauf von 3 Jahren gemäß Art. 2279 Abs. 2 code civil Besitzerlangung auf französischem Boden fordern muß, wenn man eine solche für Art. 2279 Abs. 1 code civil verlangt. Es wäre inkonsequent, für Art. 2279 Abs. 1 Übergabe in Frankreich zu verlangen und für Art. 2279 Abs. 2 nicht. Für die analoge Anwendung des Art. 2279 Abs. 2 fehlt deshalb im vorliegenden Fall dieselbe Voraussetzung wie für die direkte Anwendung des Art. 2279 Abs. 1. Außerdem geht Raape offenbar davon aus, daß Art. 2279 Abs. 2 eine Ersitzungsvorschrift ist, die Eigentumsübergang bei gestohlenen und verlorenen Sachen an dreijährigen, gutgläubigen Besitz knüpft. Aus dem Wortlaut des Art. 2279 Abs. 2 ergibt sich jedoch, daß die Dreijahresfrist vom Zeitpunkt des Diebstahls oder Verlustes an läuft und nicht ab gutgläubiger Besitzerlangung; d. h. findet der gutgläubige Besitzerwerb erst drei Jahre nach dem Diebstahl oder Verlust statt, dann wird der Käufer sofort Eigentümer, ohne daß es des Ablaufs einer Frist bedarf[490]. Aus Art. 2279 Abs. 2 läßt sich daher nicht der allgemeine Satz herleiten, daß dreijähriger, gutgläubiger Besitz in Frankreich Eigentum vermittle.

c) Das Lösungsrecht

Manche Rechtsordnungen gewähren dem gutgläubigen Erwerber einer gestohlenen oder verlorenen Sache bisweilen ein Lösungsrecht[491]. Art. 2280 des französischen code civil bestimmt z. B.:

> „Si le possesseur actuel de la chose volée ou perdue l'a achetée dans une foire ou dans un marché, ou dans une vente publique, ou d'un marchand vendant des choses pareilles, le propriétaire originaire ne peut se la faire rendre qu'en remboursant au possesseur le prix qu'elle lui a couté."

Das Lösungsrecht steht in engem Zusammenhang mit dem Gutglaubenserwerb. Es sei daher hier kurz behandelt[492].

Einheitlich wird dieses Recht sachenrechtlich qualifiziert und daher einheitlich der lex rei sitae unterworfen. Unterschiedlich ist allerdings die Begründung. Raape[493] hält das Lösungsrecht für eine sachenrecht-

---

[490] So ausdrücklich PLANIOL — RIPERT — PICARD Bd. 3, S. 392 f. (Nr. 393), die a. a. O. besonders darauf hinweisen, daß es sich bei Art. 2279 Abs. 2 nicht um eine „prescription acquisitive" handle.

[491] Siehe den rechtsvergleichenden Überblick oben S. 84—91.

[492] Ausführlich zu diesem Recht DUDEN S. 39—68.

[493] IPR S. 602.

liche Einrede des Besitzers. Nach Nußbaum[494] ist dieses Recht ein „Teil des Besitzrechts". Duden[495] sieht das Lösungsrecht als Ersatz für einen nicht eingetretenen Eigentumserwerb an und erklärt daher das für den Eigentumsübergang geltende Statut für anwendbar. Wolff[496] zählt das Lösungsrecht zu den Gegenrechten des Besitzers und stellt es dem Recht des Besitzers auf Ersatz für Verwendungen und dem Anspruch auf Finderlohn gleich. Alle diese Hinweise tragen dazu bei, die sachenrechtliche Anknüpfung des Lösungsrechts zu rechtfertigen. Hinzu kommt, daß eine vertragliche Beziehung zwischen dem gutgläubigen Erwerber und dem wahren Eigentümer, die Grundlage für eine schuldrechtliche Beurteilung sein könnte, fehlt. Insbesondere besteht das Lösungsrecht nicht nur aus dem Anspruch auf Erstattung des Kaufpreises. Die Natur des Lösungsrechts wird vielmehr dadurch gekennzeichnet, daß es dem gutgläubigen Erwerber ein dem Besitzpfandrecht ähnliches Zurückbehaltungsrecht gewährt. Denn der Erwerber kann auf Grund des Lösungsrechts die Sache gegenüber dem Eigentümer bis zur Erstattung des bezahlten Kaufpreises zurückbehalten.

Dieses Zurückbehaltungsrecht entsteht im Zeitpunkt des gutgläubigen Besitzerwerbs[497]. Über die Entstehung dieses Rechts entscheidet daher die Rechtsordnung, in deren Bereich sich die Sache zu diesem Zeitpunkt befindet[498]. Das Reichsgericht wandte demgegenüber in einer älteren Entscheidung[499] die Rechtsordnung an, in deren Bereich sich die Sache zur Zeit des Herausgabeverlangens des Eigentümers befand. Es ging davon aus, daß der Lösungsanspruch erst entsteht, wenn der wahre Eigentümer die Sache herausverlangt[500]. Es ist zwar richtig, daß der gutgläubige Erwerber seinen Lösungsanspruch auf Erstattung des Kaufpreises erst geltend machen kann, wenn der wahre Eigentümer die Sache herausverlangt. Dieser Anspruch besteht jedoch bereits seit dem gutgläubigen Besitzerwerb in Form eines Gegenrechts. Daß es nicht vor

---

[494] Deutsches IPR S. 311.

[495] S. 51 f.

[496] IPR S. 179.

[497] Da es sich in den Fällen des Art. 2280 code civil in der Regel um Barkäufe handelt, wird der Besitzerwerb meist mit dem Kaufabschluß und der Kaufpreiszahlung zusammenfallen. Das Problem, ob das Lösungsrecht gegenüber der hier vertretenen Auffassung schon zum Zeitpunkt des Kaufabschlusses oder erst zum Zeitpunkt der Kaufpreiszahlung entsteht (vgl. DUDEN S. 44), taucht daher praktisch nicht auf.

[498] Im Ergebnis ebenso LEWALD, IPR S. 183; WEISFLOG S. 56; wohl auch NUSSBAUM, Deutsches IPR S. 311, und RAAPE, IPR S. 602.

[499] RGZ 41, 152 (in Hamburg gestohlene Wertpapiere wurden in Paris gutgläubig erworben und mittels brieflichen Abschlusses an einen in Berlin wohnenden Zweitverkäufer weiterverkauft und ausgeliefert).

[500] Ebenso FRANKENSTEIN, IPR Bd. 2, S. 74 f. und ders. in Mitteilungen der Deutschen Gesellschaft für Völkerrecht, Heft 9 (1929), S. 15 f.

dem Herausgabeverlangen des Eigentümers geltend gemacht werden kann, liegt in der Natur des Gegenrechts.

Zweifelhaft ist, welchen Einfluß der Statutenwechsel auf ein bereits entstandenes Lösungsrecht hat. Raape[501] meint, die Verweigerung des Lösungsrecht im neuen Statut „verstieße gegen den Grundgedanken des wohlerworbenen Rechts". Auch Duden will das im alten Statut erworbene Lösungsrecht im neuen Statut anerkennen. Er weist zur Begründung darauf hin, daß ja auch das vom Nichtberechtigten im neuen Statut erworbene Eigentum im anderen Statut nicht untergehe[503]. Auch er macht geltend, daß hier eine „Ausnahme vom Grundsatz der Anerkennung im Ausland erworbener Rechte" nicht gerechtfertigt wäre. Bei der Verbringung der Sache aus Frankreich nach Deutschland sei zu beachten, daß auch in großen Teilen Deutschlands bis 1900 ein Lösungsrecht wie das des Art. 2280 code civil bekannt gewesen sei.

Der Hinweis auf das „wohlerworbene Recht" rechtfertigt die Weitergeltung des Lösungsrechts im neuen Statut nur, wenn dort ein Recht gleichen Inhalts und Umfangs bekannt ist. Hierbei genügt nicht, daß das neue Statut früher einmal ein solches Recht kannte. Erforderlich ist, daß die derzeit dort geltende Rechtsordnung ein Recht von gleichem Inhalt und Umfang kennt. Nicht erforderlich ist dagegen, daß die Entstehungsgründe für ein solches Recht in beiden Statuten dieselben sind. Der Inhalt des Lösungsrechts besteht primär in einer Geldforderung. Geldforderungen sind jeder Rechtsordnung bekannt. Insoweit besteht daher kein Bedenken gegen eine Anerkennung im neuen Statut. Das Lösungsrecht gewährt, wie bereits gezeigt, darüber hinaus auch ein Zurückbehaltungsrecht gegen den Vidikationsanspruch des Eigentümers. In jeder Rechtsordnung gibt es Zurückbehaltungsrechte des Besitzers, die es dem Besitzer erlauben, bis zur Begleichung eines Geldanspruchs die Sache zurückzubehalten. Eigentümer und Dritte müssen daher immer damit rechnen, daß der Besitzer die Sache bis zur Begleichung eines Geldanspruchs zurückbehält. Verkehrsinteressen werden daher nicht beinträchtigt, wenn man das im alten Statut entstandene Lösungsrecht auch im neuen Statut gewährt. Im alten Statut entstandene Lösungsrechte sind demnach im neuen Statut auch anzuerkennen, wenn nach dem Recht des neuen Statuts unter gleichen Voraussetzungen kein solches Recht entstanden wäre[504].

---

[501] S. 602.

[502] S. 58 f.

[503] Ebenso Rabel, Conflict of Laws Bd. 4, S. 75.

[504] Ebenso im Ergebnis das Hans. OLG vom 5. 2. 1897 HansGZ 1897 Hbl. Nr. 103 und Arndt in Erman, Handkommentar Bd. 2, Anh. 2 zu Art. 12 EGBGB Bem. 3, S. 1591; a. A. Gutzwiller, IPR S. 1599 Fußnote 1 und Weisflog S. 56.

Entsteht umgekehrt im alten Statut kein Lösungsrecht, dann entsteht auch keines, wenn die Sache nach dem gutgläubigen Besitzerwerb ins Gebiet einer Rechtsordnung gebracht wird, die ein Lösungsrecht gewährt hätte. Dies folgt aus dem allgemeinen Grundsatz, daß ein im alten Statut abgeschlossener Tatbestand nicht im neuen Statut eine sachenrechtliche Änderung herbeiführen kann. Zweifelhaft ist allerdings die Lage, wenn die Sache später nach Frankreich gebracht wird. Duden[505] und offenbar auch Batiffol[506] wollen wie bei Art. 2279 code civil auch in diesem Fall konsequent die bloße Besitzinnehabung in Frankreich für den Erwerb des Lösungsrechts ausreichen lassen. Die richtige Entscheidung hängt von der Auslegung des Art. 2280 code civil ab. Läßt man nach dieser Vorschrift bloße Besitzinnehabung einer auf dem Markt etc. gekauften Sache genügen, dann ist Duden und Batiffol zuzustimmen. Bei dieser Auslegung ist es gleichgültig, daß die Sache in Deutschland gekauft wurde. Die Eigenschaft „auf dem Markte gekauft" haftet der Sache wie z. B. die Eigenschaft „gestohlen" auch noch nach Statutenwechsel an. Die Beschränkung auf bestimmte Fälle des Besitzerwerbs („... dans un marché ou dans une vente publique ...") spricht jedoch mehr dafür, daß dem Besitzerwerb entscheidende Bedeutung zukommen und bloße Besitzinnehabung nicht ausreichen soll.

Soweit nach dem Recht des alten Statuts an der gestohlenen Sache ausnahmsweise Eigentum erworben wurde — was z. B. nach neuem italienischem Recht möglich ist —, verbleibt es auch nach Statutenwechsel bei diesem Erfolg. Für ein Lösungsrecht ist in diesem Fall kein Platz.

3. Kapitel

Der Eigentumsvorbehalt

1. Rechtsvergleichender Überblick

Die Möglichkeit, sich das Eigentum an einer verkauften Sache vorzubehalten, wird nicht in allen Staaten in gleichem Umfang anerkannt[507]. *Argentinien* lehnt z. B. den Eigentumsvorbehalt bis zur Vollzahlung des Kaufpreises beim Verkauf von beweglichen Sachen über-

---

505 S. 59 f.

506 Traité S. 555 (Nr. 506).

507 Eine umfassende Darstellung der mannigfaltigen Einzelheiten und Auffassungen zu diesem Problem in den verschiedenen materiellen Rechten würde den Rahmen der Arbeit sprengen. Es soll daher hier nur beispielhaft auf Unterschiede hingewiesen werden, die bei internationalen Käufen Schwierigkeiten im kollisionsrechtlichen Bereich bereiten können. Für weitere Einzelheiten sei auf das mannigfaltige rechtsvergleichende Schrifttum zum Eigentumsvorbehalt verwiesen: BÜCHNER, Eigentumssicherung im Überseegeschäft, Berlin 1958; FLECK, Der Eigentumsvorbehalt im euro-

haupt ab. Art. 1376 in Verb. mit 1374 des argentinischen código civil verbieten einen solchen Kauf ausdrücklich. In *Frankreich* und *Belgien* wirkt ein Eigentumsvorbehalt nicht im Konkurs. Der Verkäufer kann sich dort nur schützen, wenn er vor Konkurseröffnung auf Auflösung des zugrundeliegenden Kaufs geklagt oder dessen Unwirksamkeit durch Berufung auf eine im Vertrag enthaltene „clause résolutoire" geltend gemacht hat[508]. Dieser Schutz ist jedoch keine Folge des Eigentumsvorbehalts, sondern eine Folge der Vertragsauflösung. Praktischen Nutzen hat der Eigentumsvorbehalt deshalb in Frankreich und Belgien allenfalls außerhalb des Konkurses auf Grund seiner Wirkung gegen bösgläubige Dritterwerber, die den Eigentumsvorbehalt kennen. Gutgläubige Dritterwerber werden durch Art. 2279 code civil geschützt.

Auch in *England* hat der Eigentumsvorbehalt wegen der „reputed ownership clause[509]", die die Wirkung des Eigentumsvorbehalts im Konkurs verhindert, ebenfalls nur geringe Bedeutung. Die in England am meisten gebrauchte Form der Warenkreditsicherung ist der „hire-purchase", d. h. „contract of hire under which the goods remain the property of the owner (vendor), and the hirer (purchaser) who is merely their bailee, upon payment of the final instalment, has the option to acquire the property of the goods"[510]. Er hat in England

päischen Kaufrecht, 2. Aufl. Köln 1954; Graue (VDMA), Der Eigentumsvorbehalt im ausländischen Recht, Frankfurt/M. 1953; Mertens, Eigentumsvorbehalt und sonstige Sicherungsmittel des Verkäufers im ausländischen Recht, Berlin 1964; Neuner-Stulz, Eigentumsvorbehalt, Schlegelbergers Rvgl. HWB Bd. 2, Berlin 1928, S. 796—807; Schenk, Zur Frage der Sicherung des Verkäufers bei Export- und Importgeschäften (insbesondere der Eigentumsvorbehalt), NJW 1950, 248—250; Stulz, Der Eigentumsvorbehalt im in- und ausländischen Recht, Berlin 1932. Bezüglich einzelner Länder: Larem, Die Entwicklung und Regelung des Eigentumsvorbehalts im deutschen, schweizerischen und französischen Recht, Basel 1958; Ledoux, Eigentumsvorbehalt in Belgien, Mitteilungsblätter der deutsch-belgisch-luxemburgischen Handelskammer, Dez. 1953, S. 10; Moecke, Verkaufsbedingungen zur Sicherung gegen Zahlungsverzug bei Ausfuhr nach Belgien, AWD 1961, S. 219—222; Vogelsang, Durch allgemeine Lieferungsbedingungen vereinbarter Eigentumsvorbehalt in Belgien, NJW 1961, 495 f.; Bernays, Die neue französische Gesetzgebung über den Eigentumsvorbehalt, NJW 52, 454 f.; Féblot-Mezger, Eigentumsvorbehalt und Rücktrittsklausel bei Lieferungen nach Frankreich, RabelsZ 20 (1955), 662—679; Wunner, Der Eigentumsvorbehalt im italienischen Recht, NJW 1960, 1846 f. Offinger, Die Verwendung von Sicherungsübereignung und Eigentumsvorbehalt in der Schweiz, Diss. Freiburg 1958; Griese, Grenzen der Sicherheit von Mobiliarkrediten im Recht der USA, Karlsruhe 1962.

[508] Art. 548 französischer code de commerce in der Fassung vom 20. 5. 1955; für Belgien: Cour de Cassation, 23. 5. 1946, Pasicrisie belge 1946, I, 204.

[509] Siehe oben S. 42.

[510] Schmitthoff, The Sale of Goods S. 214.

große praktische Bedeutung erlangt, weil er Dritterwerbern keine Möglichkeit gutgläubigen Erwerbs nach sect. 25 Sale of Goods Act gewährt und im Konkurs in beschränktem Umfang eine Art Aussonderungsrecht gestattet[511].

Sehr häufig wird die Wirksamkeit des Eigentumsvorbehalts von einer *Registereintragung* abhängig gemacht. Nach schweizerischem Recht z. B. ist nach Art. 715 ZGB ein Eigentumsvorbehalt nur wirksam, wenn er am Wohnort des Erwerbers in ein Register eingetragen wird[512]. Solange ein Eigentumsvorbehalt nicht eingetragen ist, wirkt er weder im Verhältnis zu Dritten noch inter partes[513], d. h. Besitzübertragung ohne Eintragung des Vorbehalts hat Übergang des Eigentums auf den Erwerber zur Folge. Das Eigentum fällt allerdings ex nunc wieder an den Verkäufer zurück, wenn der Vorbehalt nachträglich eingetragen wird[514]. Die Möglichkeit der nachträglichen Eintragung erlischt erst mit der Verwertung der Sache zugunsten der Käufergläubiger[515]. Bei Wohnsitzwechsel des Erwerbers ist zur Erhaltung des Eigentumsvorbehalts neue Eintragung im Register des neuen Wohnsitzes erforderlich. Der Vorbehalt erlischt in diesem Fall, wenn nicht binnen eines Monats am neuen Wohnsitz des Erwerbers eine Eintragung erfolgt[516]. Ebenso wie das schweizerische Recht verlangt auch das *brasilianische* Recht zur Wirksamkeit des Eigentumsvorbehalts Eintragung in ein dafür vorgesehenes Register am Wohnsitz des Käufers[517].

Auch in den *Vereinigten Staaten* verlangen die meisten Staaten zur vollen Wirksamkeit des Eigentumsvorbehalts die Eintragung des Vorbehalts in ein Register. Sect. 5 des Uniform Conditional Sales Act bestimmt z. B., daß ein Eigentumsvorbehalt gegenüber Dritterwerbern und Gläubigern des Käufers unwirksam ist, wenn diese in Unkenntnis des Vorbehalts die Waren erwerben oder pfänden, bevor der Vertrag oder eine Abschrift davon in ein dafür vorgesehenes Register eingetragen wird. Dies gilt nur dann nicht, wenn der Vertragsabschluß noch innerhalb von 10 Tagen seit Vertragsschluß eingetragen wird. Der nicht eingetragene Eigentumsvorbehalt ist jedoch im Gegensatz zum schweizerischen Recht nicht ohne Wirkung. Durch sect. 5 Uniform

---

[511] Hierüber ausführlich CAMPBELL-SALMON, Hire Purchase and Credit Sales Law and Practice, S. 79 f. and 104 ff.

[512] Über die Voraussetzungen der Eintragung vgl. die Verordnung der Schuldbetreibungs- und Konkurskammer des Bundesgerichts betreffend die Eintragung des Eigentumsvorbehalts vom 19. 12. 1910, ergänzt am 23. 12. 1939.

[513] BGE 42 III 170 (175).

[514] BGE 42 III 175 f.

[515] So Kommentar zum Schweizerischen ZGB Bd. 4 (Sachenrecht), Bem. 69 zu Art. 716 ZGB, S. 740 mit Rechtsprechungsnachweisen.

[516] Art. 3 der genannten Verordnung.

[517] Art. 1 des Dekretgesetzes 1027 vom 2. 1. 1939.

Conditional Sales Act werden außer dem Dritterwerber nur der sog. „lien creditor" geschützt, „who acquires by attachment or levy a lien upon them (sc. the goods)". Demnach ist der Eigentumsvorbehalt nur gegenüber solchen Gläubigern unwirksam, die vor der Eintragung ein „lien" erworben haben. Inter partes ist der Vorbehalt auch ohne Eintragung voll wirksam[518]. Veräußerung der unter Vorbehalt gekauften Sache durch den Käufer ohne Zustimmung des Verkäufers wäre „conversion[519]".

Der Uniform Commercial Code, der für seinen Geltungsbereich in Art. 10 sect. 102 Abs. 1 den Uniform Conditional Sales Act ausdrücklich aufhebt, verlangt gemäß Art. 9 sect. 302 ebenfalls Eintragung des Eigentumsvorbehalts. Der Uniform Commercial Code erwähnt allerdings den Eigentumsvorbehalt nicht ausdrücklich, da er alle Kreditsicherungsmöglichkeiten, zu denen der Eigentumsvorbehalt gehört, in dem Begriff „security interest" zusammenfaßt. Auch nach dem Uniform Commercial Code werden bei Nichteintragung des „security interest" nur die „lien creditors" geschützt[520], und zwar nur dann, wenn ihnen das Sicherungsrecht unbekannt ist. Die Regeln des Uniform Commercial Code und des Uniform Conditional Sales Act stellen häufig Kompromisse aus den sich vielfach widersprechenden Rechtsordnungen dar, die einst in den Einzelstaaten galten und in vielen Staaten, die den Uniform Commercial Code und Uniform Conditional Sales Act nicht angenommen haben, auch heute noch gelten. Für die Regelung des Eigentumsvorbehalts in den Staaten, die noch keines der beiden genannten „uniform laws" angenommen haben, sei auf die ausführliche Darstellung von Griese[521] verwiesen.

Unterschiedlich wird die Wirkung des eingetragenen Eigentumsvorbehalts gegenüber Dritterwerbern beurteilt. Nach schweizerischem Recht schließt z. B. die Eintragung des Vorbehalts den gutgläubigen Erwerb durch einen Dritten nicht aus[522]. Nach Art. 9 sect. 306 Abs. 2 Uniform Commercial Code bleiben dagegen eingetragene „security interests", zu denen der Eigentumsvorbehalt gehört, grundsätzlich ohne Rücksicht auf jede Verfügung des Sicherungsgebers (Käufers) bestehen, außer wenn der Sicherungsnehmer (Vorbehaltsverkäufer) den Sicherungsgeber zur Verfügung ermächtigt hat[523]. Eine wichtige Ausnahme hiervon gilt allerdings nach Art. 9 sect. 307 Abs. 1 Uniform Commercial Code, nach dem beim Kauf „in ordinary course of busi-

---

518 Arg. aus sect. 4 und 5 Uniform Conditional Sales Act.

519 Rodney Hunt. Mach. Co. v. Stewart 1890, 11 N. Y. S. 448.

520 Art. 9 sect. 301 Abs. 1 b Uniform Commercial Code. Zur Definition des Begriffs „lien creditor" Art. 9 sect. 301 Abs. 3 Uniform Commercial Code.

521 Grenzen der Sicherheit von Mobiliarkrediten im Recht der USA (1962).

522 Siehe oben S. 88

523 Ähnlich sect. 9 Uniform Conditional Sales Act.

ness" der Käufer ohne Rücksicht auf ein eingetragenes „security interest" an der veräußerten Sache unbeschränktes Eigentum erlangt, selbst wenn er von dessen Bestehen Kenntnis hatte. Offenbar soll durch diese Vorschrift der gute Glaube des Käufers an die Veräußerungsbefugnis des Verkäufers, der üblicherweise Waren dieser Art veräußert, geschützt werden.

In *Italien* ist ein Eigentumsvorbehalt gegenüber Gläubigern des Käufers und im Konkurs des Käufers nur wirksam, wenn er mittels einer datierten Urkunde („certa data") errichtet wird, die nach Art. 2704 codice civile öffentlich beglaubigt oder beurkundet oder in einem dafür vorgesehenen Register eingetragen sein muß[524]. Eine Registrierung des Eigentumsvorbehalts selbst verlangt das italienische Recht ausnahmsweise beim Verkauf von Maschinen zu einem Preis von über 30 000 Lire[525] und Automobilen[526]. Die Eintragung hat in diesem Fall allerdings nur den Zweck, bei abredewidriger Weiterveräußerung durch den Käufer die Möglichkeit des Dritterwerbs auszuschließen; denn gegen die Käufergläubiger wirkt der Eigentumsvorbehalt auch bei diesen Gegenständen schon dann, wenn der Vorbehalt nur unter „certa data" vereinbart wurde[527].

In vielen Rechtsordnungen dient anstelle des umfassenderen Eigentumsvorbehalts ein Registerpfandrecht als Warenkreditsicherungsmittel, so z. B. in Argentinien[528] generell, in Frankreich beschränkt auf einige wichtige Güter[529].

2. *Internationales Privatrecht*

a) Geltung der lex rei sitae

Ob und welchen Einfluß die Vereinbarung einer Vorbehaltsklausel auf den Eigentumsübergang hat, beurteilt sich ausschließlich nach der lex rei sitae. Es handelt sich insoweit um eine rein dingliche Wirkung des Eigentumsvorbehalts; denn es geht darum, ob Eigentum übergeht oder nicht. Die Empfehlung, der Verkäufer möge darauf sehen, daß

---

[524] Art. 1524 Abs. 1 codice civile: „La riserva della proprietà è opponibile ai creditori del compratore, solo se risulta da atto scritto avente data certa anteriore al pignoramento."

[525] Art. 1524 Abs. 2, 2762 Abs. 2 codice civile.

[526] Art. 2683—2695 codice civile.

[527] Italienischer Kassationshof, 10. 11. 1955 (Nr. 3698), Foro italiano 1956, Spalte 1479.

[528] Dekretgesetz Nr. 15348 vom 28. 5. 1946 in Verbindung mit der Ausführungsverordnung Nr. 10574 vom 13. 9. 1946.

[529] Siehe das Dekretgesetz vom 18. 1. 1951 „relative au nantissement de l'outillage et du matériel d'équipement", abgedruckt bei Dalloz, Code de commerce, unter dem Titel „Fonds de commerce", und das Dekretgesetz vom 30. 9. 1953 „relatif à la vente à crédit des véhicules automobiles", abgedruckt bei Dalloz, Code Civil, nach Art. 2074.

die Geltung einer ihm günstigen Rechtsordnung vereinbart werde, hat daher hinsichtlich dieser dinglichen Wirkung des Eigentumsvorbehalts wenig Sinn, da die lex rei sitae durch bloße Parteidisposition nicht verändert werden kann[530]. Gerade beim Eigentumsvorbehalt verlangt der Rechtsverkehr größtmögliche Sicherheit durch Anknüpfung an die für alle gleichmäßig erkennbare lex rei sitae; denn „Eigentumsvorbehalte bis zur Zahlung des Kaufpreises sind im modernen Geschäftverkehr wie Unterseeboote; sie tauchen auf, wo man sie am wenigsten erwartet[531]".

Dagegen bestimmt das Schuldstatut, ob die Vereinbarung des Eigentumsvorbehalts auch schuldrechtliche Folgen zeitigt, z. B. ob der Verkäufer auf Grund des Vorbehalts bereits bei bloßem Zahlungsverzug zum Rücktritt berechtigt sein soll (vgl. § 455 BGB). Auch beurteilt sich nach dem Schuldstatut, ob ein Kaufvertrag unter Eigentumsvorbehalt verboten und daher nichtig ist, wie z. B. nach argentinischem Recht[532].

b) Der Eigentumsvorbehalt bei Verkäufen über die Grenze

aa) In der Lehre wird meist nur der Fall behandelt, in dem sich der Verkäufer nach dem Recht des Ausgangslandes der Ware Eigentum wirksam vorbehält, und die Ware danach in ein Land verbracht wird, das einen Eigentumsvorbehalt nicht kennt oder an schärfere Voraussetzungen knüpft. Einhellig wird hier angenommen, daß der Eigentumsvorbehalt als ein nach dem alten Statut erworbenes Recht im neuen Statut nur fortwirke, wenn das neue Statut das Institut des Eigentumsvorbehalts kenne und die besonderen Voraussetzungen des neuen Statuts für den Eigentumsvorbehalt, z. B. Registereintrag, erfüllt seien[533]. Der Eigentumsvorbehalt soll dagegen mit Grenzübergang erlöschen, wenn dem neuen Statut der Eigentumsvorbehalt unbekannt ist oder die besonderen Voraussetzungen nicht erfüllt sind. Der behandelte Fall wird demnach in die Fallgruppe „abgeschlossener Tatbestand vor Grenzüberschreitung[534]" eingereiht[535].

---

[530] Ebenso STULZ S. 78; FLECK S. 81; SOVILLA S. 76.

[531] KRUSE, Eigentumsrecht Bd. 2, S. 1545 f.

[532] Vgl. oben S. 101 f.

[533] Insbesondere RAAPE, IPR S. 596 f.; FRANKENSTEIN Bd. 2, S. 65 f.; SCHULTSZ S. 179 f.; SCHNITZER, IPR Bd. 2, S. 575 f.

[534] Siehe oben S. 65 f.

[535] So ausdrücklich FRANKENSTEIN Bd. 2, S. 66: „Eine andere Frage ist die des Fortbestandes des wirksam ausgesprochenen Eigentumsvorbehalts bei einem Statutenwechsel. Hier handelt es sich um einen Dauertatbestand, der nach den allgemeinen Grundsätzen von jeder neuen Rechtsordnung, unter deren Herrschaft die Sache kommt, erst anerkannt werden muß." Ebenso Privat S. 127 f. Im Ergebnis gleich LALIVE S. 157 ff., der den Eigentumsvorbehalt nach denselben Grundsätzen wie ein im Ausland an einer fremden Sache erworbenes „chattel mortgage" behandelt, das untergeht, wenn das Bestimmungsland ein solches „chattel mortage" nicht kennt.

Diese Behandlung des Eigentumsvorbehalts ist angreifbar. Sie wäre nur richtig, wenn der Eigentumsvorbehalt ein besonderes, neben dem Eigentum bestehendes Sachenrecht wäre, das als Folge der Vorbehaltsvereinbarung erworben wird. Dies ist jedoch nicht der Fall. Man spricht zwar bisweilen von einem „Vorbehaltsrecht", das dem Vorbehaltsverkäufer zusteht. Mit diesem Ausdruck wird jedoch lediglich die wirtschaftliche Situation des Vorbehaltsverkäufers bezeichnet. Wirtschaftlich ist das „Vorbehaltseigentum" des Verkäufers ein minus gegenüber dem Eigentum vor Verkauf. Juristisch — allein diese Betrachtungsweise ist hier ausschlaggebend — bedeutet Vorbehaltseigentum bis zur Zahlung der letzten Kaufpreisrate Volleigentum[536]. Der Verkäufer erwirbt im Ausgangsland keinen Eigentumsvorbehalt, sondern behält altes Eigentum. Durch den Vorbehaltsverkauf wird deshalb im Ausgangsland — abgesehen von einem z. B. in Deutschland anerkannten dinglichen Anwartschaftsrecht des Käufers, das hier keine Rolle spielt — sachenrechtlich keine neue Situation geschaffen. Es geht daher allein darum, ob das im Ausgangsland beim Verkäufer verbliebene Eigentum beim Grenzübertritt oder zu einem späteren Zeitpunkt, jedenfalls aber vor Entrichtung des vollen Kaufpreises, trotz entgegenstehender Willensäußerung der Parteien nach dem neuen Sachstatut auf den Käufer übergeht. Dies ist eine Frage des „nicht abgeschlossenen Tatbestands bei Grenzüberschreitung[537]".

---

[536] Wiethölter, Kauf unter Eigentumsvorbehalt und Gewährleistung für Rechtsmängel, JZ 1961, 695.

[537] Vgl. oben S. 66—72. Lewald S. 188, der — soweit ersichtlich — als einziger diesen Gedanken erwähnt, meint, daß der Kauf unter Eigentumsvorbehalt nur scheinbar hierher gehöre. Es dürfte nicht übersehen werden, daß hier unter der Herrschaft des alten Statuts bereits eine dingliche Wirkung eingetreten sein kann, nämlich die Entstehung eines Anwartschaftsrechts, so daß sich dann die Frage dahin reduziere, wie der Statutenwechsel auf dieses bereits begründete Anwartschaftsrecht einwirke. Lewald ist entgegenzuhalten, daß Eigentumsübergang und Erwerb des Anwartschaftsrechts streng zu trennen sind. Bei beiden sind abgeschlossene und nichtabgeschlossene Tatbestände bei Grenzüberschreitung denkbar. Für das Anwartschaftsrecht, dessen dingliche Ausgestaltung eine Besonderheit des deutschen Rechts darstellt, ergibt sich dies am besten am Beispiel des Verkaufs aus Deutschland ins Ausland. Der Erwerb des Anwartschaftsrechts erfolgt in Deutschland wie der Erwerb des Vollrechts (BGHZ 28, 21 mit weiteren Hinweisen), d. h. in der Regel mit Übergabe. Erfolgt Übergabe vor Grenzüberschreitung, so liegt ein abgeschlossener Tatbestand vor. Die Frage ist dann, ob die neue Rechtsordnung ein dingliches Anwartschaftsrecht kennt. Kennt sie es nicht, so erlischt das bereits entstandene Anwartschaftsrecht wieder, auch wenn die neue Rechtsordnung im übrigen den vereinbarten Eigentumsvorbehalt für wirksam hält. Ein nicht abgeschlossener Tatbestand liegt vor, wenn die Übergabe erst nach Grenzüberschrei-

Der Eigentumsübergang ergibt sich bei Grenzübertritt der Waren noch nicht allein daraus, daß der im alten Sachstatut wirksam vereinbarte Eigentumsvorbehalt im neuen Statut nicht wirksam ist. Unwirksamkeit der Vorbehaltsklausel bedeutet nicht immer Eigentumsübergang. Z. B. wird in Deutschland der Käufer noch nicht Eigentümer, wenn der Eigentumsvorbehalt wegen Dissenses oder wegen sittenwidriger Knebelung des Käufers nichtig ist; denn für einen Eigentumsübergang fehlt immer noch eine wirksame Einigung[538]. Eigentumsübergang kann daher nach Statutenwechsel immer erst angenommen werden, wenn das neue Sachstatut positiv besagt, daß ohne Rücksicht auf den gegenteiligen Willen der Parteien, der in der Vereinbarung des Vorbehalts zum Ausdruck kommt, Eigentum als unvermeidliche Folge des abgeschlossenen Kaufes übergeht. Wie das neue Sachstatut entscheidet, hängt davon ab, ob und wieweit es die Interessen von Dritterwerbern und Käufergläubigern über das Warenkreditsicherungsinteresse des Verkäufers stellt. Erst wenn das Verbot des Eigentumsvorbehalts diese Drittinteressen schützen soll — was in der Regel, aber nicht immer, der Fall sein wird — ist der Schluß gerechtfertigt, daß die „Ungültigkeit des Vorbehalts" Übergang des Eigentums bedeuten soll.

Einige Beispiele sollen dies verdeutlichen. Im schweizerischen Recht wird z. B. angenommen, daß Volleigentum auf den Käufer übergeht, wenn der Vorbehalt nicht in das Register am Wohnsitz des Erwerbers eingetragen wird[539]. Beim Verkauf aus Deutschland in die Schweiz geht demnach Eigentum auf den schweizerischen Käufer über, wenn die Waren auf schweizerischen Boden gelangen und der Vorbehalt weder bis zum Grenzübertritt noch später eingetragen wird. Nicht ganz soweit geht der amerikanische Uniform Conditional Sales Act, der ebenfalls Eintragung des Vorbehalts verlangt[540]. Gelangen unter Vorbehalt verkaufte Waren in einen „filing district" (Bezirk mit Eintragungszwang) im Bereich des Uniform Conditional Sales Act, dann geht nach sect. 14 dieses Act im Verhältnis zu Dritterwerbern und „lien-creditors" des Käufers Eigentum auf den Käufer über, wenn der Vorbehalt nicht innerhalb von 10 Tagen nach Kenntniserlangung des Verkäufers von der Ankunft in dem „filing-district" dort eingetragen

---

tung erfolgt. Ein dingliches Anwartschaftsrecht entsteht in diesem Falle nur, wenn die neue Rechtsordnung ein solches entstehen läßt. Die Probleme des dinglichen Anwartschaftsrechts sind hier aus der Betrachtung auszuscheiden, da es sich hier allein um die Frage handelt, wer Eigentümer ist und nicht darum, wer Anwartschaftsberechtigter ist. Erwähnt sei nur, daß im ausländischen Recht nur selten der Begriff eines dinglichen Anwartschaftsrechts beim Eigentumsvorbehalt anzutreffen ist.

538 Vgl. BGH NJW 1953, 217 m. Anm. Raiser.

539 Siehe oben S. 103.

540 Siehe oben S. 103 f.

wird. Der Eigentumsübergang ist hier nur relativ. Nur eine beschränkte Zahl Dritter soll geschützt werden.

Ähnliches gilt im englischen und französischen Konkurs des Käufers bei Lieferungen unter Eigentumsvorbehalt. In England gilt nach der „reputed ownership clause" der sect. 38 Bankruptcy Act der Käufer zugunsten der Käufergläubiger als Eigentümer. Treffend ist hierbei die Bezeichnung „reputed ownership". Sie läßt erkennen, daß es sich um fingiertes, nicht um willentlich durch die Parteien übertragenes Eigentum handelt. Im Konkurs des französischen Käufers kann der Verkäufer trotz seines bei ihm verbleibenden Eigentums nach Art. 548 code de commerce die in der Konkursmasse sich befindenden Waren gegenüber den Konkursgläubigern nicht mehr herausverlangen, wenn er nicht vor Konkurseröffnung auf Grund einer „clause résolutoire" den Kaufvertrag aufgelöst oder Klage auf Auflösung erhoben hat[541].

Anders ist die Rechtslage bei Vorbehaltsverkäufen nach Argentinien. Den Interessen der Dritterwerber und Käufergläubiger soll dort durch ein generelles Vorbehaltsverbot entsprochen werden[542], das präventiv den Vorbehaltskauf unterbindet. Ein Verstoß gegen dieses Verbot zieht nach Art. 1044 des argentinischen código civil Nichtigkeit des Kaufs nach sich. Ein nichtiger Kauf wiederum vermag nach argentinischem Recht nach dem für den Eigentumsübergang ebenfalls das Kausalitätsprinzip gilt, Eigentum nicht zu übertragen. Das Verbot des Vorbehaltskaufs bewirkt hier demnach nicht, daß das Eigentum über-

---

[541] Siehe oben S. 102. Der französische Gesetzgeber ging bei Schaffung des Art. 548 code de commerce nur von dem Fall aus, daß französisches Recht den Kaufvertrag beherrscht, nach dem nur durch Ausübung einer „clause résolutoire" oder durch Richterspruch der Kaufvertrag aufgelöst werden kann. Untersteht der Kaufvertrag deutschem Recht, dann kann der Vertrag z. B. nach § 326 Abs. 1 Satz 1 a. E. BGB durch Rücktritt des Verkäufers auch ohne Ausübung einer Auflösungsklausel und ohne Richterspruch aufgelöst werden. Eine solche Auflösung des Kaufvertrages vor Konkurseröffnung reicht für die Anwendung des Art. 548 code de commerce aus (arg. aus Art. 1184 code civil). Art. 548 a. a. O. ist demnach dahin auszulegen, daß im Käuferkonkurs Vorbehaltseigentum geltend gemacht werden kann, wenn der Käufer vor Konkurseröffnung nach den Regeln des Schuldstatuts den Kaufvertrag aufgelöst hat oder Auflösungsklage erhoben hat. Allerdings verliert der deutsche Verkäufer nach deutschem Schuldstatut mögliche Schadensersatzansprüche aus Vertragsverletzung, wenn er nach § 326 Abs. 1 BGB zurücktritt, während er solche nach französischem Schuldstatut trotz Vertragsauflösung behält. Am besten gesichert ist der deutsche Verkäufer bei Warenlieferungen nach Frankreich immer dann, wenn er a) sich das Eigentum vorbehält und b) sich ein Rücktrittsrecht für den Fall der Nichtzahlung des Kaufpreises innerhalb bestimmter Frist einräumen läßt, auf Grund dessen er zurücktreten kann, wenn der Käufer in Konkurs zu fallen droht (siehe hierzu Féblot und Mezger, Eigentumsvorbehalt und Rücktrittsklausel bei Lieferungen nach Frankreich, RabelsZ 20, 662—679).

[542] Siehe oben S. 101 f.

geht, sondern gerade umgekehrt, daß das Eigentum beim Verkäufer verbleibt. Einen umfangreichen Schutz erfahren Dritte in diesem Fall allerdings durch die weitgehende Möglichkeit gutgläubigen Erwerbs, die sogar dem pfändenden Käufergläubiger gewährt wird, Art. 2412 bis 2414 und insbesondere Art. 2671 des argentinischen código civil.

Bei einem Verkauf unter Eigentumsvorbehalt ins Ausland ist demnach immer zu prüfen, ob das neue Statut trotz der Vorbehaltsklausel Eigentum übergehen läßt. Abweichend hiervon beurteilte das Reichsgericht in einer älteren Entscheidung[543] die Wirksamkeit eines Eigentumsvorbehalts auch nach Grenzüberschreitung ausschließlich nach dem Recht des Orts, an welchem sich die Sache „zur Zeit des Vertragsschlusses" befand. Einen Eigentumsvorbehalt, der an Waren in Hannover wirksam begründet worden war, erachtete das Reichsgericht unter Berufung auf diese Regel auch dann noch für wirksam, als die Waren auf braunschweigisches Gebiet gebracht worden waren, wo ein Eigentumsvorbehalt nach § 18 des Braunschweigischen Mobiliarpfandgesetzes vom 8. 3. 1878 im Interesse des Rechtsverkehrs für ungültig erklärt wurde[544]. Ein Verstoß gegen die „lex rei sitae"-Regel ist hier offenkundig. Die Bestimmung der neuen lex rei sitae, daß Eigentum im Drittinteresse trotz Vorbehalts übergehen solle, wurde bewußt beiseite geschoben. Wie hier entschied dagegen das Reichsgericht etwas früher[545] in einem gleichgelagerten Fall. Es handelte sich um einen Versendungskauf einer Maschine aus dem Gebiet des badischen Landrechts, wo an der Maschine ein Eigentumsvorbehalt wirksam begründet wurde, in das Großherzogtum Weimar, wo nach § 60 des dortigen Pfandgesetzes ein Vorbehalt ungültig war. Unter ausdrücklicher Berufung auf die lex rei sitae erklärte das Reichsgericht den vereinbarten Vorbehalt nach der neuen lex rei sitae „im öffentlichen Interesse" für ungültig und ließ Eigentum trotz des Vorbehalts übergehen.

bb) Nur wenige befassen sich in der Lehre mit dem umgekehrten Fall, in dem aus einem Land, das den Eigentumsvorbehalt nicht kennt oder an bestimmte Voraussetzungen knüpft, in ein anderes Land, das ihn kennt, unter Vorbehalt verkauft wird. Lalive[546] bringt diesen Fall ausdrücklich unter die Fallgruppe „incomplete set of facts[547]" mit der

---

[543] 7. 7. 1899, JW 1899, 581 (Nr. 24); ebenso in einem gleichgelagerten Fall OLG Braunschweig, 29. 4. 1898, Seuff. Arch. Bd. 55 Nr. 4.

[544] Ähnlich entscheidet der Tentative Draft No. 5 des amerikanischen Restatement vom 24. 4. 1959 in § 273, wo der uneingeschränkte Grundsatz aufgestellt wird: „The vendor's title to a chattel that has been the subject of a valid conditional sale will be recognized in a state to which the chattel is taken."

[545] ZIR 6, 424.

[546] S. 165 (B).

[547] Hierzu oben S. 66—72. Wie Lalive auch Schultsz S. 181, der im gleichen Fall von „niet-verkregen rechten" spricht, womit er den im alten Statut noch nicht entstandenen Eigentumsvorbehalt meint.

Begründung, der Verkäufer erwerbe keinen Eigentumsvorbehalt im alten Sachstatut, wenn dieses den Vorbehalt nicht dulde. Auch hier behandelt er den Eigentumsvorbehalt zusammen mit dem „chattel mortgage". Auch hier ist ihm entgegenzuhalten, daß es nicht darum geht, ob ein Eigentumsvorbehalt entsteht, sondern darum, ob bereits im alten Statut, das den Eigentumsvorbehalt nicht kennt, Eigentum trotz Vorbehaltsvereinbarung übergeht. Geht es über, dann sind an der Grenze bereits vollendete Tatsachen geschaffen. Der Käufer ist durch Erwerb im alten Statut bereits Eigentümer geworden, und es handelt sich um einen Fall des „complete set of facts". Eine andere Frage ist hier, ob nach Grenzüberschreitung im neuen Statut das bereits im alten Statut übergegangene Eigentum auf Grund des vereinbarten Vorbehalts wieder zurückfällt.

Selten erwirbt der Käufer bei Vorbehaltskäufen über die Grenze bereits im alten Statut volles Eigentum. Vielfach wird er nur im Verhältnis zu geschützten Dritten als Eigentümer angesehen, und dies wiederum oft nur, wenn er in Konkurs fällt. Bei Verkäufen aus England und Frankreich, wo nur im Käuferkonkurs der Käufer trotz Vorbehalts als Eigentümer gilt, nach Deutschland ist der Vorbehalt in der Regel unbeschränkt wirksam. Die Eröffnung eines Käuferkonkurses in Deutschland, der nicht in England oder Frankreich wirkt, reicht für die englische oder französische lex rei sitae nicht aus, Eigentum trotz Vorbehalts übergehen zu lassen. Denn die englische und französische lex rei sitae will nicht die deutsche Konkursmasse schützen. Damit nach englischer oder französischer lex rei sitae Eigentum trotz Vorbehalts übergeht, muß es sich um einen englischen oder französischen Käuferkonkurs handeln. Es wird jedoch nur selten vorkommen, daß der deutsche Käufer mit seinem in England oder in Frankreich befindlichen Vermögen in Konkurs fällt. Erst in diesem Fall wird der deutsche Käufer zugunsten der englischen bzw. französischen Konkursmasse trotz Vorbehaltsklausel als Eigentümer angesehen, vorausgesetzt daß sich die verkaufte Sache bei Konkurseröffnung noch in England bzw. Frankreich befindet.

Beim Verkauf aus der Schweiz nach Deutschland gilt der Vorbehalt ebenfalls unbeschränkt. Mangels Übergabe in der Schweiz geht nach schweizerischem Recht kein Eigentum über. Bei der Übergabe in Deutschland gilt bereits die deutsche lex rei sitae, die den Eigentumsvorbehalt ohne Eintragung zuläßt. Etwas anders ist es allerdings, wenn der deutsche Käufer die gekaufte Ware bereits in der Schweiz übernimmt und dort auch eine Geschäftsniederlassung hat[548]. Nach

[548] Hat der Erwerber bei Übergabe in der Schweiz dort weder Wohnsitz noch Geschäftsniederlassung, dann kann auch nach schweizerischem Recht keine Eintragung erfolgen, und der Vorbehalt ist auch dort ohne Eintragung wirksam (Kommentar zum Schweizerischen ZGB Bd. 4 — Sachenrecht —, Bem. 82 zu Art. 716, S. 748).

der oben[549] genannten Rechtsprechung geht in diesem Fall Eigentum auf den Käufer über, wenn der Vorbehalt nicht in das Register bei der Geschäftsniederlassung eingetragen wird. Dieser Eigentumsübergang ist allerdings nicht endgültig. Er ist nur eine Fiktion zugunsten des Rechtsverkehrs, der darauf vertraut, daß der besitzende Käufer Eigentümer der gekauften Waren ist. Dies ergibt sich daraus, daß das Eigentum wieder an den Verkäufer zurückfällt, wenn auf schweizerischem Boden nachträglich Eintragung erfolgt, soweit nicht Dritterwerber inzwischen Eigentum erworben oder Käufergläubiger die Ware verwertet haben[550]. Dasselbe gilt, wenn die Waren nach Deutschland gelangen, wo der Eigentumsvorbehalt auch ohne Eintragung unbeschränkt wirksam ist. Denn die nach schweizerischem Recht mangels Eintragung erfolgte Fiktion des Eigentumsübergangs, die den Rechtsverkehr in der Schweiz schützen soll, erlischt an der Grenze. Ebenso wie eine Eigentumsvermutung, die sich nach dem alten Statut auf den Besitz des Käufers baut, an der Grenze ihre Wirkung verliert, wenn das neue Statut eine solche Vermutung nicht kennt, verliert auch die zur Fiktion ausgebaute Eigentumsvermutung im neuen Statut ihre Kraft. Die Anerkennung einer Eigentumsvermutung oder einer Eigentumsfiktion, die das alte Statut im Verkehrsschutzinteresse aufstellt, wäre im neuen Statut die Fortsetzung ausländischen Verkehrsschutzes entgegen eigenem Recht. Umgekehrt bedeutet die Nichtanerkennung des im alten Statut zugunsten des Rechtsverkehrs unterstellten Eigentums keine Verletzung der Interessen Dritter, denn diese können nach Gebietswechsel der Sache nicht mehr auf den Schutz des alten Statuts vertrauen, wenn sie dort nicht zugegriffen oder erworben haben. Durch Verbringung der Waren nach Deutschland wird daher der Vorbehaltsverkäufer in der Schweiz, der mangels Eintragung bereits nicht mehr als Eigentümer angesehen wurde, wieder Eigentümer der verkauften Waren[551].

Dasselbe gilt, wenn aus dem Rechtsbereich des amerikanischen Uniform Commercial Code oder des Uniform Conditional Sales Act nach Deutschland verkauft und der Eigentumsvorbehalt nicht in ein Register des Ausgangslandes eingetragen wird. Nur solange sich die Waren im Geltungsbereich dieser „uniform laws" befinden, wird zugunsten der Käufergläubiger und Dritterwerber unterstellt, daß der Käufer Eigentümer ist. Es läßt sich der allgemeine Grundsatz aufstellen, daß ein lediglich zum Schutze des Rechtsverkehrs vom alten

---

549 S. 103.

550 Siehe oben S. 103.

551 Schultsz S. 181 führt demgegenüber auf Grund der oben S. 106 f. genannten Verwechslung von Eigentumserwerb und „Vorbehaltserwerb" aus: „Een in Zwitserland niet ingeschreven en dus volstrekt niet-bestaand Zwitsers eigendomsvoorbehoud wordt in geen opzicht geldig wanneer het goed later naar Duitsland wordt vervoerd."

Statut „unterstelltes Eigentum" im neuen Statut nicht als „wohlerworbenes Recht" oder „fait accompli" anzuerkennen ist, wenn nach dem alten Statut kein weiterer Rechtserwerb auf Grund des unterstellten Eigentums stattgefunden hat[552].

Dieser Grundsatz gilt auch bei Verkäufen aus Italien nach Deutschland. Bei einem ohne „certa data" vereinbarten Vorbehaltskauf kann der Verkäufer nach italienischer lex rei sitae gegenüber den Käufergläubigern sich nicht auf sein Eigentum berufen[553]. Er behält demnach in Italien nur relatives Eigentum. Er wird mit Grenzüberschreitung jedoch wieder Volleigentümer, da er sich nach der neuen deutschen lex rei sitae auch gegenüber den Käufergläubigern wieder auf sein Eigentum berufen kann. Anders ist es auch hier nur, wenn bereits in Italien ein Käufergläubiger durch Pfändung ein Pfandrecht an der verkauften Sache erworben hat. Ein solches Recht ist als „fait accompli" in Deutschland anzuerkennen.

Der aufgestellte Grundsatz ist weiterhin anzuwenden, wenn z. B. zunächst von Deutschland in die Schweiz oder nach Italien unter Eigentumsvorbehalt verkauft wird, das Eigentum dort mangels Eintragung des Vorbehalts oder mangels „certa data" ganz oder jedenfalls zugunsten der Käufergläubiger übergeht, und die Waren darauf wieder nach Deutschland zurückgebracht werden. Durch den Rücktransport wird der Verkäufer in Deutschland wieder Eigentümer, soweit in der Schweiz oder in Italien außer dem zugunsten des dortigen Rechtsverkehrs unterstellten Eigentumsübergang kein weiterer Rechtserwerb stattgefunden hat[554]. Rabel[555] will demgegenüber einen solchen Eigentumsübergang auch nach Rücktransport weiterwirken lassen mit der allerdings knappen Begründung, daß die Wirksamkeit der lex rei sitae „should not be split and limited to territorial effects[556]". Dem ist entgegenzuhalten, daß Eigentumsvermutungen und Eigentumsfiktionen an der Grenze erlöschen, wenn das neue Statut solche Vermutungen oder Fiktionen nicht aufstellt.

cc) Wegen der Vielzahl und Unüberschaubarkeit der in den einzelnen Rechtsordnungen zum Eigentumsvorbehalt entwickelten Regeln

---

552 Demgegenüber meint Beale, Conflict of Laws Bd. 2, S. 1004 (§ 274.1), ohne Begründung, daß ein nach dem ersten Statut unwirksamer Eigentumsvorbehalt nach dem neuen Statut nicht wirksam werden könne, selbst wenn im neuen Statut der Vorbehalt wirksam gewesen wäre; ebenso Restatement § 274; ähnlich auch Lalive S. 173.

553 Art. 1524 Abs. 1 codice civile (Text oben S. 105 Fußnote 524).

554 Ohne besondere Begründung ebenso Schnitzer, IPR Bd. 2, S. 575; Raape, IPR S. 597; ähnlich für das Registerpfandrecht an Automobilen im französischen Recht Batiffol, Traité S. 554 Fußnote 13 (Nr. 505) gegen Niboyet, Traité Bd. 4, S. 618 (Nr. 1273, 3 b).

555 Conflict of Laws Bd. 4, S. 91.

556 Ebenso Lalive S. 173.

hat im März 1953 die Europäische Wirtschaftskommission (ECE) für Exporteure in Art. 8 Nr. 3 der „Allgemeinen Lieferbedingungen für den Export von Anlagegütern[557]“ folgende Klausel empfohlen:

„Wurde der Lieferungsgegenstand vor Zahlung aller vom Käufer aus dem Vertrag geschuldeten Beträge geliefert, so bleibt er bis zur vollständigen Zahlung Eigentum des Verkäufers, soweit das nach dem Recht, in dessen Bereich sich der Lieferungsgegenstand befindet, zulässig ist. Läßt dieses den Eigentumsvorbehalt nicht zu, gestattet es aber dem Verkäufer, sich andere Rechte an dem Lieferungsgegenstand vorzubehalten, so kann der Verkäufer alle Rechte dieser Art ausüben. Der Käufer ist verpflichtet, bei Maßnahmen des Verkäufers mitzuwirken, die dieser zum Schutz seines Eigentumsrechts oder an dessen Stelle eines anderen Rechts am Lieferungsgegenstand treffen will.“

Satz 2 dieser Klausel, in dem wohl der Hauptwert der Klausel liegen soll, ist von zweifelhaftem Nutzen. Es ist sehr unsicher, ob die Rechtsordnung, die den Eigentumsvorbehalt im Interesse des Rechtsverkehrs ausschließt, auf Grund einer solch allgemein gehaltenen Klausel eine Umdeutung des unwirksamen Eigentumsvorbehalts in ein anderes Sicherungsrecht zuläßt. Meist wird das andere Sicherungsrecht (z. B. Konkurs oder Einzelvollstreckung) zum Entstehen gebracht sein, die in concreto nicht erfüllt sind. Auch ist z. B. bei Käufen nach England auf Grund dieser Klausel keine Umdeutung des Vorbehaltskaufs in den in England besseren Schutz bietenden „hire-purchase“ möglich, da es sich um grundverschiedene Rechtsgeschäfte handelt und nicht ohne weiteres anzunehmen ist, daß die Parteien ein „„hire-purchase“ geschlossen hätten, wenn ihnen die geringe Sicherungsgewähr des Vorbehaltskaufs bekannt gewesen wäre.

Nützlicher ist dagegen Satz 3, der den Käufer zur Mitwirkung bei der Begründung eines anderen Sicherungsrechts, z. B. zur Bewirkung der Eintragung eines Registerpfandrechts, verpflichtet. Allerdings muß in diesem Fall das Sicherungsrecht vor dem entscheidenden Zeitpunkt (z. B. Registerpfandrecht) an besondere Voraussetzungen geknüpft worden sein. Die Verpflichtung des Käufers zur Einräumung eines solchen Rechts allein hilft gegen Dritte nichts. Empfehlenswert ist daher, bei Lieferungen ins Ausland das im neuen Staat geltende Sicherungsrecht bereits vor Lieferung ausfindig zu machen und nach Vereinbarung dieses Rechts mit dem Käufer dafür zu sorgen, daß es auch gegen Dritte wirksam entsteht. Zu bedenken ist bei der Anwendung der von der ECE vorgeschlagenen Geschäftsbedingungen auch, daß viele Rechtsordnungen im Gegensatz zu Deutschland die Berufung auf „allgemeine Geschäftsbedingungen“ nur zulassen, wenn sie ausdrücklich in jedem einzelnen Vertrag zum Bestandteil des Vertrags gemacht werden.

---

[557] Text bei Graue S. 5.

Einige international- und interlokalprivatrechtliche interessante Regeln, die sich nicht immer mit der „lex rei sitae"-Regel vereinbaren lassen, sind im Recht der Vereinigten Staaten entwickelt worden. In zahlreichen Entscheidungen mehrerer Einzelstaaten, in denen der Uniform Commercial Code und der Uniform Conditional Sales Act noch nicht gilt bzw. zum Entscheidungszeitpunkt noch nicht galt, wurde angenommen, daß trotz Grenzüberschreitung der unter Vorbehalt verkauften Waren das alte Statut über das Bestehen des Vorbehalts weiter entscheide, wenn der Gebietswechsel ohne Zustimmung des Verkäufers erfolgt sei[558]. An dieser Praxis der amerikanischen Gerichte, die die Anwendung der lex rei sitae von der Zustimmung des Verkäufers abhängig macht, ist bisweilen Kritik geübt worden[559]. In der Tat ist ein Verstoß gegen die „lex rei sitae"-Regel nicht zu verkennen; denn über die sachenrechtliche Wirkung des Eigentumsvorbehalts herrscht nach dieser Rechtsprechung nicht mehr allein das objektiv von allen leicht festzustellende Recht der tatsächlichen Belegenheit. Vielmehr gibt ein subjektives Moment den Ausschlag, nämlich die Einwilligung des Verkäufers in den Statutenwechsel, die der Kontrolle Dritter entzogen ist.

Auf ein ähnlich subjektives Moment stellt sect. 14 Uniform Conditional Sales Act ab. Die dort genannte Zehntagefrist, in der der Vorbehalt nach Gebietswechsel der Ware im neuen Bezirk eingetragen werden muß, berechnet sich ab Kenntniserlangung des Verkäufers vom Gebietswechsel. Auch der Uniform Commercial Code führt die Anwendung der lex rei sitae nicht konsequent durch. Art. 9 sect. 103 Abs. 3 Satz 1 dieses Code stellt den Grundsatz auf, daß sich die Wirksamkeit eines „security interest", zu denen der Eigentumsvorbehalt gerechnet wird, nach dem Recht des Ortes bestimmt, „where the property was when the security interest attached", auch wenn das Sicherungsobjekt später in einen anderen Staat verbracht wird. Hier liegt dieselbe Auffassung zugrunde, wie in der oben abgelehnten Entscheidung des Reichsgerichts[560]. Der genannte Grundsatz soll jedoch nach Satz 2 nicht gelten, wenn die Parteien bereits bei Begründung des Sicherungsrechts die Verbringung des Sicherungsobjekts in einen ande-

---

558 Lees v. Harding, Whitman and Co. (1905), 60 Atl. 352 (N. J.); Studebaker Bros. Co. of Utah v. Mau (1905), 82 Pac. 2 (W.); Goetschius v. Brightman (1927), 156 N. E. 660 (N. Y.). Demgegenüber für strenge Anwendung der lex rei sitae ohne Rücksicht auf Kenntnis und Zustimmung des Verkäufers Consolidated Garage Co. v. Chambers (1921), 231 S. W. 1072 (Tex.); Turnbull v. Cole (1921), 201 Pac. 887 (Colo.).

559 Siehe die note „Chattel mortgage and conditional sale recording acts in the conflict of laws", 41 Harvard Law Review, 779—782 (780); Zaphiriou S. 190; Goodrich S. 308.

560 Siehe S. 110. Ebenso wie die genannte Vorschrift des Uniform Commercial Code bereits Cleveland Machine Works v. Lang (1893), 79 Atl. 365 (N. J.).

ren Staat beabsichtigen und innerhalb von 30 Tagen nach Entstehung des „security interest" das Sicherungsobjekt auch tatsächlich in den anderen Staat verbracht wird. In diesem Fall soll das Recht des neuen Staats zur Anwendung kommen[561]. Auch hier entscheidet demnach eine subjektive Absicht der Parteien und nicht das objektive Merkmal der Belegenheit der Sache darüber, ob und in welcher Weise ein „security interest" entsteht. Das Abstellen auf solche subjektiven Momente, die für Dritte nicht ohne weiteres erkennbar sind, widerspricht jedoch den Verkehrsinteressen, die für die Anknüpfung des Eigentumsübergangs den Ausschlag geben[562]. Nur dann, wenn durch Verbringen des Sicherungsobjekts in einen anderen Staat der Tatbestand der Gesetzesumgehung erfüllt wird, ist im Verhältnis zu den an der Gesetzesumgehung Beteiligten die Anwendung der alten lex rei sitae gerechtfertigt.

4. Kapitel

Eigentumsübergang und Dokumente

1. *Rechtsvergleichender Überblick*[563]

a) Der Einfluß der Dokumente auf den Eigentumsübergang

In *Deutschland* wird in §§ 424, 450, 650 HGB die Übergabe eines Orderlagerscheins, eines Ladescheines oder eines Konnossements der Übergabe der Waren selbst gleichgestellt. Dies bedeutet nach der in Deutschland herrschenden Repräsentationstheorie[564], daß Eigentumsübergang nach § 929 BGB (nicht § 931 BGB) — bzw. § 932 BGB (nicht § 934 BGB) beim Gutglaubenserwerb[565] — bereits mit Übergabe der Dokumente erfolgt und nicht erst mit Übergabe der Waren.

---

[561] So bereits CRAIG and Co. v. Uncas Paper Board Co. (1926), 133 Atl. 673 (Conn.); Finance Security Co. v. MEXIC (1939), 188 South. 657 (La.); vgl. Anglo-American Mill Co. v. DINGLER (1925), 8 F. (2 d) 493; dagegen ausdrücklich Mergenthaler Linotype Co. v. HULL (1916), 239 F. 26.

[562] Vgl. bereits oben S. 63.

[563] Vgl. ergänzend BOETTICHER, Die dingliche Wirkung der Traditionspapiere (1957).

[564] SIEBERT ZHR 93, 2 ff.; SCHLEGELBERGER-LIESECKE, Seehandelsrecht, Bem. 2 zu § 650, S. 385; WÜSTENDÖRFER, Neuzeitliches Seehandelsrecht, S. 323; SCHAPS-ABRAHAM, Das deutsche Seerecht Bd. 2, Anm. 11 zu § 650 HGB, S. 594 f.

[565] Insoweit anderer Ansicht (§ 934 statt § 932 BGB) SCHLEGELBERGER-LIESECKE, Bem. 2 zu § 650 HGB, S. 385 f. Eine analoge Anwendung des Art. 16 WG, die zum Teil in der Literatur vertreten wird (Hinweise bei SCHAPS-ABRAHAM, Anm. 19 zu § 650 ZPO) und die bisweilen zum Erwerb der dokumentierten Waren durch gutgläubigen Erwerb der Dokumente

Den §§ 424, 650 HGB inhaltsgleiche Bestimmungen enthalten Art. 517a des *niederländischen* Wetboek van Koophandel[566] und Art. 978 des *griechischen* BGB[567]. Stillschweigende Voraussetzung für die Traditionswirkung der Dokumente ist in den bisher genannten Vorschriften, daß Lagerhalter oder Frachtführer bei Übergabe der Dokumente an den Käufer noch im Besitz der verkauften Waren sind[568]. Demgegenüber läßt die h. L. in der *Schweiz*[569] Eigentumsübertragung durch Übergabe eines Traditionspapiers im Hinblick auf Art. 925 Abs. 1 ZGB auch zu, wenn die Waren nicht mehr im Besitz des Frachtführers oder Lagerhauses sind (sog. absolute Theorie[570]). Art. 925 Abs. 1 ZGB bestimmt:

> „Werden für Waren, die einem Frachtführer oder einem Lagerhaus übergeben sind, Wertpapiere ausgestellt, die sie vertreten, so gilt die Übertragung einer solchen Urkunde als Übertragung der Ware selbst[571]."

Geringere Bedeutung kommt den Dokumenten naturgemäß in *Frankreich* zu, wo für den Eigentumsübergang das Konsensprinzip gilt. Eine Übergabe der Waren oder der Dokumente ist nach dem Konsensprinzip ohne Einfluß auf den Eigentumsübergang, da Eigentum ohne Rücksicht auf die Besitzverhältnisse bereits bei Vertragsabschluß übertragen

---

führen würde, auch wenn die Übergabe der Güter kein Eigentum hätte verschaffen können, wird von der h. M. in Deutschland abgelehnt, z. B. BGH MDR 1958, 662. Anders die „mercantile theory" des amerikanischen Rechts (vgl. unten S. 120).

566 „Overgave van het cognossement, voor de aflevering der daarin vermelde goederen door den vervoerder, geldt als overgave dier goederen."

567 „Bei Waren und im allgemeinen bei beweglichen Sachen, welche unter Ausstellung eines Lagerscheines oder eines Konnossements in einem Lagerhaus eingelagert oder von einem Beförderer übernommen sind, vollzieht sich der Übergang des Besitzes derselben durch Übertragung des Lagerscheines bzw. des Konnossements."

568 Für das deutsche Recht SCHLEGELBERGER-LIESECKE, Bem. 4 zu § 650 HGB, S. 386; SCHAPS-ABRAHAM, Anm. 13 zu § 650 HGB, S. 595; für das griechische Recht DELOUKAS in ZHR 114, 215; für das niederländische Recht SCHULTSZ S. 207 (bestritten).

569 JACOBI in Ehrenbergs Handbuch des gesamten Handelsrechts Bd. 4, 1. Abt., S. 542 Anm. 12; vgl. auch HEINI, Das Durchkonnossement, S. 13 ff.; a. A. WIELAND, Sachenrecht Bem. 3 c zu Art. 925 ZGB, S. 499.

570 Vgl. zu diesem Begriff SCHAPS-ABRAHAM, Anm. 9 zu § 650 HGB, S. 593; SCHLEGELBERGER-LIESECKE, Bem. 2 zu § 650 HGB, S. 385. Kurz zusammengefaßt besagt diese Theorie: Der Eigentumserwerb durch Übergabe der Dokumente erfolgt ohne Rücksicht auf die Besitzverhältnisse an den Waren.

571 Der Wortlaut gerade dieser Vorschrift rechtfertigt besonders die häufig gebrauchten Ausdrücke, die Dokumente „repräsentierten" bzw. „symbolisierten" die Waren.

wird (Art. 711, 1138 und 1583 code civil), spätestens jedoch mit Ablieferung der ausgesonderten Waren an den Spediteur[572]. Die Übergabe der Dokumente hat in diesem Fall nur für die Besitzverhältnisse zwischen den Kaufparteien Bedeutung[573]. Das Konnossement ist lediglich „instrument de la possession"[574].

Das Konnossement wird für den Eigentumserwerb nach französischem Recht jedoch dann bedeutsam, wenn ausnahmsweise auch Besitzfragen beim Eigentumserwerb eine Rolle spielen. Dies ist der Fall beim gutgläubigen Erwerb nach Art. 1141, 2279 code civil. Die Frage ist, ob als Besitzübertragung im Sinne dieser Vorschriften, die durch Konnossementsübertragung bewirkte „possession fictive ou symbolique" ausreicht. Die h. M. läßt dies genügen[575], so daß beim Doppelverkauf einer Ware der Zweitverkäufer nach Art. 1141 code civil Eigentümer wird, wenn er als erster ein Konnossement übertragen erhält, selbst wenn der Erstkäufer später die Ware ausgehändigt bekommt[576]. Bei Ausstellung mehrerer Konnossemente können solche Fälle praktisch werden[577]. Auch für den in Art. 2279 code civil verlangten Besitz ist durch Konnossement vermittelte „possession symbolique" für ausreichend erachtet worden[578].

Indirekt kann das Konnossement für den Eigentumsübergang auch dann eine Rolle spielen, wenn es sich um einen Gattungskauf handelt. In diesem Fall tritt unter Umständen durch Ausstellung des Konnossements die nach französischem Recht zum Eigentumsübergang

---

[572] Siehe oben S. 37—39.

[573] RIPERT, Droit maritime Bd. 2, S. 753 (Nr. 1856) und S. 756 (Nr. 1858 f.). Vgl. auch Cour de Cassation, 31. 5. 1892, Sirey 94, 1, 81.

[574] RIPERT, a. a. O., S. 757 (Nr. 1859).

[575] LYON-CAEN et RENAULT, Traité de droit commercial Bd. 5, S. 493 (Nr. 727); LYON-CAEN in seiner Anmerkung zu der Entscheidung der Cour de Cassation, 31. 5. 1892, a. a. O.; RIPERT, Droit maritime Bd. 2, S. 767 (Nr. 1872); für das belgische Recht HEENEN, Vente et commerce maritime, S. 34 (Nr. 16).

[576] Anders das deutsche und schweizerische Recht: § 651 HGB und Art. 925 Abs. 2 ZGB. Die letztgenannte Vorschrift bestimmt z. B.: „Steht jedoch dem gutgläubigen Empfänger des Warenpapiers ein gutgläubiger Empfänger der Ware gegenüber, so geht dieser jenem vor."

[577] Bei der Frage der Begründung von Pfandrechten hatten französische Gerichte häufiger solche Fälle zu entscheiden, vgl. Cour de Cassation, 31. 5. 1892, a. a. O.; Rouen, 27. 5. 1887; Revue internationale de droit maritime Bd. 3, S. 414; Bordeaux, 11. 8. 1890, Revue internationale de droit maritime Bd. 6, S. 419; Marseille (comm.), 29. 1. 1926, Le droit maritime français Bd. 4, S. 221.

[578] Siehe HEENEN, S. 32 f. (Nr. 14 f.) mit weiteren Hinweisen auf belgische und französische Rechtsprechung und Literatur. Vgl. im übrigen zur Traditionswirkung des Konnossements im französischen Recht: ABRAHAM ZHR 116, 1—21.

erforderliche Individualisierung ein[579]. Die häufig im internationalprivatrechtlichen Schrifttum anzutreffende Auffassung, dem französischen Recht sei eine sachenrechtliche Wirkung des Konnossements fremd[580], ist daher nicht richtig.

Eine größere Rolle für den Eigentumsübergang als in Frankreich spielt das Konnossement (bill of lading) in *England*[581]. Zwar gehört England ebenfalls wie Frankreich zu den Ländern mit Konsensprinzip (sect. 17 Sale of Goods Act). Jedoch hat nach englischem Recht, anders als nach französischem Recht, die Ausstellung einer „bill of lading" Einfluß darauf, wann nach dem Parteiwillen Eigentum übergehen soll. Sect. 19 Abs. 2 Sale of Goods Act bestimmt ausdrücklich:

> „Where goods are shipped, and by the bill of lading the goods are deliverable to the order of the seller or his agent, the seller is prima facie deemed to reserve the right of disposal."

Eigentum geht hiernach nicht wie in sect. 17 Sale of Goods Act mit Kaufabschluß über. Der Verkäufer behält ein „right of disposal". Anders ist es nur, wenn die Parteien erkennbar von der Regel der sect. 19 Abs. 2 Sale of Goods Act abweichen und den Eigentumsübergang auf einen Zeitpunkt verlegen, der vor oder nach Konnossementsübergabe liegt.

Ist nach dem Parteiwillen der Käufer Eigentümer geworden und veräußert der Verkäufer, der noch die Waren oder ein „document of title" über diese Waren in Händen hat, an einen Dritten, so wird der Verkäufer zugunsten des gutgläubigen Zweitkäufers so angesehen, als sei er vom wahren Eigentümer zur Veräußerung der Waren ermächtigt[582]. Der Zweitkäufer wird also Eigentümer. Gleiches gilt umgekehrt bei einer Veräußerung durch den Käufer, der nach dem Parteiwillen noch nicht Eigentümer geworden ist, der aber mit Einverständnis des Verkäufers in den Besitz der Waren oder der Dokumente gelangt ist. Der Käufer wird zugunsten des gutgläubigen Dritterwerbers so angesehen, als sei er zur Veräußerung ermächtigt[583]. Es handelt sich hierbei nicht um einen typischen Gutglaubenserwerb wie

---

[579] Hierzu RIPERT, Droit maritime Bd. 2, S. 757 (Nr. 1859) und HEENEN S. 52 ff. (Nr. 32).

[580] Siehe RAAPE, IPR S. 594; FRANKENSTEIN, IPR Bd. 2, S. 58; NUSSBAUM, Deutsches IPR, S. 313 Fußnote 3. Auch NIBOYET, Traité Bd. 4, S. 707 (Nr. 1308 Ib) mißt dem französischen Konnossement keinerlei „valeur translative quant à la propriété" bei. Gleich anschließend bemerkt er dann aber im Widerspruch dazu, daß im Rahmen der Art. 1141, 2279 code civil dem Konnossement Bedeutung für den Eigentumsübergang zukomme.

[581] Vgl. hierzu SCHWESINGER, Eigentumsverschaffung und Pfandbestellung durch Traditionspapiere im englischen Recht (1951).

[582] Sect. 8 Factors Act von 1889 und sect. 25 Sale of Goods Act.

[583] Sect. 9 Factors Act und sect. 25 Abs. 2 Sale of Goods Act.

bei sect. 22 und 23 Sale of Goods Act, wo bei Käufen in „market overt" und bei Käufen von einem Verkäufer mit vernichtbarem Titel „the buyer acquires *a good title* to the goods". Die genannten Bestimmungen des Factors Act beruhen vielmehr auf dem Gedanken des „estoppel[584]", d.h. dem wahren Berechtigten wird ein Verhalten unterstellt, das zum Verlust seiner Rechtsposition führt.

Auch das Recht der *USA* mißt den „negotiable documents" für den Eigentumsübergang entscheidende Bedeutung zu. Zugunsten der Sicherheit des Handels wird dort diesen Dokumenten bei der Eigentumsübertragung zum Teil größere Kraft beigemessen als der Ware selbst. Der Warenbesitzer kann z. B. nur in den Ausnahmefällen des Gutglaubenserwerbs oder wenn er vom Eigentümer dazu ermächtigt ist, Eigentum auf den Erwerber übertragen. Der Besitzer eines „negotiable document" dagegen kann durch Begebung des Papiers Eigentum an den Waren auch übertragen, wenn er hierzu gegenüber dem Versender der Waren oder gegenüber anderen Personen nicht berechtigt ist. Dieser sog. „mercantile theory"[585] folgt der Uniform Sales Act[586] und neuerdings der Uniform Commercial Code[587]. Die sog. „common-law theory", wonach der Dokumentenbesitzer durch Begebung der Dokumente nicht mehr Rechte übertragen kann, als durch Übergabe der Waren selbst[588], gilt daher im Anwendungsbereich dieser „uniform laws" nicht mehr.

b) Art der Papiere und Art der Begebung der Papiere

Unterschiede zwischen den einzelnen Rechtsordnungen ergeben sich auch bei den Fragen, welchen Papieren für den Eigentumsübergang überhaupt Bedeutung zukommt, welche Art der Begebung der Papiere erforderlich ist, um den Eigentumswechsel zu bewirken, und ob auch ohne Begebung der Papiere Eigentum übertragen werden kann, wenn solche ausgestellt sind.

Im *deutschen* Recht besteht die Traditionswirkung bei Übergabe von Konnossementen und Ladescheinen ohne Rücksicht darauf, ob diese Papiere als Inhaber-, Order- oder Rektapapiere ausgestellt sind[589].

---

[584] So SCHMITTHOFF, The Sale of Goods, S. 90.

[585] VOLD on Sales, S. 321; WILLISTON on Sales, Bd. 2, S. 606 (§ 425); 4. U. L. A. commissioners note zu § 32.

[586] Sect. 33; fast gleichlautend sect. 32 Bills of Lading Act, sect. 41 Warehouse Receipts Act and sect. 31 Pomerene Act.

[587] Art. 7 sect. 502 in Verb. mit 501 Abs. 4. Siehe zur „mercantile theory" auch die bei WILLISTON on Sales Bd. 2, S. 606 (§ 425) Fußnote 11 und 14 angeführte Rechtsprechung.

[588] Siehe WILLISTON on Sales Bd. 2, S. 605 (§ 425): „Possession of a bill of lading cannot have a greater force than the actual possession of the goods."

[589] Siehe auch ABRAHAM, Seerecht S. 120.

Demgegenüber kommt nach § 424 HGB einem Lagerschein nur dann Traditionswirkung zu, wenn er Orderlagerschein ist. Wie sich aus dem Wortlaut des § 650 HGB ergibt, ist auch das Übernahmekonnossement, nicht nur das Bordkonnossement, als Traditionspapier anzusehen[590]. Umstritten ist die Rechtslage beim Durchkonnossement. Nach Wüstendörfer[591] stellt es „ein echtes, vollwirksames Konnossement mit Traditionswirkung dar, zum mindesten im Fall der Verzahnung zweier Seestrecken". Das Reichsgericht[592] sprach demgegenüber dem Durchkonnossement jegliche dingliche Rechtswirkung ab; dies allerdings im Hinblick auf § 647 a. F. HGB. Abraham[593] bejaht die Traditionswirkung des Durchkonnossements bei Verzahnung zweier Seestrecken oder einer See- mit einer Binnenwasserstrecke, nicht dagegen bei Luft- und Landtransportstrecken. Den sog. „delivery orders", d. h. den in Form einer Verpflichtungserklärung oder einer Auslieferungsanweisung vom Inhaber des Originalkonnossements ausgestellten Teilscheinen, wird in Deutschland jegliche dingliche Wirkung abgesprochen[594].

Die Traditionswirkung tritt im deutschen Recht nach §§ 424, 450 und 650 HGB außerdem nur ein, wenn der Empfänger des Papiers durch das Papier zur Empfangnahme der Waren legitimiert wird. Daraus wird abgeleitet, daß z. B. die Übergabe des Konnossements an den im Konnossement als Empfänger Bezeichneten, beim Orderkonnossement an den nach § 365 Abs. 1 HGB durch Indossament Legitimierten erfolgen muß[595]. Schaps-Abraham will es demgegenüber allerdings ausreichen lassen, wenn — z. B. nach erfolgter Abtretung — die Legitimation des Papierempfängers durch außerhalb der Urkunde liegende Nachweise dargetan wird. Streitig ist, ob beim Rektakonnossement die Traditionswirkung nur bei Übergabe an den in der Urkunde als Empfänger Bezeichneten eintritt, so daß selbst auf dem Konnossement vermerkte Abtretungserklärungen zur Legitimation des Zessionars nicht ausreichen[597]. Aus der Eigenschaft des Konnossements als Präsentationspapier wird abgeleitet, daß die Übergabe des Konnossements nicht

---

[590] Vgl. Schlegelberger-Liesecke, Bem. 3 zu § 650 HGB. S. 386.

[591] Neuzeitliches Seehandelsrecht, S. 333.

[592] RG 161, 209 (212).

[593] ZHR 116, 3 Fußnote 9.

[594] So Wüstendörfer S. 338; Abraham ZHR 116, 3; Schaps-Abraham, Anm. 7 zu § 650 HGB, S. 593.

[595] Schlegelberger-Liesecke, Bem. 5 zu § 650 HGB, S. 386; Schlegelberger-Hefermehl, HGB, Bem. 48 zu § 363, S. 1745 f.; Pappenheim, Handbuch des Seerechts Bd. 3, S. 351.

[596] Anm. 15 zu § 650 HGB, S. 596.

[597] Hierzu Schlegelberger-Liesecke, Bem. 5 zu § 650 HGB, S. 386; Schaps-Abraham, Anm. 15 zu § 650 HGB, S. 596.

durch die Übergabesurrogate der §§ 930, 931 BGB ersetzt werden kann[598].

Im *französisch-belgischen Rechtskreis* ist umstritten, ob einem Rektakonnossement (connaissement nominatif) Traditionswirkung zukommen kann[599], was im Rahmen der Art. 1141, 2279 code civil bedeutsam werden kann. Weiterhin ist umstritten, ob eine solche Wirkung neben dem Bordkonnossement (sog. „connaissement régulier") auch dem Übernahmekonnossement (sog. „connaissement reçu pour embarquement") zukommt. Heenen[600] bejaht dies für den Fall, daß die Waren nach Übernahme durch den Spediteur, Verfrachter etc. genügend spezifiziert sind. Ripert[601] meint demgegenüber: „Le reçu pour embarquement ne peut jouer un tel rôle. C'est de là que vient la défaveur de ce reçu dans les opérations sur marchandises."

Im *englischen* Recht ist zweifelhaft, was zu den „documents of title" im Sinne der sect. 8 und 9 Factory Act und sect. 25 Abs. 1 und 2 Sale of Goods Act gehört. Ein „document of title" ist anzunehmen „where seller makes available a bill of lading to buyer unconditionally[602]". Die Vermutung der sect. 19 Abs. 2 Sale of Goods Act gilt nach dem Wortlaut dieser Vorschrift allerdings nur, wenn die „bill of lading" als Orderpapier ausgestellt ist. Umstritten ist, ob auch dock warrants, warehouse-keepers certificates, delivery warrants und delivery orders zu den „documents of title" zu rechnen sind[603].

Im Recht der *USA* enthalten die Uniform Laws eindeutige Definitionen darüber, was unter „negotiable documents" zu verstehen ist. Sect. 27 des Uniform Sales Act bestimmt z. B.:

> „A document of title in which it is stated that the goods referred to therein will be delivered to the bearer, or to the order of any person named in such document is a negotiable document of title[604]."

Nach Art. 7 sect. 102 e in Verb. mit Art. 1 sect 201 Ziff. 15 Uniform Commercial Code gehören zu den documents of title: „Bills of lading,

[598] Wüstendörfer S. 324; Schlegelberger-Liesecke, Bem. 5 zu § 650 HGB, S. 386; Schaps-Abraham, Anm. 14 zu § 650 HGB, S. 596; a. A. Pappenheim, Bd. 3, S. 351.

[599] Bejahend Ripert, Droit maritime Bd. 2, S. 761 f. (Nr. 1866). Für das belgische Recht im Hinblick auf Art. 89 loi maritime bejahend wohl Smeesters et Winkelmolen, Droit maritime et droit fluvial Bd. 1, S. 596 f. (Nr. 442); verneinend Heenen S. 31 (Nr. 13).

[600] S. 95 (Nr. 74).

[601] Droit maritime Bd. 2, S. 757 (Nr. 1859).

[602] Schmitthoff, The Sale of Goods, S. 96.

[603] Vgl. hierüber Schmitthoff, a. a. O., S. 96 mit Rechtsprechungs- und Literaturhinweisen.

[604] Vgl. auch sect. 5 Uniform Bills of Lading Act und sect. 5 Warehouse Receipts Act.

dock warrants, dock receipts, warehouse receipts or orders for the delivery of goods, and also any other document which in the regular course of business or financing is treated as adequately evidencing that the person in possession of it is entitled to receive, hold and dispose of the document and the goods it covers . . ."

Nach manchen Rechtsordnungen führt die Ausstellung von Papieren dazu, daß ohne Übergabe der Papiere Eigentum an den Waren nicht übertragen werden kann. § 23 des österreichischen Lagerhausgesetzes vom 28. 4. 1889 bestimmt z. B.:

> „Die Übergabe des indossierten Besitzscheins an den Indossatar hat für den Erwerb der von der Übergabe der Ware abhängigen Rechte dieselben rechtlichen Wirkungen wie die Übergabe der Ware selbst.
>
> Wenn ein Lagerschein ausgestellt ist, kann die Übergabe der Ware in anderer Weise nicht stattfinden."

In den deutschen Vorschriften, die die Übergabe der Traditionspapiere der Übergabe der Waren gleichsetzen, fehlt ein dem § 23 Abs. 2 a. a. O. entsprechender Zusatz. Es ist deshalb für das deutsche Recht davon auszugehen, daß außer durch Besitzübergabe der Dokumente auch durch Besitzübergabe der Waren, Einigung vorausgesetzt, Eigentum an den Waren übertragen werden kann[605]. In Frankreich und England folgt bereits aus dem dort geltenden Konsensprinzip, daß Eigentum auch ohne Dokumente übertragen werden kann. In den USA enthält Art. 2 sect. 401 Abs. 2 Uniform Commercial Code eine ausdrückliche Klarstellung. Die genannte Vorschrift bestimmt:

> "Unless otherwise explicitly agreed title passes to the buyer at the time and place at which the seller completes his performance with reference to the physical delivery of the goods, despite any reservation of a security interest and even though a document of title is to be delivered at a different time or place; . . ."

2. Internationales Privatrecht

Die vorangehende Übersicht hat gezeigt, daß den Dokumenten, die über Waren ausgestellt werden (insbesondere dem Konnossement) im Rahmen des Eigentumsübergangs von manchen Rechtsordnungen entscheidende Bedeutung beigemessen wird. Für das internationale Privatrecht ergibt sich daraus die Frage, ob durch die enge Verknüpfung von Eigentumsübergang und Dokumentenübergabe die Interessen an der Anknüpfung des Eigentumsübergangs an die lex rei sitae sich zugunsten einer anderen Anknüpfung verschieben. Da in vielen Rechtsordnungen — wie ausgeführt — die Dokumente die verkauften Waren

---

[605] BGH Betriebsberater 1952, 386; SCHLEGELBERGER — LIESECKE, Bem. 10 zu Art. 650 HGB, S. 387 f.

„verkörpern“, „repräsentieren“ bzw. „symbolisieren“, könnte man geneigt sein, statt den Waren nun den Dokumenten die ausschlaggebende Bedeutung zuzumessen. Betrachtet man den Eigentumsübergang an den Waren als Wirkung der Papierübergabe bzw. Papierbegebung, dann liegt es nahe, diese Wirkung dem Statut zu unterstellen, das die Papierbegebung beherrscht.

a) Von der lex rei sitae abweichende Anknüpfungen

Diesen Gedanken folgend wird häufig im Schrifttum und vereinzelt auch in der Rechtsprechung bei der Warenveräußerung mittels Dokumenten die lex rei sitae zugunsten einer anderen Rechtsordnung, die den Dokumenten näher steht als die lex rei sitae, beiseite geschoben. Im englischen Recht erklärt z. B. Schmitthoff[606] sowohl auf den Eigentumsübergang an den Papieren als auch auf den Eigentumsübergang an den Waren die lex cartae sitae für anwendbar. Allerdings soll bei Widerstreit zwischen lex cartae sitae und lex rei sitae die letztere vorgehen[607]. Schultsz[608] will das Recht des Orts der Papierübergabe entscheiden lassen. Jedoch erklärt er die lex rei sitae für anwendbar, wenn entschieden werden soll, ob auch ohne Papiere über die Waren verfügt werden kann[609]. Wie Schultsz unterwirft auch Art. 3 Abs. 3 der Haager Konvention von 1958 den Eigentumsübergang an dokumentierten Waren dem Recht des Landes, in dem der Käufer die Dokumente erhalten hat. In ähnlicher Weise knüpft Beale[610] den Eigentumsübergang an das Recht des Ortes der Papierbegebung. Diesen Stimmen liegt der Gedanke zugrunde, daß die Belegenheit der Dokumente für die Anknüpfung des Eigentumsübergangs entscheidenden Einfluß hat, d. h. sie wollen die *lex cartae sitae* anwenden.

Demgegenüber wird häufig die Herrschaft des Statuts des verbrieften Rechts vorgeschlagen. Nach Wolff[611] soll das Recht entscheiden, dem „das im Papier verbriefte Rechtsverhältnis“ unterworfen ist. Er versteht darunter in der Regel das Recht des Orts, an dem der Verfrachter oder Frachtführer die Güter dem Empfänger auszuliefern verpflichtet ist[612]. Zu einem ähnlichen Ergebnis kommt Denninger[613] am Ende seiner Untersuchung, der den Eigentumsübergang bei Waren,

---

[606] The English Conflict of Laws, S. 203.

[607] A. a. O., S. 204.

[608] S. 219 ff.

[609] S. 225.

[610] Conflict of Laws Bd. 2, S. 984 (§ 261); siehe auch Beale, The situs of things, 28 Yale Law Journal 540.

[611] Schlegelbergers Rvgl. HWB. Bd. 4, S. 393 und IPR S. 174 in Widerspruch zu IPR S. 175 a. E.

[612] Zustimmend Markianos, RabelsZ 23 (1958), 30 f.

[613] S. 93 f.

über die Dokumente ausgestellt sind, nach dem „Statut des Papieres" beurteilen will. Abweichend von Wolff erklärt er zum Papierstatut das Recht des Domizils des Verfrachters, d. h. „das Recht des Unternehmenssitzes der jeweiligen Schiffahrtslinie[614]". Denninger gelangt zur Anknüpfung an das Statut des verbrieften Rechts mit der Erwägung, daß nicht die Eigentumsverhältnisse als solche entscheidend seien, „sondern die praktische Veräußerlichkeit des wertpapiermäßigen Anspruchs. Die dingliche Funktion wird damit zum bloßen Sicherungsmittel innerhalb der auf Gewinn, nicht auf dauernde Sachnutzung zielenden obligatorischen Beziehungen[615]". Mit der Anknüpfung an den Wohnsitz des Verfrachters meint Denninger, das „Maximum der überhaupt realisierbaren Vorzüge eines Anknüpfungsbegriffs mit dem Minimum an Nachteilen" gefunden zu haben.

b) Die Anknüpfung an die lex rei sitae in Rechtsprechung und Lehre

Die wohl überwiegende Lehre geht davon aus, daß durch die Ausstellung von Traditionspapieren die Anknüpfung des Eigentumsübergangs an die lex rei sitae nicht verändert wird[616]. Nußbaum[617] meint, die Anwendung der lex rei sitae folge auch in diesem Fall aus allgemeinen Grundsätzen des Sachenrechts. Frankenstein[618] führt aus, die Repräsentation der Waren durch Dokumente beruhe nur auf einer gesetzlichen Fiktion. Die Wirkung dieser Fiktion sei aber davon abhängig, ob die lex rei sitae diese Fiktion anerkennt. Weil[619] und Denninger[620] weisen dagegen mit Recht daraufhin, daß die Argumentation Frankensteins auf einen Zirkelschluß hinausläuft; denn es geht gerade um die Ermittlung des Statuts, das über die Anerkennung dieser Repräsentationsfiktion entscheidet. Die bloße Behauptung, insoweit entscheide die lex rei sitae, genügt nicht.

Ohne besondere Begründung beurteilte auch das Reichsgericht[621] den Eigentumsübergang beim Versendungskauf einer Ladung Schrott aus Holland nach Deutschland nach der deutschen lex rei sitae, obwohl in

---

614 S. 94; zustimmend Kegel, IPR S. 253 bezüglich der res in transitu.

615 S. 93.

616 Kegel in Soergel-Siebert, Bem. 272 vor Art. 7 EGBGB, S. 583; derselbe IPR S. 251; Nussbaum, Deutsches IPR S. 312 f.; Frankenstein, Bd. 2, S. 58 f.; Raape IPR S. 594 f. Im Ausland: Arminjon, Droit international privé commerciale, S. 498 f. (Nr. 302); Niboyet, Traité Bd. 4, S. 707 (Nr. 1308 I a); Hellendall, C. B. R. 17 (1939), S. 20; Leflar, Conflict of Laws, S. 298 (§ 156).

617 Deutsches IPR, S. 313.

618 Bd. 2 S. 58.

619 S. 34.

620 S. 77.

621 RG 119, 215 (216).

holländischer Sprache ein Binnenschiffahrtskonnossement ausgestellt war, das nach Auffassung des Gerichts holländischem Recht unterlag. Ein Holländer hatte die Ladung an eine deutsche Firma verkauft. Diese Firma verkaufte die schwimmende Ladung weiter an die Beklagte. Nach diesem Verkauf „übereignete" sie die Ladung zur Sicherung einer Darlehensforderung an die Klägerin durch Übergabe der Konnossemente, die sich noch in ihrer Hand befanden. Obwohl die Beklagte die Konnossemente nicht in der Hand hatte, wurde ihr der Schrott später von der Speditionsfirma ausgehändigt. Die Klägerin verlangte alsdann, gestützt auf Eigentum, Herausgabe des Schrotts. Das Reichsgericht wandte auf die Frage des Eigentumsübergangs die deutsche lex rei sitae an und stellte zutreffend fest, daß die Klägerin nicht nach §§ 929 BGB, 450 HGB, 72 Abs. 1, 26 Binnenschiffahrtsgesetz Eigentümerin geworden war, da sie nach deutschem Recht (lex rei sitae) nicht „durch den Schein (sc. Konnossement) zur Empfangnahme des Gutes legitimiert" worden sei[622]. Das Gericht nahm jedoch an, daß die Klägerin nach §§ 929, 931 BGB durch Abtretung des Herausgabeanspruchs gegen die Speditionsfirma Eigentum erworben habe und daher den Schrott von der schlechtgläubigen Beklagten herausverlangen könne.

Auch das House of Lords beurteilte in einer Entscheidung[623] die Übertragung von Sicherungseigentum an Waren, über die Dokumente ausgestellt waren, nach der lex rei sitae. Der Londoner Weinkaufmann Goldsmith hatte einige Fässer schottischen Whisky in ein Lagerhaus in Glasgow gegen Ausstellung von „delivery warrants" eingelagert. Er veräußerte den Whisky zur Sicherung an einen seiner Gläubiger, den Beklagten, indem er an diesen in England die „delivery warrants" indossierte und übergab. Danach wurde der Whisky von den Klägern, ebenfalls Gläubigern des Veräußerers, gepfändet. Der Beklagte stützte sein besseres Recht an dem Whisky auf englisches Recht, das Indossierung und Übergabe der „delivery warrants" für eine wirksame Übereignung hätte ausreichen lassen. Die Kläger beriefen sich dagegen auf schottisches Recht, wonach trotz Indossierung und Übergabe der „delivery warrants" der Beklagte kein Eigentum an dem Whisky erlangt hatte. Das House of Lords entschied sich zugunsten der Kläger und wandte schottisches Recht an mit der kurzen Begründung: „The whisky was in Scotland, and was there held in actual possession by a custodier for Goldsmith as the true owner. That state of title could not, so far as Scotland was concerned, be altered or overcome by a foreign transaction of pledge which had not, according to the rules of Scottish law, the effect of vesting the property of the whisky ... in the pledgee[624]."

---

[622] Vgl. § 450 HGB.
[623] Inglis v. ROBERTSON and BAXTER, [1898] A. C. 616ff.
[624] Lord WATSON a. a. O., S. 626.

Etwas abweichend von der h. M. beurteilt das amerikanische Restatement[625] die Frage, ob die Übertragung eines Dokuments Eigentum zu übertragen vermag, nach der Rechtsordnung, in deren Bereich sich die Sache zum Zeitpunkt der Dokumentenausstellung befindet. Dies bedeutet unwandelbare Geltung der ersten lex rei sitae, auch wenn die Sache später in einen anderen Rechtsbereich verbracht wird. Die starre Geltung der ersten lex rei sitae wird jedoch den Partei- und Verkehrsinteressen wenig gerecht. Denn Dritte können die erste lex rei sitae meist nicht ohne weiteres feststellen. Aus den Papieren ergibt sich in der Regel nicht, wo sich die Waren zur Zeit der Dokumentenausstellung befunden haben.

c) Die Lösung

Welcher Rechtsordnung bei der Anknüpfung des Eigentumsübergangs an dokumentierten Waren der Vorzug zukommt, richtet sich — wie bereits erwähnt — danach, ob durch die Ausstellung von Dokumenten die Interessen an der Anknüpfung an die lex rei sitae sich zugunsten des Statuts des verbrieften Rechts oder der lex cartae sitae verschieben.

Gegen die Beurteilung des Eigentumsübergangs nach dem Statut des verbrieften Rechts bestehen Bedenken. Dieses Statut regelt die schuldrechtlichen Beziehungen der Kaufparteien im Verhältnis zum Verfrachter. Es bestimmt, wer auf Grund der Dokumente berechtigt ist, Ansprüche gegen den Verfrachter geltend zu machen. Das Statut des verbrieften Rechts ist also ein Schuldstatut. Bereits oben[626] wurde ausgeführt, daß die Beurteilung des Eigentumsübergangs nach dem Schuldstatut der Kaufparteien schutzwürdige Drittinteressen verletzen würde. Wenn nach dem dort Ausgeführten über den Eigentumsübergang nicht das Schuldstatut, das die schuldrechtlichen Beziehungen der Kaufparteien zueinander regelt, entscheiden kann, dann kann erst recht nicht das Schuldstatut entscheiden, das nur die schuldrechtlichen Beziehungen der Parteien zum Verfrachter regelt[626a]. Auch kann man eine Anknüpfung des Eigentumsübergangs an das Statut des verbrieften Rechts mit Denninger[627] nicht mit dem Hinweis rechtfertigen, bei dokumentierten Waren seien die Eigentumsverhältnisse nicht entscheidend. Wenn man untersucht, ob Eigentum übergeht, dann ist die Frage des Eigentumsübergangs eben entscheidend. Außerdem kann man in Schwierigkeiten kommen, wenn man mit Denninger an das Recht des Verfrachters anknüpft. Es kommt häufig vor, daß Waren durch mehrere hintereinandergeschaltete Verfrachter transportiert

[625] § 261.
[626] S. 59 f.
[626a] Ähnlich Privat S. 85 f.
[627] Siehe oben S. 125.

werden, die mit dem Versender voneinander unabhängige Transportverträge abgeschlossen haben. In diesem Fall ist es eine Zufallsentscheidung, ob man dem Wohnsitzrecht des ersten oder des letzten Verfrachters oder dem Wohnsitzrecht des Verfrachters mit der längsten Wegstrecke den Vorzug gibt. Nach allem ist daher die Beurteilung des Eigentumsübergangs an dokumentierten Waren nach dem Statut des verbrieften Rechts abzulehnen. Zur Debatte steht neben der lex rei sitae demnach allenfalls noch die lex cartae sitae.

Ausschlaggebend für die Wahl zwischen diesen beiden sind auch hier Verkehrsinteressen. Diese Interessen werden durch die Ausstellung von Dokumenten über die verkauften Waren berührt. Der Empfänger eines Dokuments, nach dessen Recht Dokumentenübergabe zum Eigentumserwerb ausreicht, wird darauf vertrauen, daß er Eigentum an den verbrieften Waren erworben hat, das er notfalls den Gläubigern des Veräußerers entgegensetzen kann. Auch die Gläubiger des Empfängers und Dritterwerber, die in Händen des Empfängers ein Dokument sehen, werden darauf vertrauen, daß der Empfänger Eigentümer geworden ist. Das Dokument übernimmt im Käuferland im Interesse des Handelsverkehrs die Funktion des Warenbesitzes. Nicht mehr der Warenbesitz selbst bildet die Grundlage für Veräußerungen, sondern der Papierbesitz. Die Interessen aller, die auf den Eigentumserwerb des Papiererwerbers vertrauen, würden verletzt, wenn die Frage des Eigentumsübergangs an eine lex rei sitae angeknüpft würde, die dem Papierbesitz im Rahmen des Eigentumsübergangs keine oder eine andere Wirkung als die lex cartae sitae beimißt.

Den Interessen des Papiererwerbers und dessen Gläubigern an der Anwendung der lex cartae sitae stehen Interessen des Veräußerers und seiner Gläubiger an der Anwendung der lex rei sitae gegenüber. Solange sich die Waren noch im Bereich der Rechtsordnung des Veräußerers befinden, vertrauen dieser und seine Gläubiger darauf, daß die Waren noch Eigentum des Veräußerers sind, wenn nach der lex rei sitae trotz Dokumentenübergabe noch kein Eigentum übergegangen ist. Dieses Vertrauen des Veräußerers und seiner Gläubiger würde verletzt, wenn durch Anwendung der lex cartae sitae das Eigentum an den Waren dem Veräußerer entgegen der lex rei sitae bereits mit Papierübergabe an den Erwerber entzogen würde. Umgekehrt haben bisweilen gerade der Veräußerer und seine Gläubiger ein Interesse an der Anwendung der lex cartae sitae, nämlich dann, wenn der Veräußerer aus Sicherungsgründen die Dokumente zurückgehalten hat, während die versandten Waren bereits die Grenze überschritten haben.

Die Ausstellung von Dokumenten über verkaufte Waren führt demnach im Rahmen der Anknüpfung des Eigentumsübergangs zu einem Interessenkonflikt. Die einen Interessen ranken sich um die Lage des Papiers, die anderen um die Lage der Waren, je nachdem was lex rei sitae und lex cartae sitae bestimmen und je nachdem wo sich die

Waren und wo sich die Dokumente befinden. Den möglichen Interessenwiderstreit übersieht Schultsz, der lediglich das Vertrauen des Papierempfängers auf den Eigentumserwerb in den Vordergrund stellt und daher ohne Bedenken an das Recht des Orts der Papierübergabe anknüpft[628].

Die widerstreitenden Interessen sind gleichwertig. Es besteht kein Grund, die Interessen des Empfängers der Dokumente und dessen Gläubiger höher zu bewerten als die Interessen des Veräußerers und dessen Gläubiger. Solange aber nicht überwiegende Interessen zugunsten der lex cartae sitae sprechen, ist eine Durchbrechung der allgemeinen „lex rei sitae"-Regel nicht gerechtfertigt.

Ein weiterer Grund, der gegen eine Abweichung von der „lex rei sitae"-Regel spricht, klingt bei Sovilla an. Er meint, daß die Hauptsache die Ware und nicht das Dokument bilde[629]. Auch wenn Sovilla aus diesem kurzen Hinweis für den Eigentumsübergang dokumentierter Waren keine Schlüsse zieht, kommt darin doch klar zum Ausdruck, daß der gewinnen muß, dessen Interesse sich an die Lage der Waren anknüpft. Wer die Waren hat, braucht sich nicht mehr um die Papiere zu sorgen. Denninger[630] macht zwar geltend, daß der Handelsverkehr mehr Wert auf das Papier als auf die Ware legt. Dies ist aber erst dann richtig, wenn feststeht, daß das Papier die Ware repräsentiert; dagegen nicht, wenn es erst darum geht, ob das Papier die Ware repräsentiert.

Außerdem würde eine Entscheidung, die entgegen der lex rei sitae Eigentumswechsel bejaht oder verneint, im Gebiet, in dem sich die Sache befindet, nicht durchsetzbar sein. Hinzu kommt, daß die lex cartae sitae häufig eine recht zufällige Rechtsordnung sein wird. Dies ist der Fall, wenn z. B. bei einem Verkauf von Deutschland nach England sich der englische Käufer ausbedingt, daß ihm die ausgestellten Dokumente nach Kopenhagen zugestellt werden, weil er sich dort gerade aus Anlaß einer Geschäftsreise aufhält.

Die praktische Durchführung der Anknüpfung an die lex rei sitae bringt in der Regel keine Schwierigkeiten mit sich. Umgekehrt würden bei der Anknüpfung an die lex cartae sitae Zweifelsfragen auftauchen, die bei der Anknüpfung an die lex rei sitae nicht entstehen. Versendet z. B. der deutsche Verkäufer Waren, über die Konnossemente ausgestellt sind, an einen französischen Käufer, und befinden sich zum Zeitpunkt der Konnossementsübergabe an den französischen Käufer in Frankreich die Waren noch in Deutschland, dann gilt bei Anwendung der lex rei sitae deutsches Recht, d. h. die Waren werden mit

[628] SCHULTSZ führt S. 219 aus: „... wil men het vertrouwen van de ontvanger in het papier honoreren, dan moet men toepasselijk verklaren het recht van het land waar de ontvanger het papier verkrijgt."

[629] S. 36; siehe auch Privat S. 83.

[630] S. 93.

Papierübergabe nach § 929 BGB in Verb. mit § 650 HGB Eigentum des französischen Käufers. Unerheblich für die Anwendung der genannten Vorschriften ist hierbei, daß die Übergabe der Dokumente nicht auf deutschem Boden stattgefunden hat[631], denn bei Geltung der lex rei sitae kommt es auf die Belegenheit der Sache an und nicht auf die Belegenheit der Dokumente. Gleichgültig ist auch, ob die schuldrechtlichen Beziehungen, die sich aus dem Konnossement ergeben, nicht deutschem Recht unterliegen[632], denn die lex rei sitae und nicht das Papierstatut bestimmt, ob ein Dokument Traditionspapier ist oder nicht. § 650 HGB beschränkt die Traditionswirkung nicht auf deutsche Papiere.

Bei Anwendung der lex cartae sitae würde in dem genannten Beispiel französisches Recht zur Anwendung kommen und darüber entscheiden müssen, ob die Papierübergabe zur Eigentumsübertragung ausreicht. Für den Eigentumserwerb vom Berechtigten bestimmt das französische Recht nichts darüber, ob Papierübergabe zur Eigentumsübertragung ausreicht. Denn das französische Recht läßt Eigentum schon mit Kaufabschluß übergehen, so daß die Frage, ob Dokumentenübergabe zur Eigentumsübertragung ausreicht, für französisches Recht gar nicht auftaucht. Man müßte in diesem Fall in Anlehnung an die oben[633] zu Art. 1141 und 2279 code civil dargelegten Grundsätze annehmen, daß die Papierergreifung der „saisine"-Erlangung an den Waren gleichsteht, die in jedem Fall nach herkömmlichen französischen Grundsätzen zur Eigentumserlangung ausreichte. Diese gezwungene Lösung bleibt vermieden, wenn man statt der lex cartae sitae die lex rei sitae anwendet.

Sind die Waren bei einem Versendungskauf nach Frankreich vor der Papierübergabe an den französischen Käufer auf französischen Boden gelangt, dann geht nach der lex rei sitae Eigentum an den Waren gemäß Art. 1138, 1583 code civil auf den französischen Käufer über. Die Frage, ob Dokumentenübergabe zur Übereignung ausreicht, wird gar nicht mehr akut, da zum Zeitpunkt der Dokumentenübergabe Eigentum bereits übergegangen ist. Gleiches gilt beim umgekehrten Fall, dem Versendungskauf von Frankreich nach Deutschland. Eigentum geht hier nach der französischen lex rei sitae bereits mit Kaufabschluß bzw. mit der in Frankreich erfolgenden Konkretisierung über. Wann die Dokumente übergeben werden, interessiert dann für den Eigentümer nicht mehr.

---

[631] Ebenso Nussbaum, Deutsches IPR S. 313.

[632] So auch Raape, IPR S. 595; merkwürdigerweise will er aber dem „französischen Konnossement" jede Traditionswirkung absprechen, auch wenn sich die Ware in Deutschland befindet; bereits oben S. 118 f. wurde demgegenüber darauf hingewiesen, daß auch dem französischen Recht die Traditionswirkung des Konossements nicht fremd ist.

[633] S. 118.

Auch bei Verkäufen aus Deutschland nach dem anglo-amerikanischen Rechtskreis bieten sich bei Anwendung der lex rei sitae meist keine Schwierigkeiten. Befinden sich zum Zeitpunkt der Papierübergabe die Waren noch in Deutschland, dann geht Eigentum nach §§ 929 BGB, 650 HGB über. Sind die Waren zum Zeitpunkt der Papierübergabe in England oder den Vereinigten Staaten angekommen, dann bewirkt die Papierübergabe ebenfalls Eigentumsübergang; in England, weil in diesem Zeitpunkt Einigung der Kaufparteien unterstellt wird; in den Vereinigten Staaten, weil die Übergabe der Papiere in der Regel den letzten Akt der „due negotiation" darstellen wird. Was für eine „due negotiation", d. h. ordnungsgemäße Begebung des Papiers verlangt wird, ist eine selbständig anzuknüpfende Vorfrage, die die allgemein h. L. mit Recht nach der lex cartae sitae beurteilt[634]. Denn es handelt sich darum, wer ordnungsgemäß dinglich Berechtigter am Papier wird.

---

[634] KEGEL, IPR S. 251; FRANKENSTEIN Bd. 2, S. 58f.; NUSSBAUM, IPR S. 313; Privat S. 80f.; NIBOYET, Traité Bd. 4, S. 711 (Nr. 1308 II) Restatement § 261 Abs. 3; vgl. auch LEFLAR, Conflict of Laws S. 298 (§ 156).

III. Teil

DAS VERFOLGUNGSRECHT UND DAS ZURÜCKBEHALTUNGSRECHT DES UNBEZAHLTEN VERKÄUFERS

Allgemeines

Bisher ließ sich in der Regel rasch entscheiden, ob der in Frage stehende Begriff (Gefahr, Eigentum etc.) an das Schuld- oder Sachstatut anzuknüpfen war. Die Schwierigkeiten lagen meist in der Entscheidung, welches der möglichen Schuldstatute bzw. Sachstatute im konkreten Fall zur Anwendung kommen sollte. Beim Verfolgungs- und Zurückbehaltungsrecht des unbezahlten Verkäufers geht es demgegenüber in erster Linie darum, ob das Schuldstatut oder das Sachstatut über Entstehen und Wirkung dieser Rechte entscheiden soll.

Beide Rechte, insbesondere das Verfolgungsrecht, befinden sich gemäß ihrer Struktur und ihrem Inhalt in dem in der Einleitung genannten intermediären Bereich zwischen Schuld- und Sachenrecht. Aus diesem Grunde hat sich weder in der Rechtsprechung noch im Schrifttum der verschiedenen Rechtskreise bisher eine überwiegende Meinung gebildet, die sich für die Anwendung des Schuldstatuts oder Sachstatuts ausspricht. Logisch zwingende Gründe für die Anwendung des einen oder anderen sind bisher nicht genannt worden und werden sich auch nicht entdecken lassen. Eine Lösung läßt sich auch hier nur finden, wenn man untersucht, ob das Verfolgungs- bzw. Zurückbehaltungsrecht Drittwirkungen äußert oder nicht. Die Drittwirkungen sind auch hier Kriterium dafür, ob diese Rechte schuld- oder sachenrechtlich einzuordnen sind. Das Verfolgungsrecht sei der einfacheren Darstellung wegen vor dem Zurückbehaltungsrecht behandelt.

1. Kapitel
Das Verfolgungsrecht

1. Rechtsvergleichender Überblick

Die meisten Rechtsordnungen gestatten dem Verkäufer, die verkaufte Ware — solange sie sich auf dem Weg zum Käufer befindet —

anzuhalten, wenn der Käufer zahlungsunfähig wird oder in Konkurs gerät. In Deutschland wird dieses Recht „Verfolgungsrecht", in der Schweiz „Rücknahmerecht" genannt. Der anglo-amerikanische Rechtskreis nennt dieses Recht einheitlich „right of stoppage". Das französische Recht spricht von „droit de revendication". Die Voraussetzungen für dieses Recht sind in den einzelnen Rechtsordnungen sehr verschieden.

In *Deutschland* wird ein Verfolgungsrecht nur im Konkurs gewährt. Der Verkäufer kann nach § 44 KO[635] an den Gemeinschuldner abgesandte und noch nicht bezahlte Waren zurückfordern, sofern diese nicht schon vor der Eröffnung des Verfahrens an dem Orte der Ablieferung angekommen und in den Gewahrsam des Gemeinschuldners oder einer anderen Person für ihn gelangt sind. Die Ausübung des Verfolgungsrechts nach § 44 KO löst den Kaufvertrag und die erfolgte Eigentumsübertragung nicht auf. Sie erzeugt eine „Obligation, die sich freilich an ein vorhandenes Vertragsverhältnis anknüpft, substantiell aber nicht auf diesem Vertragsverhältnis, sondern unmittelbar auf dem Gesetz beruht[636]".

In der *Schweiz* besteht die gleiche Rechtslage wie in Deutschland. Dem § 44 KO entspricht Art. 203 Abs. 1 des schweizerischen Bundesgesetzes über Schuldbetreibung und Konkurs. Das Rücknahmerecht ist nach Art. 203 Abs. 2 a. a. O. ausgeschlossen, wenn an der Sache vor der öffentlichen Bekanntmachung des Konkurses ein gutgläubiger Dritter auf Grund eines Frachtbriefes, Konnossementes oder Ladescheins Eigentum oder ein Pfandrecht erworben hat.

Das *anglo-amerikanische Recht* gibt dem Verkäufer ein „right of stoppage", wenn sich die Waren noch unterwegs befinden und der Käufer zahlungsunfähig wird[637]. Konkurs wird also nicht verlangt. Das „right of stoppage" besteht nur, wenn Eigentum bereits auf den Käufer übergegangen ist[638]. Ist der Verkäufer noch Eigentümer, so kann er bei Zahlungsunfähigkeit des Käufers nach Absendung auf Grund seines Eigentums gegen den Käufer vorgehen, ohne daß er sich auf ein „right of stoppage" zu berufen braucht[639]. Ausgeübt wird dieses Recht durch Wiederinbesitznahme der Waren oder durch entsprechende Mitteilung an den Frachtführer, Spediteur oder Verwahrer, in deren Besitz sich die Waren befinden[640]. Die Ausübung des „right of stoppage" bewirkt weder Aufhebung des Kaufvertrages noch Rück-

---

[635] Fast gleichlautend § 45 österreichische KO.

[636] RG 41, 334; ebenso JAEGER, Kommentar zur Konkursordnung, Bem. 5 — 8 zu § 44, S. 647 f.

[637] Sect. 44 Sale of Goods Act; sect. 57 Uniform Sales Act; Art. 2 sect. 705 Uniform Commercial Code.

[638] Lickbarrow v. MASON (1793), 6 East 21 (27) = 100 E. R. 35.

[639] BENJAMIN on Sale, S. 879.

[640] Sect. 46 Sale of Goods Act; sect. 59 Abs. 1 Uniform Sales Act.

fall des bereits übergegangenen Eigentums auf den Verkäufer[641]. Dieses Recht gibt dem unbezahlten Verkäufer gegenüber dem Käufer lediglich eine Sicherung mit dem Ziel „that one man's goods shall not be applied to the payment of another man's debts[642]". Der Verkäufer kann allerdings mit Wirkung gegen den alten Käufer die Sache an einen neuen Käufer veräußern[643].

In *Frankreich* sind die Voraussetzungen für das „droit de revendication" verschieden, je nachdem ob der Käufer in Konkurs geraten ist oder nicht. Befindet sich der Käufer nicht in Konkurs, so kann der unbezahlte Verkäufer nach Art. 2102 Ziff. 4 code civil die verkauften Waren zurückfordern (revendiquer), solange sich die Waren im Besitz des Käufers befinden, vorausgesetzt daß beim Kauf ohne Zahlungsaufschub das „droit de revendication" innerhalb von acht Tagen nach der Lieferung ausgeübt wird. Die Ausübung dieses Rechts erfolgt durch Rücknahme der verkauften Waren. Der Verkäufer erlangt hierdurch ein „droit de rétention", wie wenn er die Waren nie geliefert hätte[644]. Der Kaufvertrag und die Eigentumsübertragung werden aufrechterhalten[645]. Will der Verkäufer vom Vertrag loskommen und Eigentum zurückerlangen, dann muß er auf Auflösung des Vertrages klagen. Bei Käuferkonkurs kann der Verkäufer nach Art. 549 code de commerce ein „droit de revendication" bis zur Übergabe der verkauften Waren in die Geschäftsräume des Käufers oder dessen Kommissionärs geltend machen, sofern sie nicht schon vom Käufer auf Grund von Traditionspapieren weiterveräußert worden sind[646]. Nach Art. 548 code de commerce kann der Verkäufer das „droit de revendication" auch noch nach der Übergabe der unverändert gebliebenen Waren an den Käufer ausüben, wenn der Kaufvertrag vor Ausspruch der Konkurs- oder Vergleichseröffnung aufgelöst worden ist oder wenigstens die „revendication" vor diesem Zeitpunkt durch Klage geltend gemacht worden ist. Das „droit de revendication" der Art. 548, 549 code de commerce begründet, anders als Art. 2102 Ziff. 4 code civil,

---

[641] Für England: sect. 48 Abs. 1 Sale of Goods Act; für die USA: In re Arctic Stores, 258 F. 688; U. L. A., Uniform Commercial Code (1962), Comment zu Art. 2 sect. 705, S. 303.

[642] D'Aquila v. LAMBERT (1761), 2 Eden 77, 27 E. R. 266, 267; ebenso Booth Steamship Co. Ltd. v. Cargo Fleet Iran Co. Ltd. (1916), 2 K. B. 570, 580.

[643] Art. 48 Abs. 2 Sale of Goods Act; sect. 60 Abs. 1 Uniform Sales Act; Art. 2 sect. 706 Abs. 1 Uniform Commercial Code.

[644] THALLER-PERCEROU, Droit commercial, S. 1162 (Nr. 1952) spricht insoweit von einer „reprise du droit de rétention".

[645] RIPERT-BOULANGER, Traité de droit civil Bd. 3, S. 486 (Bem. 1452); FUZIER-HERMAN, Code civil anoté Bd. 7, Bem. 340 zu Art. 2102 code civil, S. 134.

[646] Fast gleichlautend Art. 568 Abs. 1 belgischer code de commerce.

ein Recht zur Auflösung des Kaufvertrages[647]. Der Konkursverwalter kann allerdings nach Art. 551 code de commerce durch Zahlung des Kaufpreises die Auflösung des Vertrags verhindern.

Ähnlich wie im französischen Recht kann auch nach Art. 1519 des *italienischen* codice civile der unbezahlte Verkäufer den Besitz an der verkauften Sache wieder zurückholen, wenn sich die Sache noch beim Käufer befindet und die Rückforderung innerhalb von 15 Tagen nach Übergabe erfolgt. Im Konkurs des Käufers gewährt Art. 75 des italienischen Konkursgesetzes dem unbezahlten Verkäufer ein Verfolgungsrecht nur bis zum Eintreffen der Waren am Bestimmungsort.

Besonders weit in der Zubilligung des Verfolgungsrechts geht das *holländische Recht.* Art. 232 des Wetboek van Koophandel gestattet dem Verkäufer, im Konkurs des Käufers ein Verfolgungsrecht bezüglich der unbezahlten Waren noch 30 Tage lang geltend zu machen, nachdem die Waren beim Gemeinschuldner oder für ihn bei einem Dritten eingegangen sind. Die Waren müssen allerdings noch in Natur beim Gemeinschuldner oder bei dem Dritten vorhanden sein. Außerhalb des Konkurses gewähren Art. 1185 Ziff. 3, 1191 des holländischen Burgerlijk Wetboek, ähnlich wie Art. 2102 Ziff. 4 des französischen code civil, dem unbezahlten Verkäufer bis 30 Tage nach Übergabe das in den romanischen Ländern übliche Verkäuferprivileg.

Das *spanische Recht* gibt in Art. 909 Ziff. 8 código de comercio dem unbezahlten Verkäufer im Käuferkonkurs noch weitergehend als das holländische Recht ein unbefristetes Recht auf Aussonderung der verkauften Waren, solange diese im Warenlager des Käufers oder am Bestimmungsort unterscheidbar von anderen Waren vorhanden sind.

Nach *skandinavischem Recht* ist gemäß § 39 des Gesetzes über Kauf und Tausch von Fahrnis, das in Schweden[648], Dänemark[649] und Norwegen[650] gilt, der Verkäufer zur Anhaltung der an den Käufer versandten Waren berechtigt, wenn 1. der Käufer nach Abschluß des Kaufes in Konkurs fällt oder als Kaufmann seine Zahlungen einstellt oder in Zahlungsunfähigkeit gerät, auf Grund deren die Nichtbegleichung des Kaufpreises befürchtet werden muß, und 2. die Waren noch nicht in den Besitz des Käufers gelangt sind. Ist der Verkäufer zu dieser Zeit zur Lieferung berechtigt, so kann er den Kauf aufheben, sofern nicht unverzüglich nach Aufforderung für den Kaufpreis Sicherheit geleistet wird. Zwar gilt § 39 a. a. O. nach seinem Wortlaut nur bei Kreditkäufen. Diese Vorschrift ist jedoch analog auf Distanzkäufe

---

647 THALLER-PERCEROU, Droit commercial, S. 1162 (Nr. 1952) für Art. 576 code de commerce a. F. (= Art. 549 n. F.): „L'art. 576 établit, sous le nom de revendication, une véritable action en résolution pour défaut de paiement du prix, ..."

648 Gesetz vom 20. 6. 1905.

649 Gesetz vom 6. 4. 1906 Nr. 102.

650 Gesetz vom 24. 5. 1907 Nr. 2.

anzuwenden, die nicht Kreditkäufe sind[651]. Gleichgültig ist hierbei, ob Eigentum auf den Käufer übergegangen ist oder nicht[652].

2. Internationales Privatrecht

a) Die Qualifikation des Verfolgungsrechts in Rechtsprechung und Lehre

Die internationalprivatrechtliche Anknüpfung des Verfolgungsrechts richtet sich einhellig danach, ob dieses Recht schuld- oder sachenrechtlich zu qualifizieren ist[653]. An dieser Frage hat sich der bisher in Literatur und Rechtsprechung noch ungelöste Streit über die Anknüpfung dieses Rechts entzündet. Von den wenigen ausführlichen Stimmen hierzu entschieden sich Niboyet[654] und Schultsz[655] für eine sachenrechtliche Qualifikation des Verfolgungsrechts und demgemäß für die Anwendung der *lex rei sitae*, allerdings beschränkt auf das „droit de revendication" des französischen code civil. Niboyet[656] führt aus: „Quelle est la loi qui peut décider que telle créance jouira d'un privilège? C'est la lex rei sitae. Elle statue de sa seule autorité parce qu'elle estime opportun que certaines créances soient garanties. Nous ne voyons donc aucune raison de consulter la loi de la créance, en outre de la lex sitae[657]." Niboyet unterläßt hierbei allerdings wie Schultsz einen Hinweis, warum er das „droit de revendication" des Art. 2102 Ziff. 4 code civil als sachenrechtliches Privileg auffaßt. Anscheinend genügt ihm hierfür die Überschrift vor Art. 2102 code civil[658], die zweifellos ein Indiz für eine sachenrechtliche Qualifikation der in dieser Vorschrift enthaltenen Rechte ist.

Auch Zaphiriou[659] will offenbar die sachenrechtliche Qualifikation des „right of stoppage" der schuldrechtlichen vorziehen, unter anderem

---

[651] ALMÉN-NEUBECKER, Das skandinavische Kaufrecht, Bd. 1, S. 603.

[652] ALMÉN-NEUBECKER, a. a. O. Bd. 1, S. 588 f.; USSING, Revue internationale de droit comparé 4 (1952), 7. UNDÉN, Svensk Sakrätt Bd. 1 S. 109, will offenbar vollen Eigentumsübergang erst annehmen, wenn der Verkäufer kein Verfolgungsrecht mehr hat. Er behandelt das Verfolgungsrecht als eine Art gesetzlichen Eigentumsvorbehalt.

[653] RABEL, Conflict of Laws Bd. 4, S. 40; FALCONBRIDGE, Conflict of Laws, S. 462, NIBOYET, Traité Bd. 4, S. 462—465; DENNINGER S. 47; SCHULTSZ S. 146 f.; LALIVE S. 61; ZAPHIRIOU S. 129.

[654] Traité Bd. 4, S. 463—465; a. A. allerdings noch NIBOYET Thèse (1912), S. 216.

[655] S. 146 f.

[656] Traité Bd. 4, S. 463.

[657] Ebenso SCHULTSZ S. 147: „Voor de partijwil blijft bij de privileges geen ruimte; dit is de transpositie in het internationale vlak van de gedachte, dat voorrechten ontstaan uit de wet, niet uit overeenkomst."

[658] „Des privilèges sur certains meubles."

[659] S. 131.

mit der Begründung, „the right of the unpaid seller grows out of the vendor's original ownership and dominion[660]" und „under certain circumstances the rights of the unpaid seller can be set up against third parties". Zusätzlich weist er darauf hin[661], daß während des Bestehens eines „right of stoppage" der Käufer lediglich anfechtbares Eigentum habe und nach der lex rei sitae zu beurteilen sei, „at what moment the property in the goods was indefeasibly transferred".

Weiterhin befürwortet Sovilla[662] die Anknüpfung der Rechte des unbezahlten Verkäufers an die lex rei sitae. Er läßt dabei allerdings ausdrücklich dahingestellt, ob diese Rechte obligatorischen oder dinglichen Charakter haben. Die Rechtfertigung dieser Lösung sieht er darin, daß dadurch „sämtliche Schwierigkeiten zum Verschwinden gebracht" werden, „die entstehen, wenn Retentions- und Rücknahmerecht einem anderen Gesetze unterstellt werden als der etwa damit zusammenhängende Rückfall des Eigentumes an den Verkäufer". Er meint weiterhin, daß bei seiner Lösung auch dem Satze Rechnung getragen werde, daß die Voraussetzungen, unter denen ein Recht an einer Sache geltend gemacht werden kann, ebenso wie die daraus sich ergebenden Wirkungen der jeweiligen lex rei sitae unterstehen müßten, da ein anderes Gesetz sich derselben gegenüber gar nicht durchzusetzen vermöchte. Gleich hier sei gegen Sovilla eingewendet, daß der letzte Satz nur für dingliche Rechte gilt. Solange aber nicht dargetan ist, daß das Verfolgungsrecht ein dingliches Recht ist, läßt sich der von Sovilla genannte Grund nicht zugunsten der lex rei sitae anführen.

Bisweilen werden bei der internationalprivatrechtlichen Beurteilung des Verfolgungsrechts das amerikanische Restatement[663] und Donnedieu de Vabres[664] als Vertreter der „lex rei sitae"-Anknüpfung genannt. Diese führen jedoch lediglich aus, daß Entstehung und Wirkung von Privilegien an beweglichen Sachen nach der lex rei sitae zu beurteilen sind. Sie sagen jedoch nichts darüber, ob auch das Verfolgungsrecht zu diesen Privilegien gehört.

Die wenigen bekannten Entscheidungen über die Anknüpfung des Verfolgungsrechts lassen nicht immer klar erkennen, ob das Sach- oder Schuldstatut angewendet wurde. In Deutschland hatte das OLG Hamburg[665] über folgenden Fall zu entscheiden: In einem deutschem Recht unterstehenden Kaufvertrag hatte ein Engländer an einen Deutschen Waren verkauft. Während sich die Waren noch in England befanden, wurde der deutsche Käufer zahlungsunfähig. Bei Anwendung englischen

---

660 Vgl. auch Bloxam v. SANDERS (1825), 4 B. & C. 941, 107 E. R. 1309, 1312.

661 S. 137.

662 S. 69 f.

663 § 279.

664 Conflit des lois, S. 119 f.

665 ZIR 5, 286.

Rechts bestand ein Verfolgungsrecht, bei Anwendung deutschen Rechts mangels Käuferkonkurses dagegen nicht. Das OLG Hamburg wandte englisches Recht an mit der Begründung, a) die Absender hätten in England gewohnt, b) die Waren seien in Liverpool als Erfüllungsort abzuliefern gewesen und seien c) „eben dort" gestoppt worden. Welchem der drei angeführten Gründe nach Ansicht des Gerichts der Vorrang gebührt, führt die Entscheidung nicht eindeutig aus. Sie läßt lediglich eine Tendenz dahin erkennen, daß das Recht des Erfüllungsorts entscheiden soll. Auch führt die Entscheidung nicht aus, warum die drei genannten Gründe für die Anknüpfung des Verfolgungsrechts ausschlaggebend sind. Festzuhalten ist jedenfalls, daß das Gericht nicht das Schuldstatut (deutsches Recht) anwendet und sich unter anderem (siehe c) auf die lex rei sitae zum Zeitpunkt der Ausübung des Verfolgungsrechts beruft.

In dem im anglo-amerikanischen Schrifttum häufiger zitierten Fall Inglis v. Usherwood[666] hatte ein englisches Gericht zu beurteilen, ob ein russischer Verkäufer ein Verfolgungsrecht an Waren hatte, die er an einen zahlungsunfähigen Käufer nach England abgesandt hatte. Als die Waren sich noch in Rußland befanden, machte der russische Verkäufer ein Verfolgungsrecht geltend. Nach damaligem englischen Recht war ein Verfolgungsrecht nicht mehr gegeben, dagegen nach damaligem russischen Recht. Das Gericht wandte russisches Recht an, ließ dabei aber nicht eindeutig erkennen, ob es diese Lösung auf das Sachstatut oder auf das Schuldstatut — ebenfalls russisches Recht — stützte. Es scheint, als habe es dem Sachstatut den Vorzug geben wollen.

In einer Entscheidung des holländischen Hogen Raad[667] wurde die Entstehung eines Verfolgungsrechts ausdrücklich nach dem Sachstatut beurteilt, ohne Rücksicht darauf, ob das zugrunde liegende Schuldstatut ein solches Verkäuferprivileg kannte. Der Hoge Raad führte aus: „Het recht van voorang, vastgesteld in Art. 1178, 1185 B. W. is niet een onderdeel der rechten bij overeenkomst tusschen partijen naar eigen wille bepaald, maar een rechtsgevolg, in het openbaar belang door de wet aan zekere rechtshandeling van partijen gehecht, ten aanzien van rechten, haar tegenover derden toegestaan."

Demgegenüber hatte der holländische Gerichtshof von Hertogenbosch[668] einige Jahre zuvor das Privileg des unbezahlten Verkäufers schuldrechtlich angeknüpft. Ein Kaufmann in Antwerpen hatte an eine holländische Firma Zucker verkauft und geliefert. Die holländische Käuferfirma fiel in Konkurs, als der Kaufpreis noch nicht voll bezahlt, die verkaufte Ware aber noch in natura bei der Käuferfirma vorhanden war. Das holländische Recht hätte trotz des Konkurses ein

---

[666] (1801) 1 East 515, 102 E. R. 198.

[667] H. R., 15. 6. 1917, W. 10139.

[668] 22. 6. 1909, W. 8927 = Clunet 1912, 601 f.

Verfolgungsrecht gewährt, dagegen nicht das belgische[669]. Der Gerichtshof wandte belgisches Recht als Schuldstatut an und versagte dem Verkäufer entgegen der holländischen lex rei sitae ein Verfolgungsrecht mit der Begründung: „Overwegende, dat ... het voorrecht van den eenen schuldeischer boven den andere doet afhangen van den aard der schuld, zoodat voor het bestaan van het privilegie de Belgische wet afdoende is, en hiervan het gevolg is, dat, waar de Belgische wet bij voormeld art. 546 het privilegie niet toelaat in geval van faillissement, ook deze uitzondering geldig moet worden geacht."

Auch anderswo wurde das Verfolgungsrecht bisweilen an das Schuldstatut angeknüpft. Eine in den Vereinigten Staaten ergangene Entscheidung[670] sprach sich ebenfalls für die Geltung des Schuldstatuts aus. In einem dem Recht von Ohio unterstehenden Vertrag hatte sich eine Firma in Ohio verpflichtet, einer Firma in Louisiana eine Maschine zu liefern. Als die Maschine bereits bei der Käuferin in Louisiana aufgestellt war, offenbarte die Käuferin ihre Zahlungsunfähigkeit. Die Verkäuferfirma machte das Verfolgungsrecht des civil code von Louisiana geltend. Das angegangene Gericht versagte jedoch ein solches Verfolgungsrecht, indem es die Frage nach dem Bestehen eines Verfolgungsrechts ausdrücklich dem Schuldstatut — dem Recht von Ohio — unterwarf, das im konkreten Fall ein Verfolgungsrecht versagte. Das Gericht argumentierte: „Appellant's contract being a common law contract of sale of personal property, it cannot claim the vendor's privilege given by the civil code of Louisiana."

Ähnlich wie die vorgenannte Entscheidung ging auch das Institut de droit international in Art. 3 der *Madrider Regeln*[671] von dem Gedanken aus, daß ein Verfolgungsrecht nur begründet werden kann, wenn ein solches dem Schuldstatut bekannt ist. Der lex rei sitae wies es demgegenüber nur beschränkte Wirkung zu: „Il appartient à la lex sitae de limiter ou d'exclure la revendication ... et même les effets des privilèges établis par la loi qui régit les rapports juridique auxquels le rapport juridique est attaché." In gleicher Weise meint Rabel[672] im Hinblick auf das Verfolgungsrecht, daß Rechte Dritter, soweit sie durch die lex rei sitae geschützt seien, die Wirkung des Privilegs einschränken würden. Über die Entstehung des Privilegs entscheide da-

---

[669] Art. 546 code de commerce.

[670] G. A. Gray Co. v. Taylor Bros. Iron-Works Co. (1894), 66 F. 686 ff.

[671] Annuaire Bd. 24 (1911), S. 394 mit ausdrücklicher Billigung von Niboyet, Thèse S. 216; a. A. allerdings Niboyet, Traité Bd. 4, S. 463 ff. (vgl. oben S. 136); vgl. auch Travers Bd. 7, S. 407, der neben dem Schuld- und Sachstatut noch das Konkursstatut beachtet wissen will, hierzu unten S. 142 bis 147.

[672] Conflict of Laws Bd. 3, S. 86.

gegen die lex contractus[673]. Er folgt damit für das Verfolgungsrecht dem von Frankenstein[674] vielleicht am deutlichsten ausgesprochenen Grundsatz: „Soweit ein Privileg dingliche Wirkung haben soll, entscheidet darüber ausschließlich das Sachstatut: ob ein bestimmter Tatbestand aber ein Privileg begründet, entscheidet das Statut des Grundgeschäfts." Eine ähnliche Auffassung vertritt auch Wolff[675]. Er will auf das Verfolgungsrecht Käuferrecht anwenden, soweit es die Wirkungen gegenüber dem Käufer betrifft. Ob sich dagegen das nach Käuferrecht bestehende Verfolgungsrecht gegenüber Dritten durchsetzen kann, will er nach der lex rei sitae beurteilen.

b) Die Lösung

Die wenigen bisher in Rechtsprechung und Literatur zugunsten des Schuld- oder Sachstatuts vorgebrachten Gründe sind nicht geeignet, die Herrschaft des einen oder anderen Statuts über das Verfolgungsrecht ausreichend darzutun. Der unbegründete Hinweis von Niboyet und Schultsz[676], das Verfolgungsrecht sei ein sachenrechtliches Privileg, genügt nicht. Auch läßt sich die Anknüpfung an die lex rei sitae nicht daraus folgern, daß das Verfolgungsrecht aus der „original ownership" des Verkäufers fließe[677]. Denn ebenso gut kann man behaupten, daß dieses Recht aus der Verkäuferstellung fließe und daher dem Schuldstatut unterstehe. Der Gedanke Zaphirious[678], die lex rei sitae entscheide über die Frage, wann der Käufer „unanfechtbares Eigentum" erlangt, hilft auch nicht weiter. Denn das Verfolgungsrecht macht das Eigentum nur dann in sachenrechtlicher Hinsicht „anfechtbar", wenn es ein sachenrechtliches Privileg darstellt, das auf dem Eigentum ruht. Ob aber das Verfolgungsrecht ein sachenrechtliches Privileg darstellt, ist das hier erst zu lösende Problem.

Die Vertreter des Schuldstatuts, die die Ausübung des nach dem Schuldstatut begründeten Verfolgungsrechts durch die lex rei sitae einschränken wollen[679], sind in ihrer Lösung nicht konsequent. Dadurch,

---

[673] Im 4. Band S. 40 will Rabel dagegen auf das Verfolgungsrecht allein die lex rei sitae anwenden mit der allerdings sehr knappen Begründung: „Since the systems differ so widely and especially on the proprietary or merely contractual character of the right, the entire solution evidently must be left to the law indicated by the territorial situation of the goods. This ... points to the law of the place where the goods are at the time of stoppage."

[674] Bd. 2, S. 91.

[675] P. I. L. S. 453.

[676] Siehe oben S. 136.

[677] Zaphiriou zit. oben S. 136 f.

[678] Oben S. 137.

[679] Oben S. 139 f.

daß sie die Durchsetzbarkeit des Verfolgungsrechts nach der lex rei sitae beurteilen, qualifizieren sie — ohne es einzugestehen — das Verfolgungsrecht als sachenrechtlich. Würden sie dieses Recht lediglich für ein Schuldrecht halten, so brauchten sie nicht zu befürchten, daß es sich gegenüber der lex rei sitae nicht durchzusetzen vermöchte, da Schuldrechte mangels Drittwirkung unabhängig von der lex rei sitae bestehen. Wird aber das Verfolgungsrecht als Sachenrecht anerkannt, so unterliegt auch die Entstehung dieses Rechts der lex rei sitae, da Entstehung, Wirkung und Untergang der Sachenrechte einheitlich nach der lex rei sitae zu beurteilen sind. Hierbei darf einen nicht stören, daß das Schuldstatut das nach der lex rei sitae entstandene Sachenrecht nicht kennt oder unter anderen Voraussetzungen entstehen läßt. Auch das Eigentum geht z. B. ausschließlich nach den Regeln der lex rei sitae über, auch wenn die Rechtsordnung des Schuldstatuts den Eigentumswechsel an ganz andere Voraussetzungen knüpft. Es gilt die allgemeine Regel, daß Sachenrechte entstehen, wenn der von der lex rei sitae für deren Entstehung vorgeschriebene Tatbestand erfüllt ist. Ist das Verfolgungsrecht sachenrechtlich zu qualifizieren, dann richtet sich demnach die Entstehung dieses Rechts nach den Normen der lex rei sitae ohne Rücksicht auf das Schuldstatut.

Das Verfolgungsrecht ist in der Regel ein Sachenrecht. Diese Lösung ergibt sich aus den Wirkungen des Verfolgungsrechts. Dieses Recht soll nicht nur die Beziehungen zwischen den Kaufparteien regeln, wenn der Käufer einer bereits an ihn abgesandten Ware insolvent wird bzw. in Konkurs fällt. Es soll vielmehr eine unverdiente Bereicherung der Vermögensmasse des Käufers zugunsten von Drittgläubigern verhindern. Die verkaufte, aber noch unbezahlte Ware soll nicht Befriedigungsobjekt der Käufergläubiger werden. Dieses Ziel wird verwirklicht, indem nach Eigentumsübergang auf den Käufer dem Verkäufer das Recht gewährt wird, trotz des Eigentumsübergangs die verkaufte Ware mit Wirkung auch gegen alle Dritten zurückzuholen, um sie als Befriedigungsobjekt für den noch nicht bezahlten Kaufpreis zurückzuhalten. Durch die Ausübung des Verfolgungsrechts wird den Drittgläubigern des Käufers die gekaufte Ware, die durch Eigentumsübergang auf den Käufer bereits ihr Zugriffsobjekt geworden war, wieder entzogen. Diese Kraft des Verfolgungsrechts, mit Wirkung gegen Dritte in das Eigentum des Käufers einzugreifen, rechtfertigt die sachenrechtliche Qualifikation dieses pfandähnlichen Rechts. Die Drittwirkung des Verfolgungsrechts ist hierbei das entscheidende und ausschließliche Kriterium für diese Qualifikation.

Für die Qualifikation ist es gleichgültig, ob durch die Ausübung des Verfolgungsrechts das Eigentum wieder an den Verkäufer zurückfällt oder nicht. Denn im einen wie im anderen Fall wird die zurückgeholte Ware in gleicher Weise dem Zugriff der Käufergläubiger entzogen. Wie sich aus der Übersicht oben[680] ergibt, verbleibt das Eigentum in der Regel trotz Ausübung des Verfolgungsrechts beim Käufer. Ob ausnahmsweise Eigentum an den Verkäufer zurückfällt, richtet sich gemäß dem allgemein für den Eigentumsübergang geltenden Grundsatz nach der lex rei sitae.

Eine andere Qualifikation ergibt sich für das Verfolgungsrecht, wenn entgegen dem Regelfall dieses Recht auch dem Verkäufer gewährt wird, der Eigentümer geblieben war[681]. Mangels Eigentumsübergangs der Ware auf den Käufer haben in diesem Fall die Käufergläubiger zum Zeitpunkt der Ausübung des Verfolgungsrechts noch kein Zugriffsobjekt erlangt, das ihnen wieder entzogen werden könnte. Bei Geltendmachung eines solchen Verfolgungsrechts tritt daher keine Drittwirkung ein. Das Eigentum bleibt unverändert beim Verkäufer. Das Verfolgungsrecht äußert in diesem Fall nur Wirkungen zwischen den Kaufparteien. Es ist daher nur schuldrechtlich zu qualifizieren und beurteilt sich ausschließlich nach dem Schuldstatut.

Nach allem läßt sich für das Verfolgungsrecht folgende Regel aufstellen: Ist Eigentum an den abgesandten, noch nicht bezahlten Waren bereits auf den Käufer übergegangen, dann beurteilen sich Entstehung und Wirkungen des Verfolgungsrechts des Verkäufers nach dem Sachstatut (Regelfall), andernfalls nach dem Schuldstatut (Ausnahme).

c) Der Einfluß des Konkursstatuts

Vielfach wird gelehrt, daß bei der Anknüpfung des Verfolgungsrechts neben dem Schuld- und Sachstatut auch das Konkursstatut in Betracht zu ziehen sei[682]. Diese Lehre gilt insbesondere den Verfolgungsrechten, die Käuferkonkurs voraussetzen. Rabel[683] weist darauf hin, daß das Konkursstatut nicht mißachtet, aber auch nicht ausschließlich beachtet werden dürfe. Zaphiriou[684] führt aus, daß das Konkursstatut das letzte Wort spreche, sobald die verkaufte Ware in das Land gelangt sei, wo der Konkurs eröffnet wurde. Nach Arminjon[685] kann

---

[680] S. 132—136.

[681] So z. B. nach skandinavischem Kaufrecht, vgl. oben S. 135 f. Ob man ein solches „Verfolgungsrecht" zum hier behandelten Verfolgungsrecht oder lieber zum Retentionsrecht zählen will, ist eine Definitionsfrage, auf die es nicht ankommt. Sieht man allerdings mit UNDÉN, a. a. O. oben S. 136, Fußnote 652, in dem Verfolgungsrecht eine Art gesetzlichen Eigentumsvorbehalt, dann gelten die über den Eigentumsvorbehalt entwickelten Grundsätze (oben S. 105—116).

[682] Siehe RABEL, Conflict of Laws Bd. 3, S. 87; SCHNITZER IPR Bd. 2, S. 756 f.; SCHULTSZ S. 147 und das im folgenden genannte Schrifttum.

[683] A. a. O., S. 87.

[684] S. 141.

[685] Précis de droit international privé commercial, S. 539 (Nr. 334).

ein „droit de revendication“ im Konkursfalle nur entstehen, wenn das Konkursstatut ein solches Recht kennt[686]. Travers[687] wiederum läßt im Konkursfalle ein „droit de revendication“ nur zu, wenn a) das Schuldstatut, b) das Sachstatut und c) das Konkursstatut ein solches Privileg gestatten. Eine Begründung, warum das Konkursstatut bei der Anknüpfung des Verfolgungsrechts eine entscheidende Rolle mitspielen soll, enthalten die bisher genannten Stimmen allerdings nicht.

Eine besondere Lösung der Anknüpfung des französischen „droit de revendication“ vertritt Weiss[688]. Das allgemeine Verfolgungsrecht des Art. 2102 code civil will er dem Schuldstatut unterwerfen[689], während das nach dem code de commerce nur im Konkurs gewährte Verfolgungsrecht, durch dessen Ausübung der Kauf aufgelöst wird, ausschließlich nach dem Konkursstatut beurteilt werden soll. Er führt zur Begründung aus, das konkursrechtliche Verfolgungsrecht habe seinen Ausgangspunkt in der Zahlungseinstellung des Käufers und fließe unmittelbar aus den Normen des Konkursstatuts. Dies ist jedoch eine petitio principii. Das konkursrechtliche Verfolgungsrecht fließt nur dann unmittelbar aus den Normen des Konkursstatuts, wenn das Konkursstatut über dieses Recht entscheidet. Man kann nicht umgekehrt folgern, daß das Konkursstatut gelte, weil das Verfolgungsrecht aus dem Konkursstatut fließe.

Im deutschen Schrifttum meint Nußbaum[690], daß ein Verfolgungsrecht im Konkurs des Käufers entsteht, wenn das Konkursstatut ein solches Recht gewährt. Er begründet dies damit, daß die auf dem Verfolgungsrecht beruhende Aussonderungsbefugnis eine Beeinträchtigung der Konkursmasse zur Folge habe und der Umfang der Masse sich nach dem Konkursstatut bestimme, auch wenn der Gegenstand des Verfolgungsrechts das Land, wo der Käuferkonkurs eröffnet ist, noch nicht erreicht hat.

Auch zwei Entscheidungen aus dem französisch-belgischen Rechtskreis haben sich mit dem Problem befaßt, wie weit das Konkursstatut über die Entstehung eines Verfolgungsrechts entscheidet. Beiden Urteilen lag derselbe Sachverhalt zugrunde. Eine belgische Gesellschaft belieferte in Belgien eine französische Gesellschaft mit Flugzeugen, die die französische Gesellschaft in Lüttich ausstellen wollte. Der Kaufpreis war noch nicht bezahlt, als über die französische Gesellschaft in Frankreich Konkurs eröffnet wurde. Das Konkurs eröffnende französische Urteil erhielt „exequatur“ in Belgien auf Grund Art. 8 der französisch-

[686] Ebenso Diena, Diritto commerciale internazionale Bd. 3, S. 582.
[687] Le droit commercial international Bd. 7, S. 405 f. (Nr. 11 417).
[688] Traité de droit international privé Bd. 6, S. 290.
[689] Vgl. gegen das Schuldstatut bereits die Ausführungen oben S. 140 f.
[690] Deutsches IPR S. 456.

belgischen Konvention von 1899[691]. Nach französischem Recht konnte der belgische Verkäufer kein „droit de revendication" mehr geltend machen, während er es nach damaligem belgischem Recht noch konnte. Das französische Konkursgericht[692] wandte — obwohl sich die Flugzeuge in Belgien befanden — französisches Recht an und versagte dem belgischen Verkäufer das Privileg der belgischen Norm „qui entraine... la rupture de l'égalité entre les créanciers d'une faillite déclarée en France et pour laquelle l'exequatur a été accordé en Belgique". Außer dem Konkursstatut zog das Gericht zur Begründung der Anwendung französischen Rechts auch das Schuldstatut — ebenfalls französisches Recht — heran. Welchem der beiden Statute im Streitfall der Vorrang gebühren würde, ließ das Gericht nicht erkennen. Das belgische Gericht[693] lehnte die Erteilung eines „exequatur" für das vorgenannte französische Urteil ab, da diese Entscheidung gegen den belgischen ordre public verstoße.

Beide Urteile haben Kritik erfahren. Gegen die französische Entscheidung wird vorgebracht, daß sie nicht real sei, da sie sich nicht gegen die belgische lex rei sitae durchzusetzen vermöge[694]. An der belgischen Entscheidung wird kritisiert, daß sie sich unnötig auf den belgischen ordre public berufe und daß richtigerweise belgisches Recht als lex rei sitae hätte berufen werden müssen[695].

Wie weit das Konkursstatut neben oder anstelle der lex rei sitae bei der Anknüpfung des Verfolgungsrechts zu beachten ist, hängt davon ab, ob dem eröffneten Konkurs universelle oder nur territoriale Wirkung[696] zukommt. Wirkt das Konkursstatut nur territorial, so bleibt es bei der ausschließlichen Herrschaft der lex rei sitae über die Entstehung des Verfolgungsrechts. Das Konkursstatut reicht bei nur territorialer Wirkung lediglich bis an die Grenzen des Landes, indem der Konkurs eröffnet ist, und wirkt daher erst, wenn die verfolgte Sache sich innerhalb dieser Grenzen befindet. Dann aber decken sich Konkursstatut und lex rei sitae, so daß dem Konkurstatut neben der lex rei sitae keine weitere das Verfolgungsrecht beeinflussende Kraft zukommt. Die

---

[691] Die Vorschrift lautet: „Les effets de la faillite déclarée dans l'un des deux pays par le tribunal compétent s'étendent au territoire de l'autre... Le syndic ne peut procéder à des actes d'exécution qu'autant que le jugement en vertu duquel il agit a été revêtu de l'exequatur."

[692] Tribunal commercial de la Seine 6. 9. 1906, Clunet 1907, 366 = Revue de droit international privé 1909, 582.

[693] Tribunal civil de Liège, 14. 11. 1907, Clunet 1908, 565 = Revue de droit international privé 1909, 961.

[694] Bartin, Principes Bd. 3, S. 256; Niboyet, Traité Bd. 4, S. 463.

[695] Rabel, Conflict of Laws Bd. 3, S. 87; Niboyet, Traité Bd. 4, S. 463, Fußnote 1.

[696] Siehe zu diesen Begriffen Nussbaum IPR S. 449 f.

nur territoriale Wirkung des Konkurses ist der Regelfall[697]. In der Regel braucht daher nur die lex rei sitae beachtet zu werden.

Bei diesem Grundsatz bleibt es auch, wenn der in einem Land eröffnete Konkurs einen eigenen Konkurs in einem anderen Land nach sich zieht (vgl. § 238 Abs. 3 KO). Für jeden Konkurs gilt in diesem Fall ein besonderes Konkursstatut, das sich mit der lex rei sitae deckt, d. h. auch hier wirkt das Konkursstatut nur in den Grenzen der lex rei sitae.

Nur ausnahmsweise gehen die Wirkungen eines Konkurses über die Grenzen des Landes hinaus, in dem der Konkurs eröffnet worden ist. Dies ist der Fall, wenn durch Staatsvertrag zwischen zwei oder mehreren Ländern vereinbart worden ist, daß der in einem Vertragsstaat eröffnete Konkurs auch das im anderen Vertragsstaat belegene Vermögen des Gemeinschuldners erfassen soll. In diesem Falle ist bei der Anknüpfung des Verfolgungsrechts durch Auslegung des Staatsvertrags genau zu prüfen, in welchem Umfang der Konkurs im anderen Land wirkt. Sollen sich alle Folgen des Konkurses einschließlich der Frage, ob Gläubigervorrechte bestehen, einheitlich nach dem Konkursrecht des anderen Landes bestimmen, so richtet sich danach auch die Frage, ob ein Verfolgungsrecht besteht. Die lex rei sitae überläßt dann — soweit sie vom fremden Konkursstatut abweicht — auf Grund des Staatsvertrags die Entscheidung dem fremden Konkursstatut.

Ob eine der beiden oben genannten belgisch französischen Entscheidungen[698] und welche richtig ist, beurteilt sich daher danach, wie die belgisch-französische Konvention von 1899 auszulegen ist, insbesondere was in Art. 8 dieser Konvention[699] unter „effets de la faillite“ zu verstehen ist. Rechnet man zu diesen „effets“ auch den Verlust des Verfolgungsrechts des Verkäufers, den nach französischem Konkursrecht die Eröffnung des Käuferkonkurses bewirkt, dann ist die französische Entscheidung, soweit sie sich auf das französische Konkursstatut bezieht, entgegen der an ihr geübten Kritik richtig. Daß die belgische lex rei sitae materiell anders entscheidet als das französische Konkursstatut, ist gleichgültig. Denn die belgische lex rei sitae verweist auf Grund der Konkurskonvention für die Anknüpfung des Verfolgungsrechts auf französisches Recht. Aber auch die belgische Entscheidung, die sich auf den ordre public berief, ist bei dieser Auslegung der Konvention in ihrer Gedankenführung richtig. Auf die belgische lex rei sitae durfte die Verweigerung des „exequatur“ für die französische Entscheidung nicht gestützt werden, da das belgische Recht auf Grund des Staatsvertrags auf das französische Konkursrecht verwies. Die Anwendung französischer Konkursregeln konnte das belgische

---

[697] Für das deutsche Recht folgt dies hinsichtlich des ausländischen Konkurses aus § 237 KO.

[698] Oben S. 144.

[699] Text oben S. 144, Fußnote 691.

Gericht nur durch Berufung auf belgischen ordre public vermeiden, was auch im Rahmen von staatsvertraglichen Kollisionsregelungen zulässig ist. Ob allerdings die Berufung auf den belgischen ordre public im vorliegenden Fall sachlich gerechtfertigt war, läßt sich bezweifeln.

Unerheblich für die Frage der Anknüpfung des Verfolgungsrechts ist, ob eine Rechtsordnung dem eigenen Konkurs universale Wirkung beimißt[700]. Das Konkursstatut ist auch in diesem Fall erst zu beachten, wenn die lex rei sitae die Beurteilung der Verkäufervorrechte dem fremden Konkursstatut überläßt, d. h. wenn die lex rei sitae die universelle Wirkung des fremden Konkurses anerkennt. Auch wenn z. B. das französische Recht dem eigenen Konkurs universale Bedeutung beimißt[701], kann ein französisches Gericht das „right of stoppage" eines englischen Verkäufers gegenüber dem in Frankreich in Konkurs geratenen Käufer nicht wirksam verweigern, solange sich die Waren noch in England befinden. Eine Entscheidung des französischen Gerichts, die auf Grund französischen Konkursrechts ein Verfolgungsrecht ablehnen würde, wäre gegenüber der englischen lex rei sitae nicht durchsetzbar.

Unberührt blieb — soweit ersichtlich — bisher in Rechtsprechung und Literatur die Frage, ob ein nur im Konkurs gewährtes Verfolgungsrecht der lex rei sitae auch entstehen kann, wenn der Käuferkonkurs nur in einer anderen Rechtsordnung als der lex rei sitae eröffnet ist, nicht aber im Bereich der lex rei sitae. Befinden sich z. B. die vom deutschen Verkäufer nach Frankreich versandten Waren noch in Deutschland und ist der französische Käufer in Frankreich in Konkurs geraten, dann ist zweifelhaft, ob dem Verkäufer ein Verfolgungsrecht nach § 44 KO gewährt werden kann. Dem deutschen Verkäufer ist gerade in diesem Fall daran gelegen, ein Verfolgungsrecht noch auf deutschem Boden geltend machen zu können, da die französische lex rei sitae im Konkurs nur in Ausnahmefällen ein Verfolgungsrecht gewährt. Die Verweigerung eines Rechts nach § 44 KO ließe sich leicht begründen. Man brauchte nur darauf hinzuweisen, daß der französische Konkurs in Deutschland nicht anerkannt wird, § 44 KO als Vorschrift des deutschen Konkursrechts aber deutschen Konkurs voraussetzt. Diese Lösung würde jedoch wenig befriedigen. § 44 KO soll eine ungerechtfertigte Bereicherung der Konkursmasse des Käufers um die gekauften, aber noch nicht bezahlten Waren verhindern. Eine solche Bereicherung würde jedoch eintreten, wenn man dem deutschen Verkäufer ein Verfolgungsrecht im ausländischen Konkurs des Käufers versagte. § 44 KO ist daher analog anzuwenden, wenn im Bestimmungsland Käuferkonkurs eröffnet ist. Ähnliches gilt auch für die

---

[700] So z. B. das deutsche Recht, Umkehrschluß aus Art. 238 Abs. 1 KO (siehe JAEGER, Komm. zur KO, Bd. 2, Bem. 1 zu § 238, S. 968 und NUSSBAUM, Deutsches IPR S. 450).

[701] Die Frage ist in Frankreich umstritten, vgl. BATIFFOL, Traité, S. 873 (Nr. 774).

Verfolgungsrechte anderer Rechtsordnungen, soweit sie Konkurseröffnung des Käufers voraussetzen. Verlangt eine Rechtsordnung für ein Verfolgungsrecht lediglich Zahlungseinstellung, so wird in der Regel der ausländische Konkurs zum Beweis der Zahlungseinstellung genügen.

d) Der Einfluß des Statutenwechsels

Ob ein sachenrechtliches Verfolgungsrecht besteht und geltend gemacht werden kann, entscheidet — soweit es sich nicht um eine res in transitu handelt — jeweils die Rechtsordnung, in deren Bereich sich die Waren befinden. Zweifelhaft ist, ob ein nach diesem Grundsatz bereits im Ausgangsland entstandenes Verfolgungsrecht im neuen Statut als „fait accompli" weitergilt. Beim Eigentumsübergang wurde die gleiche Frage bejaht, da Eigentum in allen Rechtsordnungen im wesentlichen Gleiches bedeutet und sich daher ein nach der anderen Rechtsordnung entstandenes Eigentum ohne Schwierigkeiten in die neue Rechtsordnung einordnen läßt[702]. Ob Ähnliches auch für das Verfolgungsrecht gilt, hängt davon ab, ob die Verfolgungsrechte der verschiedenen Rechtsordnungen inhaltlich im wesentlichen gleich sind, auch wenn die Voraussetzungen für deren Entstehen verschieden sind. Haben sie dagegen verschiedenen Inhalt, dann kann ein bereits entstandenes Verfolgungsrecht des alten Statuts im neuen Statut nicht anerkannt werden, da sonst im neuen Statut der numerus clausus der Sachenrechte gesprengt würde.

Ein Vergleich der einzelnen Verfolgungsrechte ergibt, daß die Verschiedenheit der Voraussetzungen für die Entstehung eines Verfolgungsrechtes auch eine inhaltliche Verschiedenheit dieser Rechte bewirkt. Das Verfolgungsrecht, das Konkurs voraussetzt, wird nur gegen eine Konkursmasse gewährt, während das Verfolgungsrecht, das nur Zahlungseinstellung voraussetzt, weitergehend auch gegen einen Käufer geltend gemacht werden kann, dessen Vermögen noch der Einzelzwangsvollstreckung unterliegt. Ein Verfolgungsrecht, das noch nach Besitzübergabe an den Käufer ausgeübt werden kann, gibt dem Verkäufer das Recht, dem Käufer den erlangten Besitz und damit den Drittgläubigern ein schon greifbar gewordenes Zugriffsobjekt wieder zu entziehen. Erheblich beschränkter ist demgegenüber das Verfolgungsrecht, das mit Besitzerlangung des Käufers erlischt. Wegen dieser inhaltlichen Verschiedenheit der Verfolgungsrechte kann daher ein nach dem alten Statut entstandenes Verfolgungsrecht von der neuen lex rei sitae nicht anerkannt werden, wenn diese für das Verfolgungsrecht strengere, die Interessen Dritter besser schützende Voraussetzungen aufstellt. Ein Verfolgungsrecht besteht in diesem Fall nur dann, wenn im neuen Statut die dort für ein Verfolgungsrecht verlangten Voraussetzungen erfüllt sind.

---

[702] Vgl. oben S. 66.

Soweit umgekehrt unter den gegebenen Voraussetzungen nur das neue Statut ein Verfolgungsrecht kennt, kann die strenge Anwendung der „lex rei sitae"-Regel bisweilen zu unerwünschten Ergebnissen führen. Versendet z. B. der deutsche Verkäufer Waren nach England und wird der englische Käufer zahlungsunfähig, dann steht dem Verkäufer, solange sich die Waren in Deutschland befinden, kein Verfolgungsrecht zu, da das deutsche Recht für dieses Recht Konkurseröffnung voraussetzt. Der Verkäufer muß deshalb bei strenger Anwendung der lex rei sitae darauf warten, bis die Waren englisches Gebiet erreicht haben. Erst dann kann er nach englischem Recht ein „right of stoppage" geltend machen, das nur Zahlungsunfähigkeit voraussetzt. Er wird in diesem Fall enttäuscht, wenn er die Waren nach Deutschland zurückholen will, da er durch den erneuten Statutenwechsel das in England gewonnene right of stoppage auf deutschem Boden wieder verliert.

Über einen ähnlichen Fall hatte das Reichsgericht[703] zu entscheiden. Eine deutsche Verkäuferin hielt die noch nicht bezahlten Waren, die nach Warschau verkauft waren, noch auf deutschem Boden an, nachdem der Käufer in Warschau seine Zahlungen eingestellt hatte. Nach dem Recht von Warschau genügte damals zum Entstehen eines Verfolgungsrechts Zahlungseinstellung. Nach deutschem Recht war — wie auch heute noch — Konkurseröffnung erforderlich. Das Reichsgericht gewährte das Verfolgungsrecht nach dem Recht von Warschau, obwohl die Waren noch in Deutschland angehalten wurden. Es führte zur Begründung aus, daß die Verkäuferin die Waren jedenfalls nach Verlassen des deutschen Gebiets gemäß dem Recht von Warschau hätte anhalten können[704]. Daraus ergebe sich aber mit „Notwendigkeit, daß ihr die gleiche Befugnis auch schon vor diesem Moment eingeräumt werden muß . . . Denn es wäre unvernünftig und stände mit den praktischen Zwecken jedes Rechtssystems in Widerspruch, wollte man die Weiterbeförderung der Ware zu einer unerläßlichen Rechtsvoraussetzung für den Eintritt des Rückforderungsrechts erheben."

Dem Reichsgericht ist im Ergebnis zu folgen. Der Verkäufer wird häufig das Verfolgungsrecht des neuen Statuts praktisch nicht ausüben können, wenn er erst die Grenzüberschreitung der Waren abwarten muß. Auch wird es für den Verkäufer häufig unzumutbar sein, die Waren im neuen Staat unter vielleicht großen Kosten festzuhalten, ohne sie in den alten Staat, in dem er das Verfolgungsrecht wieder verlieren würde, zurückholen zu können. Umgekehrt werden dadurch, daß man das Verfolgungsrecht des neuen Statuts bereits im alten Staat gewährt, keine Drittinteressen beeinträchtigt. Die Stellung der Ver-

---

[703] RG 41, 333.

[704] Insoweit stützt sich das RG in erster Linie auf die lex rei sitae, vgl. a. a. O., S. 335.

käufergläubiger einerseits wird durch die Gewährung eines Verfolgungsrechts nur verbessert. Die Käufergläubiger und Dritterwerber andererseits haben kein schutzwürdiges Interesse daran, daß dem Verkäufer das Verfolgungsrecht, das er spätestens im neuen Staat erwirbt, im alten Staat versagt wird. Daher kann der Verkäufer ein Verfolgungsrecht, das ihm das neue Statut gewährt, schon im alten Staat geltend machen.

2. Kapitel
Das Zurückbehaltungsrecht

1. Rechtsvergleichender Überblick

Alle Rechtsordnungen betrachten bei gegenseitigen Verträgen die „Zug-um-Zug“-Verpflichtung als Regelfall, sofern die Parteien nichts anderes vereinbaren. Eine Vertragspartei kann daher ihre Leistung in der Regel bis zur Erbringung der Gegenleistung zurückhalten.

Unterschiede in den einzelnen Rechtsordnungen treten erst auf, wenn die Parteien eines Kaufvertrags Vorleistungspflicht einer Partei vereinbaren. Das deutsche Recht gibt dem Vorleistungspflichtigen in § 321 BGB ein Zurückbehaltungsrecht, wenn in den Vermögensverhältnissen des anderen Teils nach Kaufabschluß eine „wesentliche Verschlechterung eintritt, durch die der Anspruch auf die Gegenleistung gefährdet wird[705]“. Das österreichische Recht gewährt in Art. 1052 ABGB dem Verkäufer ein Retentionsrecht sogar dann, wenn die schlechte Vermögenslage, die die Gegenleistung gefährdet, bereits zur Zeit des Vertragsabschlusses bestand und vom Verkäufer zu diesem Zeitpunkt nicht erkannt werden mußte. Die meisten Rechte verlangen dagegen als Voraussetzung für ein Zurückbehaltungsrecht des vorleistungspflichtigen Verkäufers Insolvenz des Käufers[706].

2. Internationales Privatrecht

Das Zurückbehaltungsrecht des „Zug-um-Zug“-Verpflichteten bereitet internationalprivatrechtlich keine Schwierigkeiten, da alle Rechtsordnungen „Zug-um-Zug“-Verpflichtungen in gleicher Weise kennen. Anders ist es jedoch beim Zurückbehaltungsrecht des Vorleistungspflichtigen. Wie dieses Zurückbehaltungsrecht anzuknüpfen ist, richtet sich ähnlich wie beim Verfolgungsrecht danach, ob dieses Recht schuld-

---

705 Ähnlich Art. 1826 Abs. 4 des chilenischen código civil.

706 Art. 897 des schweiz. ZGB und Art. 83 OR; Art. 1613 französischer code civil; Art. 1467 spanischer código civil; Art. 1131 brasilianischer código civil; sect. 41 Abs. 1 c Sale of Goods Act; sect. 54 Abs. 1 c Uniform Sales Act; Art. 2 sect. 702 Uniform Commercial Code.

oder sachenrechtlich zu qualifizieren ist[707]. Im Schrifttum wird meist nur festgestellt, daß es obligatorische und dingliche Zurückbehaltungsrechte gibt und daß demgemäß die einen an das Schuldstatut, die anderen an das Sachstatut anzuknüpfen seien. Gründe dafür, warum einige Zurückbehaltungsrechte schuldrechtlich und andere sachenrechtlich zu qualifizieren sind, werden meist nicht genannt. Das Zurückbehaltungsrecht in Deutschland wird überwiegend schuldrechtlich qualifiziert[708]. Ebenso beurteilt Niboyet[709] das französische „droit de rétention".

Schultsz[710] will demgegenüber auf alle Retentionsrechte einheitlich die lex rei sitae anwenden, da diese Rechte dieselben Wirkungen wie ein Privileg ausübten. Aus ähnlichen Gründen beurteilt auch Batiffol[711] das Zurückbehaltungsrecht nach der lex rei sitae. Er meint: „Même si on n'y voit pas un droit réel, il constitue certainement une sûreté fondée sur la possession, et il y a lieu de le régir par la loi applicable à la possession." Auch in der Rechtsprechung ist das Retentionsrecht bisweilen, allerdings ohne Begründung, an die lex rei sitae angeknüpft worden[712].

Dagegen wollen Rabel[713] und Wolff[714], ähnlich wie beim Verfolgungsrecht, ein Zurückbehaltungsrecht nur gewähren, wenn das Schuldstatut ein solches kennt. Sie erkennen jedoch der lex rei sitae die Kraft zu, im Interesse Dritter dieses Recht zu verweigern[715]. Auch hier ist wie oben[716] gegen Rabel und Wolff einzuwenden, daß die Anwendung der lex rei sitae nur dann in Frage kommt, wenn das Zurückbehaltungs-

---

707 Frankenstein, Bd. 2 S. 89 und 231 f.; Niboyet, Traité Bd. 4, S. 469 ff. und Repertoire de droit int. Bd. 10 (1931), S. 441; Schultzs S. 151 f.; Zaphiriou S. 133.

708 RG LeipzZ. 1908, 451; Frankenstein, Bd. 2, S. 89; Zaphiriou S. 134; ebenso RG in ZIR 24, 322 für das Retentionsrecht aus § 273 BGB; vgl. auch RG 66, 24 f. (26).

709 Traité Bd. 4, S. 469 f.

710 S. 151.

711 Traité, S. 567 (Nr. 521).

712 So Arrondissements-Rechtbank von Breda, 17. 12. 1901, W. 7703 = Clunet 1907, S. 512 f.; öst. OHG. 1. 5. 1906, Sammlung von zivilrechtlichen Entscheidungen Bd. 43, S. 240 Nr. 3404 = Clunet 1910, 1274 f.; vgl. auch Cour d'appel von Douai, 11. 12. 1891, Clunet 1892, 928 ff. = Dalloz 94, 2, 193. Die genannten Entscheidungen beziehen sich alle auf das Retentionsrecht des § 369 HGB. Die Letztgenannte will anscheinend auf das Retentionsrecht ebenfalls die lex rei sitae anwenden, geht bei der Feststellung der lex rei sitae aber offenbar vom Parteiwillen aus. Auch das schweizerische Bundesgericht hat das Zurückbehaltungsrecht des unbezahlten Verkäufers in zwei Entscheidungen nach der lex rei sitae beurteilt, BGE 38 II 163 (166) und 38 II 194 (198 f.).

713 Conflict of Laws Bd. 4, S. 64 f.

714 P. I. L. S. 461.

715 Ähnlich Niboyet, Traité Bd. 4, S. 469 f.

716 S. 140 f.

recht sachenrechtlich zu qualifizieren ist. Ist dies der Fall, dann gilt die lex rei sitae ausschließlich, auch soweit es um die Entstehung des Zurückbehaltungsrechts geht. Das Schuldstatut bleibt insoweit außer Betracht.

Bei der Qualifikation des Zurückbehaltungsrechts ist ebenso wie beim Verfolgungsrecht entscheidend, ob die Ausübung dieses Rechts Drittwirkungen äußert. Sind Drittwirkungen festzustellen, dann ist es sachenrechtlich zu qualifizieren und unterliegt hinsichtlich seiner Entstehung und seiner Wirkungen der lex rei sitae. Das Schuldstatut gilt dagegen, wenn Drittwirkungen fehlen.

Die Frage, ob ein Zurückbehaltungsrecht gegenüber Dritten wirkt, ist in den einzelnen Rechtsordnungen verschieden geregelt. Selbst ein und dasselbe Zurückbehaltungsrecht kann je nach Sachlage dinglich oder auch nur obligatorisch wirken. Wie beim Verfolgungsrecht ist ausschlaggebend, ob bei Geltendmachung des Zurückbehaltungsrechts das Eigentum an den verkauften Waren bereits auf den Käufer übergegangen ist oder ob der Verkäufer noch Eigentümer ist. Soweit der Verkäufer noch Eigentümer ist, verweigert er bei Geltendmachung eines Zurückbehaltungsrechts lediglich die Erfüllung eines obligatorischen Anspruchs. Eine dingliche Rechtsposition des Käufers, an die sich die Käufergläubiger halten könnten, ist in diesem Fall noch nicht entstanden. Schutzwürdige Drittinteressen werden deshalb hier durch die Ausübung des Zurückbehaltungsrechts nicht berührt. Die Wirkung dieses Rechts ist in diesem Fall nur obligatorisch und daher nach dem Schuldstatut zu beurteilen.

War dagegen bei Ausübung des Zurückbehaltungsrechts der Käufer bereits Eigentümer, dann werden durch die Gewährung dieses Rechts die Interessen der Käufergläubiger berührt. Durch den Eigentumsübergang auf den Käufer sind die verkauften Waren Zugriffsobjekt der Käufergläubiger geworden. Durch die Gewährung eines Zurückbehaltungsrechts wird in diesem Fall dem Verkäufer gegenüber den übrigen Käufergläubigern ein Vorrecht an einem Vermögensgegenstand des Käufers eingeräumt. Die Wirkung dieses Rechts ist hier daher dinglich. Es gilt die lex rei sitae.

Die Anknüpfung des Retentionsrechts ist also verschieden, je nachdem, ob der Verkäufer, der sich noch im Besitz der verkauften Waren befindet, in einem Land wohnt, dessen Rechtsordnung beim Eigentumsübergang dem Traditions- oder dem Konsensprinzip folgt. Z. B. geht beim Verkauf aus Frankreich nach Deutschland Eigentum an den Waren in Frankreich mit Kaufabschluß, spätestens aber mit deren Aussonderung in Frankreich auf den deutschen Käufer über. Ob der französische Verkäufer ein Zurückbehaltungsrecht geltend machen kann, richtet sich nach der französischen lex rei sitae, gleichgültig welche Rechtsordnung den Vertrag beherrscht. Denn die lex rei sitae entscheidet, ob am Eigentum des Käufers mit Drittwirkung Vorrechte geltend gemacht werden können.

Verkauft umgekehrt ein Deutscher an einen Franzosen, dann geht Eigentum auf den französischen Käufer erst über, wenn die Waren die deutsch-französische Grenze überschreiten. Solange der Verkäufer die Waren in Deutschland besitzt, beurteilt sich das Zurückbehaltungsrecht nach dem Schuldstatut, da der deutsche Verkäufer Eigentümer bleibt und die Ausübung dieses Rechts daher noch keinen sachenrechtlichen Eingriff in Käufereigentum bedeuten kann.

FSC
www.fsc.org
MIX
Papier | Fördert gute Waldnutzung
FSC® C083411

Kolibri 360 GmbH
Ferdinand-Jühlke-Straße 7
99095 Erfurt, Deutschland
produktsicherheit@kolibri360.de